LA

DAME DE MONSOREAU

PREMIÈRE PARTIE

PARIS. — IMP. DE LA SOC. ANON. DE PUBL. PÉRIOD. — P. MOUILLOT. — 44048.

LA
DAME DE MONSOREAU

PAR

ALEXANDRE DUMAS

ÉDITION ILLUSTRÉE PAR J.-A. BEAUCÉ

PREMIÈRE PARTIE

PARIS

CALMANN LÉVY, ÉDITEUR

ANCIENNE MAISON MICHEL LÉVY, FRÈRES

3, RUE AUBER, 3

1890

LA DAME DE MONSOREAU

PAR

ALEXANDRE DUMAS

CHAPITRE PREMIER

LES NOCES DE SAINT-LUC.

L e dimanche gras de l'année 1578, après la fête du populaire, et tandis que s'éteignaient dans les rues les rumeurs de la joyeuse journée, commençait une fête splendide dans le magnifique hôtel que venait de se faire bâtir, de l'autre côté de l'eau et presque en face du Louvre, cette illustre famille de Montmorency qui, alliée à la royauté de France, marchait l'égale des familles princières. Cette fête particulière, qui succédait à la fête publique, avait pour but de célébrer les noces de François d'Epinay de Saint-Luc, grand ami du roi Henri III et l'un de ses favoris les plus intimes, avec Jeanne de Cossé-Brissac, fille du maréchal de France de ce nom.

Le repas avait eu lieu au Louvre, et le roi, qui avait consenti à grand'peine au mariage, avait paru au festin avec un visage sévère qui n'avait rien d'approprié à la circonstance. Son costume, en outre, paraissait en harmonie avec son visage: c'était ce costume marron foncé sous lequel Clouet nous l'a montré assistant aux noces de Joyeuse, et cette espèce de spectre royal, sérieux jusqu'à la majesté, avait glacé d'effroi tout le monde, et surtout la jeune mariée, qu'il regardait fort de travers toutes les fois qu'il la regardait.

Cependant cette attitude sombre du roi, au milieu de la joie de cette fête, ne semblait étrange à personne; car la cause en était un de ces secrets de cour que tout le monde côtoie avec précaution, comme ces écueils à fleur d'eau auxquels on est sûr de se briser en les touchant.

A peine le repas terminé, le roi s'était levé brusquement, et force avait été aussitôt à tout le monde, même à ceux qui avouaient tout bas leur désir de rester à table, de suivre l'exemple du roi. Alors Saint-Luc avait jeté un long regard sur sa femme, comme pour puiser du courage dans ses yeux, et, s'approchant du roi :

— Sire, lui dit-il, Votre Majesté me fera-t-elle l'honneur d'accepter les violons que je veux lui donner à l'hôtel de Montmorency ce soir?

Henri III s'était alors retourné avec un mélange de colère et de chagrin, et, comme Saint-Luc, courbé devant lui, l'implorait avec une voix des plus douces et une mine des plus engageantes :

— Oui, monsieur, avait-il répondu, nous irons, quoique vous ne méritiez certainement pas cette preuve d'amitié de notre part.

Alors mademoiselle de Brissac, devenue madame de Saint-Luc, avait remercié humblement le roi. Mais Henri avait tourné le dos sans répondre à ses remercîments.

— Qu'a donc le roi contre vous, monsieur de Saint-Luc? avait alors demandé la jeune femme à son mari.

— Belle amie, répondit Saint-Luc, je vous raconterai cela plus tard, quand cette grande colère sera dissipée.

— Et se dissipera-t-elle? demanda Jeanne.

— Il le faudra bien, répondit le jeune homme.

Mademoiselle de Brissac n'était point encore assez madame de Saint-Luc pour insister; elle renfonça sa curiosité au fond de son cœur, se promettant de trouver, pour dicter ses conditions, un moment où Saint-Luc serait bien obligé de les accepter.

On attendait donc Henri III à l'hôtel de Montmorency au moment où s'ouvre l'histoire que nous allons raconter à nos lecteurs. Or il était onze heures déjà, et le roi n'était pas encore arrivé.

Saint-Luc avait convié à ce bal tout ce que le roi et tout ce que lui-même comptait d'amis; il avait compris dans les invitations les princes et les favoris des princes, particulièrement ceux de notre ancienne connaissance, le duc d'Alençon, devenu duc d'Anjou à l'avénement de Henri III au trône; mais M. le duc d'Anjou, qui ne s'était pas trouvé au festin du Louvre, semblait ne pas devoir se trouver davantage à la fête de l'hôtel Montmorency.

Quant au roi et à la reine de Navarre, ils s'étaient, comme nous l'avons dit dans un ouvrage précédent, sauvés dans le Béarn, et faisaient de l'opposition ouverte en guerroyant à la tête des huguenots.

M. le duc d'Anjou, selon son habitude, faisait aussi de l'opposition, mais de l'opposition sourde et ténébreuse, dans laquelle il avait toujours soin de se tenir en arrière, tout en poussant en avant ceux de ses amis que n'avait point guéris l'exemple de la Mole et de Coconnas, dont nos lecteurs, sans doute, n'ont point encore oublié la terrible mort.

Il va sans dire que ses gentilshommes et ceux du roi vivaient dans une mauvaise intelligence qui amenait au moins deux ou trois fois par mois des rencontres, dans lesquelles il était bien rare que quelqu'un des combattants ne demeurât point mort sur la place, ou tout au moins grièvement blessé.

Quant à Catherine, elle était arrivée au comble de ses vœux. Son fils bien-aimé était parvenu à ce trône qu'elle ambitionnait tant pour lui, ou plutôt pour elle; et elle régnait sous son nom, tout en ayant l'air de se détacher des choses de ce monde et de n'avoir plus souci que de son salut.

Saint-Luc, tout inquiet de ne voir arriver aucune personne royale, cherchait à rassurer son beau-père, fort ému de cette menaçante absence. Convaincu, comme tout le monde, de l'amitié que le roi Henri portait à Saint-Luc, il avait cru s'allier à une faveur, et voilà que sa fille, au contraire, épousait quelque chose comme une disgrâce. Saint-Luc se donnait mille peines pour lui inspirer une sécurité que lui-même n'avait

pas, et ses amis Maugiron, Schomberg et Quélus, vêtus de leurs plus magnifiques costumes,
tout roides dans leurs pourpoints splendides, et
dont les fraises énormes semblaient des plats
supportant leur tête, ajoutaient encore à ses
transes par leurs ironiques lamentations.

— Eh! mon Dieu! mon pauvre ami, disait
Jacques de Levis, comte de Quélus, je crois, en
vérité, que pour cette fois tu es perdu. Le roi
t'en veut de ce que tu t'es moqué de ses avis, et
M. d'Anjou t'en veut de ce que tu t'es moqué de
son nez[1].

— Mais non, répondit Saint-Luc, tu te trompes, Quélus, le roi ne vient pas parce qu'il a été
faire un pèlerinage aux Minimes du bois de Vincennes, et le duc d'Anjou est absent parce qu'il
est amoureux de quelque femme que j'aurai oublié d'inviter.

— Allons donc, dit Maugiron, as-tu vu la mine
que faisait le roi à dîner? Est-ce là la physionomie paterne d'un homme qui va prendre le bour-
don pour faire un pèlerinage? Et quant au duc
d'Anjou, son absence personnelle, motivée par
la cause que tu dis, empêcherait-elle ses Ange-
vins de venir? En vois-tu un seul ici? Regarde,
éclipse totale, pas même ce tranche-montagne
de Bussy.

— Heu! messieurs, disait le duc de Brissac en
secouant la tête d'une façon désespérée, ceci me
fait tout l'effet d'une disgrâce complète. En quoi
donc, mon Dieu! notre maison, toujours si dévouée à la monarchie, a-t-elle pu déplaire à Sa
Majesté?

Et le vieux courtisan levait avec douleur ses
deux bras au ciel.

Les jeunes gens regardaient Saint-Luc avec de
grands éclats de rire, qui, bien loin de rassurer
le maréchal, le désespéraient.

La jeune mariée, pensive et recueillie, se demandait, comme son père, en quoi Saint-Luc
avait pu déplaire au roi.

Saint-Luc le savait, lui, et, par suite de cette
science, était le moins tranquille de tous.

Tout à coup, à l'une des deux portes par lesquelles on entrait dans la salle, on annonça le
roi.

— Ah! s'écria le maréchal radieux, maintenant je ne crains plus rien, et, si j'entendais annoncer le duc d'Anjou, ma satisfaction serait
complète.

[1] La petite vérole avait tellement maltraité M. le duc d'Anjou, qu'il semblait avoir deux nez.

— Et moi, murmura Saint-Luc, j'ai encore
plus peur du roi présent que du roi absent, car
il ne vient que pour me jouer quelque mauvais
tour, comme c'est aussi pour me jouer quelque
mauvais tour que le duc d'Anjou ne vient pas.

Mais, malgré cette triste réflexion, il ne s'en
précipita pas moins au-devant du roi, qui avait
enfin quitté son sombre costume marron, et qui
s'avançait tout resplendissant de satin, de plumes et de pierreries.

Mais, au moment où apparaissait à l'une des
portes le roi Henri III, un autre roi Henri III, exactement pareil au premier, vêtu, chaussé, coiffé,
fraisé et goudronné de même, apparaissait par
la porte en face. De sorte que les courtisans, un
instant emportés vers le premier, s'arrêtèrent
comme le flot à la pile de l'arche, et refluèrent
en tourbillonnant du premier au second roi.

Henri III remarqua le mouvement, et, ne
voyant devant lui que des bouches ouvertes, des
yeux effarés et des corps pirouettant sur une
jambe:

— Çà, messieurs, qu'y a-t-il donc? demanda-t-il.

Un long éclat de rire lui répondit.

Le roi, peu patient de son naturel, et en ce
moment surtout peu disposé à la patience, commençait de froncer le sourcil, quand Saint-Luc,
s'approchant de lui:

— Sire, dit-il, c'est Chicot, votre bouffon, qui
s'est habillé exactement comme Votre Majesté,
et qui donne sa main à baiser aux dames.

Henri III se mit à rire. Chicot jouissait à la
cour du dernier Valois d'une liberté pareille à
celle dont jouissait, trente ans auparavant, Tri-
boulet à la cour du roi François Ier, et dont devait jouir, quarante ans plus tard, Langely à la
cour du roi Louis XIII.

C'est que Chicot n'était pas un fou ordinaire.
Avant de s'appeler Chicot, il s'était appelé
DE Chicot. C'était un gentilhomme gascon qui,
maltraité, à ce qu'on assurait, par M. de Mayenne
à la suite d'une rivalité amoureuse dans laquelle,
tout simple gentilhomme qu'il était, il l'avait
emporté sur ce prince, s'était réfugié près de
Henri III, et qui payait en vérités quelquefois
cruelles la protection que lui avait donnée le suc-
cesseur de Charles IX.

— Eh! maître Chicot, dit Henri, deux rois
ici, c'est beaucoup.

— En ce cas, continue à me laisser jouer mon
rôle de roi à ma guise, et joue le rôle du duc
d'Anjou à la tienne; peut-être qu'on te prendra

pour lui, et qu'on te dira des choses qui t'apprendront, non pas ce qu'il pense, mais ce qu'il fait.

— En effet, dit le roi en regardant avec humeur autour de lui, mon frère d'Anjou n'est pas venu.

— Raison de plus pour que tu le remplaces. C'est dit : je suis Henri et tu es François. Je vais trôner, tu vas danser; je ferai pour toi toutes les singeries de la couronne, et toi, pendant ce temps, tu t'amuseras un peu, pauvre roi!

Le regard du roi s'arrêta sur Saint-Luc.

— Tu as raison, Chicot, je veux danser, dit-il.

— Décidément, pensa Brissac, je m'étais trompé en croyant le roi irrité contre nous. Tout au contraire, le roi est de charmante humeur.

Et il courut à droite et à gauche, félicitant chacun, et surtout se félicitant lui-même d'avoir donné sa fille à un homme jouissant d'une si grande faveur près de Sa Majesté.

Cependant Saint-Luc s'était rapproché de sa femme. Mademoiselle de Brissac n'était pas une beauté, mais elle avait de charmants yeux noirs, des dents blanches, une peau éblouissante; tout cela lui composait ce qu'on peut appeler une figure d'esprit.

— Monsieur, dit-elle à son mari, toujours préoccupée qu'elle était par une seule pensée, que me disait-on, que le roi m'en voulait? Depuis qu'il est arrivé, il ne cesse de me sourire.

— Ce n'est pas ce que vous me disiez au retour du dîner, chère Jeanne, car son regard, alors, vous faisait peur.

— Sa Majesté était sans doute mal disposée alors, dit la jeune femme; maintenant...

— Maintenant, c'est bien pis, interrompit Saint-Luc, le roi rit les lèvres serrées. J'aimerais bien mieux qu'il me montrât les dents; Jeanne, ma pauvre amie, le roi nous ménage quelque traître surprise... Oh! ne me regardez pas si tendrement, je vous prie, et même, tournez-moi le dos. Justement voici Maugiron qui vient à nous; retenez-le, accaparez-le, soyez aimable avec lui.

— Savez-vous, monsieur, dit Jeanne en souriant, que voilà une étrange recommandation, et que, si je la suivais à la lettre, on pourrait croire...

— Ah! dit Saint-Luc avec un soupir, ça serait bien heureux qu'on le crût.

Et, tournant le dos à sa femme, dont l'étonnement était au comble, il s'en alla faire sa cour à

Chicot, qui jouait son rôle de roi avec un entrain et une majesté des plus risibles.

Cependant Henri, profitant du congé qui était donné à Sa Grandeur, dansait; mais, tout en dansant, ne perdait pas de vue Saint-Luc.

Tantôt il l'appelait pour lui conter quelque remarque plaisante qui, drôle ou non, avait le privilége de faire rire Saint-Luc aux éclats. Tantôt il lui offrait dans son drageoir des pralines et des fruits glacés que Saint-Luc trouvait délicieux. Enfin, si Saint-Luc disparaissait un instant de la salle où était le roi, pour faire les honneurs des autres salles, le roi l'envoyait chercher aussitôt par un de ses parents ou de ses officiers, et Saint-Luc revenait sourire à son maître, qui ne paraissait content que lorsqu'il le revoyait.

Tout à coup, un bruit assez fort pour être remarqué au milieu de ce tumulte frappa les oreilles de Henri.

— Eh! eh! dit-il, il me semble que j'entends la voix de Chicot. Entends-tu, Saint-Luc, le roi se fâche.

— Oui, sire, dit Saint-Luc sans paraître remarquer l'allusion de Sa Majesté, il se querelle avec quelqu'un, ce me semble.

— Voyez ce que c'est, dit le roi, et revenez incontinent me le dire.

Saint-Luc s'éloigna.

En effet, on entendait Chicot qui criait en nasillant, comme faisait le roi en certaines occasions.

— J'ai fait des ordonnances somptuaires, cependant; mais, si celles que j'ai faites ne suffisent pas, j'en ferai encore, j'en ferai tant, qu'il y en aura assez; si elles ne sont pas bonnes, elles seront nombreuses au moins. Par la corne de Belzebuth, mon cousin, six pages, monsieur de Bussy, c'est trop!

Et Chicot, enflant les joues, cambrant ses hanches et mettant le poing sur le côté, jouait le roi à s'y méprendre.

— Que parle-t-il donc de Bussy? demanda le roi en fronçant le sourcil.

Saint-Luc, de retour, allait répondre au roi, quand la foule, s'ouvrant, laissa voir six pages vêtus de drap d'or, couverts de colliers, et portant sur la poitrine les armoiries de leur maître, toutes chatoyantes de pierreries. Derrière eux venait un homme jeune, beau et fier, qui marchait le front haut, l'œil insolent, la lèvre dédaigneusement retroussée, et dont le simple costume de velours noir tranchait avec les riches habits de ses pages.

Bussy d'Amboise. — PAGE 5.

— Bussy ! disait-on, Bussy d'Amboise !

Et chacun courait au-devant du jeune homme qui causait cette rumeur, et se rangeait pour le laisser passer.

Maugiron, Schomberg et Quélus avaient pris place aux côtés du roi, comme pour le défendre.

— Tiens, dit le premier, faisant allusion à la présence inattendue de Bussy et à l'absence continue du duc d'Alençon, auquel Bussy appartenait ; tiens, voici le valet, et l'on ne voit pas le maître.

— Patience, répondit Quélus, devant le valet il y avait les valets du valet, le maître du valet vient peut-être derrière le maître des premiers valets.

— Vois donc, Saint-Luc, dit Schomberg, le plus jeune des mignons du roi Henri, et avec cela un des plus braves, sais-tu que M. de Bussy ne te fait guère honneur ? Regarde donc ce pourpoint noir : mordieu ! est-ce là un habit de noces ?

— Non, dit Quélus, mais c'est un habit d'enterrement.

— Ah ! murmura Henri, que n'est-ce le sien, et que ne porte-t-il d'avance son propre deuil ?

— Avec tout cela, Saint-Luc, dit Maugiron, M. d'Anjou ne suit pas Bussy. Serais-tu *aussi* en disgrâce de ce côté-là?

Le *aussi* frappa Saint-Luc au cœur.

— Pourquoi donc suivrait-il Bussy? répliqua Quélus. Ne vous rappelez-vous plus que lorsque Sa Majesté fit l'honneur de demander à M. de Bussy s'il voulait être à elle, M. de Bussy lui fit répondre que, étant de la maison de Clermont, il n'avait besoin d'être à personne et se contenterait purement et simplement d'être à lui-même, certain qu'il se trouverait meilleur prince que qui que ce fût au monde?

Le roi fronça le sourcil et mordit sa moustache.

— Cependant, quoi que tu dises, reprit Maugiron, il est bien à M. d'Anjou, ce me semble.

— Alors, riposta flegmatiquement Quélus, c'est que M. d'Anjou est plus grand seigneur que notre roi.

Cette observation était la plus poignante que l'on pût faire devant Henri, lequel avait toujours fraternellement détesté le duc d'Anjou.

Aussi, quoiqu'il ne répondît pas le moindre mot, le vit-on pâlir.

— Allons, allons, messieurs, hasarda en tremblant Saint-Luc, un peu de charité pour mes convives; ne gâtez pas mon jour de noces.

Ces paroles de Saint-Luc ramenèrent probablement Henri à un autre ordre de pensées.

— Oui, dit-il, ne gâtons pas le jour de noces à Saint-Luc, messieurs.

Et il prononça ces paroles en frisant sa moustache avec un air narquois qui n'échappa point au pauvre marié.

— Tiens, s'écria Schomberg, Bussy est donc allié des Brissac, à cette heure?

— Pourquoi cela? dit Maugiron.

— Puisque voilà Saint-Luc qui le défend! Que diable! dans ce pauvre monde où l'on a assez de se défendre soi-même, on ne défend, ce me semble, que ses parents, ses alliés et ses amis.

— Messieurs, dit Saint-Luc, M. de Bussy n'est ni mon allié, ni mon ami, ni mon parent : il est mon hôte.

Le roi lança un regard furieux à Saint-Luc.

— Et d'ailleurs, se hâta de dire celui-ci, foudroyé par le regard du roi, je ne le défends pas le moins du monde.

Bussy s'était rapproché gravement derrière les pages et allait saluer le roi, quand Chicot, blessé qu'on donnât à d'autres qu'à lui la priorité du respect, s'écria :

— Eh là! là!... Bussy, Bussy d'Amboise, Louis de Clermont, comte de Bussy, puisqu'il faut absolument te donner tous tes noms pour que tu reconnaisses que c'est à toi que l'on parle, ne vois-tu pas le vrai Henri, ne distingues-tu pas le roi du fou? Celui à qui tu vas, c'est Chicot, c'est mon fou, mon bouffon, celui qui fait tant de sottises, que parfois j'en pâme de rire.

Bussy continuait son chemin, il se trouvait en face de Henri, devant lequel il allait s'incliner, lorsque Henri lui dit :

— N'entendez-vous pas, monsieur de Bussy? on vous appelle.

Et, au milieu des éclats de rire de ses mignons, il tourna le dos au jeune capitaine.

Bussy rougit de colère; mais, réprimant son premier mouvement, il feignit de prendre au sérieux l'observation du roi, et, sans paraître avoir entendu les éclats de Quélus, de Schomberg et de Maugiron, sans paraître avoir vu leur insolent sourire, il se retourna vers Chicot :

— Ah! pardon, sire, dit-il, il y a des rois qui ressemblent tellement à des bouffons, que vous m'excuserez, je l'espère, d'avoir pris votre bouffon pour un roi.

— Hein! murmura Henri en se retournant, que dit-il donc?

— Rien, sire, dit Saint-Luc, qui semblait, pendant toute cette soirée, avoir reçu du ciel la mission de pacificateur, rien, absolument rien.

— N'importe! maître Bussy, dit Chicot, se dressant sur la pointe du pied comme faisait le roi lorsqu'il voulait se donner de la majesté, c'est impardonnable!

— Sire, répliqua Bussy, pardonnez-moi, j'étais préoccupé.

— De vos pages, monsieur, dit Chicot avec humeur. Vous vous ruinez en pages, et par la mordieu! c'est empiéter sur nos prérogatives.

— Comment cela? dit Bussy, qui comprenait qu'en prêtant le collet au bouffon le mauvais rôle serait pour le roi. Je prie Votre Majesté de s'expliquer, et, si j'ai effectivement eu tort, eh bien, je l'avouerai en toute humilité.

— Du drap d'or à ces maroufles, dit Chicot en montrant du doigt les pages, tandis que vous, un gentilhomme, un colonel, un Clermont, presque un prince, enfin, vous êtes vêtu de simple velours noir!

— Sire, dit Bussy en se tournant vers les mignons du roi, c'est que, quand on vit dans un temps où les maroufles sont vêtus comme les princes, je crois de bon goût aux princes, pour

se distinguer d'eux, de se vêtir comme des maroufles.

Et il rendit aux jeunes mignons, étincelants
de parure, le sourire impertinent dont ils l'a-
vaient gratifié un instant auparavant.

Henri regarda ses favoris pâlissants de fureur,
qui semblaient n'attendre qu'un mot de leur
maître pour se jeter sur Bussy. Quélus, le plus
animé de tous contre ce gentilhomme, avec lequel il se fût déjà rencontré sans la défense ex-
presse du roi, avait la main à la garde de son
épée.

— Est-ce pour moi et les miens que vous
dites cela? s'écria Chicot, qui, ayant usurpé la
place du roi, répondit ce que Henri eût dû répondre.

Et le bouffon prit, en disant ces paroles, une
pose de matamore si outrée, que la moitié de la
salle éclata de rire. L'autre moitié ne rit pas, et
c'était tout simple : la moitié qui riait riait de
l'autre moitié.

Cependant trois amis de Bussy, supposant
qu'il allait peut-être y avoir rixe, étaient venus
se ranger près de lui. C'étaient Charles Balzac
d'Entragues, que l'on nommait plus communé-
ment Antraguet, François d'Audie, vicomte de
Ribeirac, et Livarot.

En voyant ces préliminaires d'hostilités, Saint-
Luc devina que Bussy était venu de la part de
Monsieur, pour amener quelque scandale ou
adresser quelque défi. Il trembla plus fort que
jamais car il se sentait pris entre les colères ar-
dentes de deux puissants ennemis, qui choisis-
saient sa maison pour champ de bataille.

Il courut à Quélus, qui paraissait le plus
animé de tous, et, posant la main sur la garde
de l'épée du jeune homme :

— Au nom du ciel! lui dit-il, ami, modère-
toi et attendons.

— Eh! parbleu! modère-toi toi-même s'é-
cria-t-il. Le coup de poing de ce butor t'atteint
aussi bien que moi : qui dit quelque chose contre
l'un de nous dit quelque chose contre tous, et
qui dit quelque chose contre nous tous touche
au roi.

— Quélus, Quélus, dit Saint-Luc, songe au
duc d'Anjou, qui est derrière Bussy, d'autant
plus aux aguets qu'il est absent, d'autant plus à
craindre qu'il est invisible. Tu ne me fais pas
l'affront de croire, je le présume, que j'ai peur
du valet, mais du maître.

— Eh! mordieu! s'écria Quélus, qu'a-t-on à
craindre quand on appartient au roi de France?

Si nous nous mettons en péril pour lui, le roi de
France nous défendra.

— Toi, oui; mais moi! dit piteusement Saint-
Luc.

— Ah dame! dit Quélus, pourquoi diable aussi
te maries-tu, sachant combien le roi est jaloux
dans ses amitiés?

— Bon! dit Saint-Luc en lui-même, chacun
songe à soi; ne nous oublions donc pas, et, puisque je veux vivre tranquille au moins pendant
les quinze premiers jours de mon mariage, tâchons de nous faire un ami de M. d'Anjou.

Et, sur cette réflexion, il quitta Quélus et s'a-
vança au-devant de Bussy.

Après son impertinente apostrophe, Bussy
avait relevé la tête et promené ses regards par
toute la salle, dressant l'oreille pour recueillir
quelque impertinence en échange de celle qu'il
avait lancée. Mais tous les fronts s'étaient détournés, toutes les bouches étaient demeurées
muettes. Les uns avaient peur d'approuver
devant le roi, les autres d'improuver devant
Bussy.

Ce dernier, voyant Saint-Luc s'approcher,
crut enfin avoir trouvé ce qu'il cherchait.

— Monsieur, dit Bussy, est-ce à ce que je
viens de dire que je dois l'honneur de l'entretien
que vous paraissez désirer?

— A ce que vous venez de dire? demanda
Saint-Luc de son air le plus gracieux. Que venez-vous donc de dire? Je n'ai rien entendu,
moi. Non, je vous avais vu, et je désirais avoir
le plaisir de vous saluer et de vous remercier,
en vous saluant, de l'honneur que fait votre présence à ma maison.

Bussy était un homme supérieur en toutes
choses; brave jusqu'à la folie, mais lettré, spiri-
tuel et de bonne compagnie. Il connaissait le
courage de Saint-Luc, et comprit que le devoir
du maître de maison l'emportait en ce moment
sur la susceptibilité du raffiné. A tout autre, il
eût répété sa phrase, c'est-à-dire sa provocation;
mais il se contenta de saluer poliment Saint-Luc,
et de répondre quelques mots gracieux à son
compliment.

— Oh! oh! dit Henri voyant Saint-Luc près
de Bussy, je crois que mon jeune coq a été chanter pouille au capitan. Il a bien fait, mais je ne
veux pas qu'on me le tue. Allez donc voir, Quélus... Non, pas vous, Quélus, vous avez trop
mauvaise tête. Allez donc voir, Maugiron.

Maugiron partit comme un trait; mais Saint-
Luc, aux aguets, ne le laissa point arriver jus-

Vous m'excuserez, Sire, je l'espère, d'avoir pris votre boufton
pour un roi. — Page 6.

qu'à Bussy; et, revenant vers le roi, il lui ramena Maugiron.

— Que lui as-tu dit, à ce fat de Bussy? demanda le roi.

— Moi, sire?

— Oui, toi.

— Je lui ai dit bonsoir, fit Saint-Luc.

— Ah! ah! voilà tout? maugréa le roi.

Saint-Luc s'aperçut qu'il avait fait une sottise.

— Je lui ai dit bonsoir, reprit-il, en ajoutant que j'aurais l'honneur de lui dire bonjour demain matin.

— Bon! fit Henri; je m'en doutais, mauvaise tête!

— Mais veuille Votre gracieuse Majesté me garder le secret, ajouta Saint-Luc en affectant de parler bas.

— Oh! pardieu! fit Henri III, ce n'est pas pour te gêner, ce que j'en dis. Il est certain que si tu pouvais m'en défaire sans qu'il en résultât pour toi quelque égratignure...

Les mignons échangèrent entre eux un rapide regard, que Henri III fit semblant de ne pas avoir remarqué.

— Car enfin, continua le roi, le drôle est d'une insolence...

— Oui, oui, dit Saint-Luc. Cependant, un jour ou l'autre, soyez tranquille, sire, il trouvera son maître.

— Heu! fit le roi, secouant la tête de bas en haut, il tire rudement l'épée! Que ne se fait-il mordre par quelque chien enragé! cela nous en débarrasserait bien plus commodément.

Et il jeta un regard de travers sur Bussy, qui, accompagné de ses trois amis, allait et venait, heurtant et raillant tous ceux qu'il savait être les plus hostiles au duc d'Anjou, et qui, par conséquent, étaient les plus grands amis du roi.

— Corbleu! s'écria Chicot, ne rudoyez donc pas ainsi mes mignons gentilshommes, maître Bussy! car je tire l'épée, tout roi que je suis, ni plus ni moins que si j'étais un bouffon.

— Ah! le drôle! murmura Henri; sur ma parole, il voit juste.

— S'il continue de pareilles plaisanteries, je châtierai Chicot, sire, dit Maugiron.

— Ne t'y frotte pas, Maugiron; Chicot est gentilhomme et fort chatouilleux sur le point d'honneur. D'ailleurs, ce n'est point lui qui mérite le plus d'être châtié, car ce n'est pas lui le plus insolent.

Cette fois il n'y avait plus à s'y méprendre : Quélus fit signe à d'O et à d'Épernon, qui, occupés ailleurs, n'avaient point pris part à tout ce qui venait de se passer.

— Messieurs, dit Quélus en les menant à l'écart, venez au conseil; toi, Saint-Luc, cause avec le roi et achève ta paix, qui me paraît heureusement commencée.

Saint-Luc préféra ce dernier rôle, et s'approcha du roi et de Chicot, qui étaient aux prises.

Pendant ce temps, Quélus emmenait ses quatre amis dans l'embrasure d'une fenêtre.

—Eh bien, demanda d'Épernon, voyons, que veux-tu dire? J'étais en train de faire la cour à la femme de Joyeuse, et je te préviens que si ton récit n'est pas des plus intéressants, je ne te pardonne pas.

— Je veux vous dire, messieurs, répondit Quélus, qu'après le bal je pars immédiatement pour la chasse.

— Bon, dit d'O, pour quelle chasse?

— Pour la chasse au sanglier.

— Quelle lubie te passe par la tête d'aller, du froid qui court, te faire éventrer dans quelque taillis?

— N'importe! j'y vais.

— Seul?

— Non pas, avec Maugiron et Schomberg. Nous chassons pour le roi.

— Ah! oui, je comprends, dirent ensemble Schomberg et Maugiron.

— Le roi veut qu'on lui serve demain une hure de sanglier à son déjeuner.

— Avec un collet renversé à l'italienne, dit Maugiron, faisant allusion au simple col rabattu qu'en opposition avec les fraises des mignons portait Bussy.

— Ah! ah! dit d'Épernon, bon! j'en suis alors.

— De quoi donc s'agit-il? demanda d'O; je n'y suis pas du tout, moi.

— Eh! regarde autour de toi, mon mignon.

— Bon! je regarde.

— Y a-t-il quelqu'un qui t'ait ri au nez?

— Bussy, ce me semble.

— Eh bien! ne te paraît-il pas que c'est là un sanglier dont la hure serait agréable au roi?

— Tu crois que le roi... dit d'O.

— C'est lui qui la demande, répondis Quélus.

— Eh bien, soit, en chasse; mais comment chasserons-nous?

— A l'affût, c'est plus sûr.

Bussy remarqua la conférence, et, ne doutant pas qu'il ne fût question de lui, il s'approcha en ricanant avec ses amis.

— Regarde donc, Entraguet, regarde donc, Ribeirac, dit-il, comme les voilà groupés; c'est touchant: on dirait Euryale et Nisus, Damon et Pithias, Castor et.. Mais où est donc Pollux?

— Pollux se marie, dit Antraguet, de sorte que voilà Castor dépareillé.

— Que peuvent-ils faire là? demanda Bussy en les regardant insolemment.

— Gageons, dit Ribeirac, qu'ils complotent quelque nouvel amidon.

— Non, messieurs, dit en souriant Quélus, nous parlons chasse.

— Vraiment, seigneur Cupidon, dit Bussy; il fait bien froid pour chasser. Cela vous gercera la peau.

—Monsieur, répondit Maugiron avec la même politesse, nous avons des gants très-chauds et des pourpoints doublés de fourrures.

— Ah! cela me rassure, dit Bussy; est-ce bientôt que vous chassez?

— Mais, cette nuit, peut-être, dit Schomberg.

— Il n'y a pas de peut-être; cette nuit sûrement, ajouta Maugiron.

— En ce cas, je vais prévenir le roi, dit Bussy; que dirait Sa Majesté si demain, à son réveil, elle allait trouver ses amis enrhumés?

— Ne vous donnez pas la peine de prévenir le roi, monsieur, dit Quélus; Sa Majesté sait que nous chassons.

— L'alouette? fit Bussy avec une mine interrogatrice des plus impertinentes.

— Non, monsieur, dit Quélus, nous chassons le sanglier. Il nous faut absolument une hure.

— Et l'animal?... demanda Antraguet.

— Est détourné, dit Schomberg.

— Mais encore faut-il savoir où il passera, demanda Livarot.

— Nous tâcherons de nous renseigner, dit d'O. Chassez-vous avec nous, monsieur de Bussi?

— Non, répondit celui-ci, continuant la conversation sur le même mode. Non, en vérité, je suis empêché. Demain il faut que je sois chez M. d'Anjou pour la réception de M. de Monsoreau, à qui Monseigneur, comme vous le savez, a fait accorder la place de grand veneur.

— Mais cette nuit? demanda Quélus.

— Ah! cette nuit, je ne puis encore: j'ai un rendez-vous dans une mystérieuse maison du faubourg Saint-Antoine.

— Ah! ah! fit d'Épernon, est-ce que la reine Margot serait incognito à Paris, monsieur de Bussy? car nous avons appris que vous aviez hérité de la Mole.

— Oui; mais depuis quelque temps j'ai renoncé à l'héritage, et c'est d'une autre personne qu'il s'agit.

— Et cette personne vous attend rue du faubourg Saint-Antoine? demanda d'O.

— Justement; je vous demanderai même un conseil, monsieur de Quélus.

— Dites; quoique je ne sois point avocat, je me pique de ne pas les donner mauvais, surtout à mes amis.

— On dit les rues de Paris peu sûres; le faubourg Saint-Antoine est un quartier fort isolé. Quel chemin me conseillez-vous de prendre?

— Dame! dit Quélus, comme le batelier du Louvre passera sans doute la nuit à nous attendre, à votre place, monsieur, je prendrais le petit bac du Pré-aux-Clercs, je me ferais descendre à la tour du coin, je suivrais le quai jusqu'au Grand-Châtelet, et par la rue de la Tixeranderie, je gagnerais le faubourg Saint-Antoine. Une fois au bout de la rue Saint-Antoine, si vous passez l'hôtel des Tournelles sans accident, il est probable que vous arriverez sain et sauf à la mysté-

rieuse maison dont vous nous parliez tout à l'heure.

— Merci de l'itinéraire, monsieur de Quélus, dit Bussy. Vous dites le bac au Pré-aux-Clercs, la tour du coin, le quai jusqu'au Grand-Châtelet, la rue de la Tixeranderie et la rue Saint-Antoine. On ne s'en écartera pas d'une ligne, soyez tranquille.

Et, saluant les cinq amis, il se retira en disant tout haut à Balzac d'Entragues:

— Décidément, Antraguet, il n'y a rien à faire avec ces gens-là, allons-nous-en.

Livarot et Ribeirac se mirent à rire, suivant Bussy et d'Entragues, qui s'éloignèrent, mais qui, en s'éloignant, se retournèrent plusieurs fois.

Les mignons demeurèrent calmes; ils paraissaient décidés à ne rien comprendre.

Comme Bussy allait franchir le dernier salon où se trouvait madame de Saint-Luc, qui ne perdait pas des yeux son mari, Saint-Luc lui fit un signe, montrant de l'œil le favori du duc d'Anjou, qui s'éloignait. Jeanne comprit avec cette perspicacité qui est le privilége des femmes, et, courant au gentilhomme, elle lui barra le passage.

— Oh! monsieur de Bussy, dit-elle, il n'est bruit que d'un sonnet que vous avez fait, à ce qu'on assure.

— Contre le roi, madame? demanda Bussy.

— Non; mais en honneur de la reine. Oh! dites-le-moi.

— Volontiers, madame, dit Bussy.

Et, offrant son bras à madame de Saint-Luc, il s'éloigna en récitant le sonnet demandé.

Pendant ce temps, Saint-Luc s'en revint tout doucement du côté des mignons, et il entendit Quélus qui disait:

— L'animal ne sera pas difficile à suivre avec de pareilles brisées; ainsi donc, à l'angle de l'hôtel des Tournelles, près la porte Saint-Antoine, en face l'hôtel Saint-Pol.

— Avec chacun un laquais? demanda d'Épernon.

— Non pas, Nogaret, non pas, dit Quélus, soyons seuls, sachons seuls notre secret, faisons seuls notre besogne. Je le hais, mais j'aurais honte que le bâton d'un laquais le touchât; il est trop bon gentilhomme.

— Sortirons-nous tous six ensemble? demanda Maugiron.

— Tous cinq, et non pas tous six, dit Saint-Luc.

— Ah! c'est vrai, nous avions oublié que tu

avais pris femme. Nous te traitions encore en garçon, dit Schomberg.

— En effet, reprit d'O, c'est bien le moins que le pauvre Saint-Luc reste avec sa femme la première nuit de ses noces.

— Vous n'y êtes pas, messieurs, dit Saint-Luc ; ce n'est pas ma femme qui me retient, quoique, vous en conviendrez, elle en vaille bien la peine ; c'est le roi.

— Comment, le roi?

— Oui, Sa Majesté veut que je la reconduise au Louvre.

Les jeunes gens le regardèrent avec un sourire que Saint-Luc chercha vainement à interpréter.

— Que veux-tu? dit Quélus, le roi te porte une si merveilleuse amitié, qu'il ne peut se passer de toi. D'ailleurs, nous n'avons pas besoin de Saint-Luc, dit Schomberg. Laissons-le donc à son roi et à sa dame.

— Heu! la bête est lourde, fit d'Épernon.

— Bah! dit Quélus, qu'on me mette en face d'elle ; qu'on me donne un épieu, j'en fais mon affaire.

On entendit la voix de Henri qui appelait Saint-Luc.

— Messieurs, dit-il, vous l'entendez, le roi m'appelle ; bonne chasse, au revoir.

Et il les quitta aussitôt. Mais, au lieu d'aller au roi, il se glissa le long des murailles encore garnies de spectateurs et de danseurs, et gagna la porte que touchait déjà Bussy, retenu par la belle mariée, qui faisait de son mieux pour ne pas le laisser sortir.

— Ah! bonsoir, monsieur de Saint-Luc, dit le jeune homme. Mais comme vous avez l'air effaré! Est-ce que, par hasard, vous seriez de la grande chasse qui se prépare? Ce serait une preuve de votre courage, mais ce n'en serait pas une de votre galanterie.

— Monsieur, répondit Saint-Luc, j'avais l'air effaré parce que je vous cherchais.

— Ah! vraiment?

— Et que j'avais peur que vous ne fussiez parti. Chère Jeanne, ajouta-t-il, dites à votre père qu'il tâche d'arrêter le roi ; il faut que je dise deux mots en tête-à-tête à M. de Bussy.

Jeanne s'éloigna rapidement ; elle ne comprenait rien à toutes ces nécessités ; mais elle s'y soumettait, parce qu'elle les sentait importantes.

— Que voulez-vous me dire, monsieur de Saint-Luc? demanda Bussy.

— Je voulais vous dire, monsieur le comte, répondit Saint-Luc, que si vous aviez quelque

rendez-vous ce soir, vous feriez bien de le remettre à demain, attendu que les rues de Paris sont mauvaises, et que si ce rendez-vous, par hasard, devait vous conduire du côté de la Bastille, vous feriez bien d'éviter l'hôtel des Tournelles, où il y a un enfoncement dans lequel plusieurs hommes peuvent se cacher. Voilà ce que j'avais à vous dire, monsieur de Bussy. Dieu me garde de penser qu'un homme comme vous puisse avoir peur. Cependant réfléchissez.

En ce moment on entendait la voix de Chicot, qui criait :

— Saint-Luc, mon petit Saint-Luc, voyons, ne te cache pas comme tu fais. Tu vois bien que je t'attends pour rentrer au Louvre.

— Sire, me voici, répondit Saint-Luc en s'élançant dans la direction de la voix de Chicot.

Près du bouffon était Henri III, auquel un page tendait déjà le lourd manteau fourré d'hermine, tandis qu'un autre lui présentait de gros gants montant jusqu'aux coudes, et un troisième le masque de velours doublé de satin.

— Sire, dit Saint-Luc en s'adressant à la fois aux deux Henri, je vais avoir l'honneur de porter le flambeau jusqu'à vos litières.

— Point du tout, dit Henri, Chicot va de son côté, moi du mien. Mes amis sont tous des vauriens qui me laissent retourner seul au Louvre tandis qu'ils courent le carême prenant. J'avais compté sur eux, et les voilà qui me manquent ; or tu comprends que tu ne peux me laisser partir ainsi. Tu es un homme grave et marié, tu dois me ramener à la reine. Viens, mon ami, viens. Holà! un cheval pour M. Saint-Luc. Non pas ; c'est inutile, ajouta-t-il en se reprenant, ma litière est large ; il y a place pour deux.

Jeanne de Brissac n'avait pas perdu un mot de cet entretien, elle voulut parler, dire un mot à son mari, prévenir son père que le roi enlevait Saint-Luc ; mais Saint-Luc, plaçant un doigt sur sa bouche, l'invita au silence et à la circonspection.

— Peste! dit-il tout bas, maintenant que je me suis ménagé François d'Anjou, n'allons pas nous brouiller avec Henri de Valois. — Sire, ajouta-t-il tout haut, me voici. Je suis si dévoué à Votre Majesté, que, si elle l'ordonnait, je la suivrais jusqu'au bout du monde.

Il y eut un grand tumulte, puis grandes génuflexions, puis grand silence pour ouïr les adieux du roi à mademoiselle de Brissac et à son père. Ils furent charmants.

Puis les chevaux piaffèrent dans la cour, les

flambeaux jetèrent sur les vitraux leurs rouges reflets. Enfin, moitié riant, moitié grelottant, s'enfuirent, dans l'ombre et la brume, tous les courtisans de la royauté et tous les conviés de la noce.

Jeanne, demeurée seule avec ses femmes, entra dans sa chambre et s'agenouilla devant l'image d'une sainte en laquelle elle avait beaucoup de dévotion. Puis elle ordonna qu'on la laissât seule, et qu'une collation fût prête pour le retour de son mari.

M. de Brissac fit plus, il envoya six gardes attendre le jeune marié à la porte du Louvre, afin de lui faire escorte lorsqu'il reviendrait. Mais, au bout de deux heures d'attente, les gardes envoyèrent un de leurs compagnons prévenir le maréchal que toutes les portes étaient closes au Louvre, et qu'avant de fermer la dernière, le capitaine du guichet avait répondu :

— N'attendez point davantage, c'est inutile; personne ne sortira plus du Louvre cette nuit. Sa Majesté est couchée, et tout le monde dort.

Le maréchal avait été porter cette nouvelle à sa fille, qui avait déclaré qu'elle était trop inquiète pour se coucher, et qu'elle veillerait en attendant son mari.

CHAPITRE II

COMMENT CE N'EST PAS TOUJOURS CELUI QUI OUVRE LA PORTE QUI ENTRE DANS LA MAISON.

La porte Saint-Antoine était une espèce de voûte en pierre, pareille à peu près à notre porte Saint-Denis et à notre porte Saint-Martin d'aujourd'hui. Seulement elle tenait par son côté gauche aux bâtiments adjacents à la Bastille, et se reliait ainsi à la vieille forteresse.

L'espace compris à droite entre la porte et l'hôtel de Bretagne était grand, sombre et boueux; mais cet espace était peu fréquenté le jour, et tout à fait solitaire quand venait le soir, car les passants nocturnes semblaient s'être fait un chemin au plus près de la forteresse, afin de se placer en quelque sorte, dans ce temps où les rues étaient des coupe-gorge, où le guet était à peu près inconnu, sous la protection de la sentinelle du donjon, qui pouvait non pas les secourir, mais tout au moins par ses cris appeler à l'aide et effrayer les malfaiteurs.

Il va sans dire que les nuits d'hiver rendaient encore les passants plus prudents que les nuits d'été.

Celle pendant laquelle se passent les événements que nous avons déjà racontés et ceux qui vont suivre était si froide, si noire et si chargée de nuages sombres et bas, que nul n'eût aperçu, derrière les créneaux de la forteresse royale, cette bienheureuse sentinelle qui, de son côté, eût été fort empêchée de distinguer sur la place les gens qui passaient.

En avant de la porte Saint-Antoine, du côté de l'intérieur de la ville, aucune maison ne s'élevait, mais seulement de grandes murailles. Ces murailles étaient, à droite, celles de l'église Saint-Paul; à gauche, celles de l'hôtel des Tournelles. C'est à l'extrémité de cet hôtel, du côté de la rue Sainte-Catherine, que la muraille faisait cet angle rentrant dont avait parlé Saint-Luc à Bussy.

Puis venait le pâté de maisons situées entre la rue de Jouy et la grande rue Saint-Antoine, laquelle avait, à cette époque, en face d'elle, la rue des Billettes et l'église Sainte-Catherine.

D'ailleurs, nulle lanterne n'éclairait toute la portion du vieux Paris que nous venons de décrire. Dans les nuits où la lune se chargeait d'illuminer la terre, on voyait se dresser, sombre, majestueuse et immobile, la gigantesque Bastille, qui se détachait en vigueur sur l'azur étoilé du ciel. Dans les nuits sombres, au contraire, on ne voyait là où elle était qu'un redoublement de ténèbres que trouait de place en place la pâle lumière de quelques fenêtres.

Pendant cette nuit, qui avait commencé par une gelée assez vive, et qui devait finir par une neige assez abondante, aucun passant ne faisait crier sous ses pas la terre gercée de cette espèce de chaussée aboutissant de la rue au faubourg, et que nous avons dit avoir été pratiquée par le prudent détour des promeneurs attardés. Mais, en revanche, un œil exercé eût pu distinguer, dans cet angle du mur des Tournelles, plusieurs ombres noires qui se remuaient assez pour prouver qu'elles appartenaient à de pauvres diables de corps humains fort embarrassés de conserver la chaleur naturelle que leur enlevait, de minute en minute, l'immobilité à laquelle ils semblaient s'être volontairement condamnés dans l'attente de quelque événement.

Cette sentinelle de la tour, qui ne pouvait, à cause de l'obscurité, voir sur la place, n'eût pas davantage pu entendre, tant elle était faite à voix basse, la conversation de ces ombres noires. Pourtant cette conversation ne manquait pas d'un certain intérêt.

— Cet enragé Bussy avait bien raison, disait une de ces ombres; c'est une véritable nuit comme nous en avions à Varsovie, quand le roi Henri était roi de Pologne; et, si cela continue, comme on nous l'a prédit, notre peau se fendra.

— Allons donc, Maugiron, tu te plains comme une femme, répondit une autre ombre. Il ne fait pas chaud, c'est vrai; mais tire ton manteau sur tes yeux et mets les mains dans tes poches, tu ne t'apercevras plus du froid.

— En vérité, Schomberg, dit une troisième ombre, tu en parles fort à ton aise, et l'on voit bien que tu es Allemand. Quant à moi, mes lèvres saignent, et mes moustaches sont hérissées de glaçons.

— Moi, ce sont les mains, dit une quatrième voix. Sur ma parole, je parierais que je n'en ai plus.

— Que n'as-tu pris le manchon de ta maman, pauvre Quélus? répondit Schomberg. Elle te l'eût prêté, cette chère femme, surtout si tu lui avais conté que c'était pour la débarrasser de son cher Bussy, qu'elle aime à peu près comme la peste.

— Eh! mon Dieu! ayez donc de la patience, dit une cinquième voix. Tout à l'heure vous vous plaindrez, j'en suis sûr, que vous avez trop chaud.

— Dieu t'entende, d'Épernon, fit Maugiron en battant la semelle.

— Ce n'est pas moi qui ai parlé, dit d'Épernon, c'est d'O. Moi, je me tais, de peur que mes paroles ne gèlent.

— Que dis-tu? demanda Quélus à Maugiron.

— D'O disait, reprit Maugiron, que tout à l'heure nous aurions trop chaud, et je lui répondais : Que Dieu t'entende!

— Eh bien, je crois qu'il l'a entendu; car je vois là-bas quelque chose qui vient par la rue Saint-Paul.

— Erreur. Ce ne peut pas être lui.

— Et pourquoi cela?

— Parce qu'il a indiqué un autre itinéraire.

— Comme ce serait chose étonnante, n'est-ce pas, qu'il se fût douté de quelque chose et qu'il en eût changé!

— Vous ne connaissez point Bussy; où il a dit qu'il passerait, il passera, quand même il saurait que le diable est embusqué sur la route pour lui barrer le passage.

— En attendant, répondit Quélus, voilà deux hommes qui viennent.

— Ma foi, oui, répétèrent deux ou trois voix, reconnaissant la vérité de la proposition.

— En ce cas, chargeons, dit Schomberg.

— Un moment, dit d'Épernon; n'allons pas tuer de bons bourgeois, ou d'honnêtes sages-femmes. Tiens! ils s'arrêtent.

En effet, à l'extrémité de la rue Saint-Paul qui donne sur la rue Saint-Antoine, les deux personnes qui attiraient l'attention de nos cinq compagnons s'étaient arrêtées comme indécises.

— Oh! oh! dit Quélus, est-ce qu'ils nous auraient vus?

— Allons donc! à peine si nous nous voyons nous-mêmes.

— Tu as raison, reprit Quélus. Tiens! les voilà qui tournent à gauche... ils s'arrêtent devant une maison... Ils cherchent.

— Ma foi, oui.

— On dirait qu'ils veulent entrer, dit Schomberg. Eh! un instant... Est-ce qu'il nous échapperait?

— Mais ce n'est pas lui, puisqu'il doit aller au faubourg Saint-Antoine, et que ceux-là, après avoir débouché par Saint-Paul, ont descendu la rue, répondit Maugiron.

— Eh! dit Schomberg, qui vous répondra que le fin matois ne vous a pas donné une fausse indication, soit par hasard et négligemment, soit par malice et avec réflexion?

— Au fait, cela se pourrait, dit Quélus.

Cette supposition fit bondir comme une meute affamée toute la troupe des gentilshommes. Ils quittèrent leur retraite et s'élancèrent, l'épée haute, vers les deux hommes arrêtés devant la porte.

Justement l'un de ces deux hommes venait d'introduire une clef dans la serrure, la porte avait cédé et commençait à s'ouvrir, lorsque le bruit des assaillants fit lever la tête aux deux mystérieux promeneurs.

— Qu'est ceci? demanda en se retournant le plus petit des deux à son compagnon. Serait-ce par hasard à nous qu'on en voudrait, d'Aurilly?

— Ah! monseigneur, répliqua celui qui venait d'ouvrir la porte, cela m'en a bien l'air. Vous nommerez-vous ou garderez-vous l'incognito?

— Des hommes armés! un guet-apens!

— Quelque jaloux qui nous guette. Vrai Dieu! je l'avais bien dit, monseigneur, que la dame était trop belle pour n'être point courtisée.

— Entrons vite, d'Aurilly. On soutient mieux un siége en deçà qu'au delà des portes.

— Oui, monseigneur, quand il n'y a pas d'ennemis dans la place. Mais qui vous dit?...

Il n'eut pas le temps d'achever. Les jeunes gentilshommes avaient franchi cet espace, d'une centaine de pas environ, avec la rapidité de l'éclair. Quélus et Maugiron, qui avaient suivi la muraille, se jetèrent entre la porte et ceux qui voulaient entrer, afin de leur couper la retraite, tandis que Schomberg, d'O et d'Épernon s'apprêtaient à les attaquer de face.

— A mort! à mort! cria Quélus, toujours le plus ardent des cinq.

Tout à coup celui que l'on avait appelé monseigneur, et à qui son compagnon avait demandé s'il garderait l'incognito, se retourna vers Quélus, fit un pas, et se croisant les bras avec arrogance :

— Je crois que vous avez dit : A mort! en parlant à un fils de France, monsieur de Quélus, dit-il d'une voix sombre et avec un sinistre regard.

Quélus recula, les yeux hagards, les genoux fléchissants, les mains inertes.

— Monseigneur le duc d'Anjou! s'écria-t-il.

— Monseigneur le duc d'Anjou! répétèrent les autres.

— Eh bien, reprit François d'un air terrible, crions-nous toujours : A mort! à mort! mes gentilshommes?

— Monseigneur, balbutia d'Épernon, c'était une plaisanterie; pardonnez-nous.

— Monseigneur, dit d'O à son tour, nous ne soupçonnions pas que nous pussions rencontrer Votre Altesse au bout de Paris et dans ce quartier perdu.

— Une plaisanterie! répliqua François, sans même faire à d'O l'honneur de lui répondre, vous avez de singulières façons de plaisanter, monsieur d'Épernon. Voyons, puisque ce n'est pas à moi qu'on en voulait, quel est celui que menaçait votre plaisanterie?

— Monseigneur, dit avec respect Schomberg, nous avons vu Saint-Luc quitter l'hôtel Montmorency et venir de ce côté. Cela nous a paru étrange, de sorte que nous avons voulu savoir dans quel but un mari quittait sa femme la première nuit de ses noces.

L'excuse était plausible; car, selon toute probabilité, le duc d'Anjou apprendrait le lendemain que Saint-Luc n'avait point couché à l'hôtel Montmorency, et cette nouvelle coïnciderait avec ce que venait de dire Schomberg.

— M. de Saint-Luc? Vous m'avez pris pour M. de Saint-Luc, messieurs?

— Oui, monseigneur, reprirent en chœur les cinq compagnons.

— Et depuis quand peut-on se tromper ainsi à nous deux? dit le duc d'Anjou; M. de Saint-Luc a la taille de plus que moi.

— C'est vrai, monseigneur, dit Quélus; mais il est juste de la taille de M. d'Aurilly, qui a l'honneur de vous accompagner.

— Ensuite, la nuit est fort sombre, monseigneur, répliqua Maugiron.

— Puis, voyant un homme mettre une clef dans une serrure, nous l'avons pris pour le principal d'entre vous, murmura d'O.

— Enfin, dit Quélus, monseigneur ne peut pas supposer que nous ayons eu à son égard l'ombre d'une mauvaise pensée, pas même celle de troubler ses plaisirs.

Tout en parlant ainsi et tout en écoutant les réponses plus ou moins logiques que l'étonnement et la crainte permettaient de lui faire, François, par une habile manœuvre stratégique, avait quitté le seuil de la porte et suivi pas à pas d'Aurilly, son joueur de luth, compagnon ordinaire de ses courses nocturnes, et se trouvait déjà à une distance assez grande de cette porte, pour que, confondue avec les autres, elle ne pût pas être reconnue.

— Mes plaisirs! dit-il aigrement, et qui peut vous faire croire que je prenne ici mes plaisirs?

— Ah! monseigneur, en tout cas et pour quelque chose que vous soyez venu, répliqua

Quelus, pardonnez-nous ; nous nous retirons.

— C'est bien. Adieu, messieurs.

— Monseigneur, ajouta d'Épernon, que notre discrétion bien connue de Votre Altesse...

Le duc d'Anjou, qui avait déjà fait un pas pour se retirer, s'arrêta, et fronçant le sourcil :

— De la discrétion, monsieur de Nogaret ! et qui donc vous en demande, je vous prie ?

— Monseigneur, nous avions cru que Votre Altesse, seule à cette heure et suivie de son confident...

— Vous vous trompiez, voici ce qu'il faut croire et ce que je veux que l'on croie.

Les cinq gentilshommes écoutèrent dans le plus profond et le plus respectueux silence.

— J'allais, reprit d'une voix lente, et comme pour graver chacune de ses paroles dans la mémoire de ses auditeurs, le duc d'Anjou, j'allais consulter le juif Manassès, qui sait lire dans le verre et dans le marc du café. Il demeure, comme vous savez, rue de la Tournelle. En passant, d'Aurilly vous a aperçus et vous a pris pour quelques archers faisant leur ronde. Aussi, ajouta-t-il avec une espèce de gaieté effrayante pour ceux qui connaissaient le caractère du prince, en véritables consulteurs de sorciers que nous sommes, rasions-nous les murailles et nous effacions-nous dans les portes pour nous dérober, s'il était possible, à vos terribles regards.

Tout en parlant ainsi, le prince avait insensiblement regagné la rue Saint-Paul, et se trouvait à portée d'être entendu des sentinelles de la Bastille, au cas d'une attaque, contre laquelle, sachant la haine sourde et invétérée que lui portait son frère, ne le rassuraient que médiocrement les excuses et les respects des mignons de Henri III.

— Et maintenant que vous savez ce qu'il faut en croire, et surtout ce que vous devez dire, adieu, messieurs. Il est inutile de vous prévenir que je désire ne pas être suivi.

Tous s'inclinèrent et prirent congé du prince, qui se retourna plusieurs fois pour les accompagner de l'œil, tout en faisant quelques pas lui-même du côté opposé.

— Monseigneur, dit d'Aurilly, je vous jure que les gens à qui nous venons d'avoir affaire avaient de mauvaises intentions. Il est tantôt minuit ; nous sommes, comme ils le disaient, dans un quartier perdu ; rentrons vite à l'hôtel, monseigneur, rentrons.

— Non pas, dit le prince l'arrêtant ; profitons de leur départ, au contraire.

— C'est que Votre Altesse se trompe, dit d'Aurilly ; c'est qu'ils ne sont pas partis le moins du monde ; c'est qu'ils ont rejoint, comme monseigneur peut le voir lui-même, la retraite où ils étaient cachés ; les voyez-vous, monseigneur, là-bas dans ce recoin, à l'angle de l'hôtel des Tournelles ?

François regarda : d'Aurilly n'avait dit que l'exacte vérité. Les cinq gentilshommes avaient en effet repris leur position, et il était évident qu'ils méditaient un projet interrompu par l'arrivée du prince ; peut-être même ne se postaient-ils dans cet endroit que pour épier le prince et son compagnon, et s'assurer s'ils allaient effectivement chez le juif Manassès.

— Eh bien, monseigneur, demanda d'Aurilly, que décidez-vous ? Je ferai ce qu'ordonnera Votre Altesse, mais je ne crois pas qu'il soit prudent de demeurer.

— Mordieu ! dit le prince, c'est cependant fâcheux d'abandonner la partie.

— Oui, je sais bien, monseigneur, mais la partie peut se remettre. J'ai déjà eu l'honneur de dire à Votre Altesse que je m'étais informé : la maison est louée pour un an ; nous savons que la dame loge au premier ; nous avons des intelligences avec sa femme de chambre, une clef qui ouvre sa porte. Avec tous ces avantages nous pouvons attendre.

— Tu es sûr que la porte avait cédé ?

— J'en suis sûr : à la troisième clef que j'ai essayée.

— A propos, l'as-tu refermée ?

— La porte ?

— Oui.

— Sans doute, monseigneur.

Avec quelque accent de vérité que d'Aurilly eût prononcé cette affirmation, nous devons dire qu'il était moins sûr d'avoir refermé la porte que de l'avoir ouverte. Cependant son aplomb ne laissa pas plus de doute au prince sur la seconde certitude que sur la première.

— Mais, dit le prince, c'est que je n'eusse pas été fâché de savoir moi-même...

— Ce qu'ils font là, monseigneur ? Je puis vous le dire sans crainte de me tromper ; ils sont réunis pour quelque guet-apens. Partons. Votre Altesse a des ennemis ; qui sait ce que l'on oserait tenter contre elle ?

— Eh bien, partons, j'y consens, mais pour revenir.

— Pas cette nuit au moins, monseigneur. Que Votre Altesse apprécie mes craintes : je vois partout des embuscades, et certes il m'est bien permis d'avoir de pareilles terreurs, quand j'accompagne le premier prince du sang... l'héritier de la couronne, que tant de gens ont intérêt à ne pas voir hériter.

Ces derniers mots firent une impression telle sur François, qu'il se décida aussitôt à la retraite; toutefois ce ne fut pas sans maugréer contre la disgrâce de cette rencontre et sans se promettre intérieurement de rendre aux cinq gentilshommes en temps et lieu le désagrément qu'il venait d'en recevoir.

— Soit! dit-il, rentrons à l'hôtel; nous y retrouverons Bussy, qui doit être revenu de ses maudites noces; il aura ramassé quelque bonne querelle et aura tué ou tuera demain matin quelqu'un de ces mignons de couchette, et cela me consolera

— Soit, monseigneur, dit d'Aurilly, espérons en Bussy. Je ne demande pas mieux, moi; et j'ai, comme Votre Altesse, sous ce rapport, la plus grande confiance en lui.

Et ils partirent.

Ils n'avaient pas tourné l'angle de la rue de Jouy, que nos cinq compagnons virent apparaître, à la hauteur de la rue Tison, un cavalier enveloppé dans un grand manteau. Le pas sec et dur du cheval résonnait sur la terre presque pétrifiée, et, luttant contre cette nuit épaisse, un faible rayon de lune, qui tentait un dernier effort pour percer le ciel nuageux et cette atmosphère lourde de neige, argentait la plume blanche de son toquet. Il tenait en bride et avec précaution la monture qu'il dirigeait, et que la contrainte qu'il lui imposait de marcher au pas faisait écumer malgré le froid.

— Cette fois, dit Quélus, c'est lui.

— Impossible! dit Maugiron.

— Pourquoi cela?

— Parce qu'il est seul, et que nous l'avons quitté avec Livarot, d'Entragues et Ribeirac, et qu'ils ne l'auront pas laissé se hasarder ainsi.

— C'est lui, cependant, c'est lui, dit d'Épernon. Tiens! reconnais-tu son hum! sonore, et sa façon insolente de porter la tête? Il est bien seul.

— Alors, dit d'O, c'est un piège.

— En tout cas, piège ou non, dit Schomberg, c'est lui; et comme c'est lui: *Aux épées! aux épées!*

C'était en effet Bussy, qui venait insoucieusement par la rue Saint-Antoine, et qui suivait ponctuellement l'itinéraire que lui avait tracé Quélus; il avait, comme nous l'avons vu, reçu

l'avis de Saint-Luc, et, malgré le tressaillement fort naturel que ces paroles lui avaient fait éprouver, il avait congédié ses trois amis à la porte de l'hôtel Montmorency.

C'était là une de ces bravades comme les aimait le valeureux colonel, lequel disait de lui-même: Je ne suis qu'un simple gentilhomme, mais je porte en ma poitrine un cœur d'empereur, et, quand je lis dans les vies de Plutarque les exploits des anciens Romains, il n'est pas à mon gré un seul héros de l'antiquité que je ne puisse imiter dans tout ce qu'il a fait.

Et puis Bussy avait pensé que peut-être Saint-Luc, qu'il ne comptait pas d'ordinaire au nombre de ses amis, et dont en effet il ne devait l'intérêt inattendu qu'à la position perplexe dans laquelle, lui, Saint-Luc, se trouvait, ne l'avait ainsi averti que pour l'engager à des précautions qui l'eussent pu rendre ridicule aux yeux de ses adversaires, en admettant qu'il eût des adversaires prêts à l'attendre. Or Bussy craignait plus le ridicule que le danger. Il avait, aux yeux de ses ennemis eux-mêmes, une réputation de courage qui lui faisait, pour la soutenir au niveau où elle s'était élevée, entreprendre les plus folles aventures. En homme de Plutarque, il avait donc renvoyé ses trois compagnons, vigoureuse escorte qui l'eût fait respecter même d'un escadron. Et seul, les bras croisés dans son manteau, sans autres armes que son épée et son poignard, il se dirigeait vers la maison où l'attendait, non pas une maîtresse, comme on eût pu le croire, mais une lettre que chaque mois lui envoyait, au même jour, la reine de Navarre, en souvenir de leur bonne amitié, et que le brave gentilhomme, selon la promesse qu'il avait faite à sa belle Marguerite, promesse à laquelle il n'avait pas manqué une seule fois, allait prendre, la nuit et lui-même, pour ne compromettre personne, au logis du messager.

Il avait fait impunément le trajet de la rue des Grands-Augustins à la rue Saint-Antoine, quand, en arrivant à la hauteur de la rue Sainte-Catherine, son œil actif, perçant et exercé, distingua dans les ténèbres, le long du mur, ces formes humaines que le duc d'Anjou, moins bien prévenu, n'avait point aperçues d'abord. Il y a d'ailleurs pour le cœur vraiment brave, à l'approche du péril qu'il devine, une exaltation qui pousse à sa plus haute perfection l'acuité des sens et de la pensée.

Bussy compta les ombres noires sur la muraille grise.

Bussy fit en arrière un bond qui mit trois pas entre lui et les assaillants. — Page 18.

— Trois, quatre, cinq, dit-il, sans compter les laquais qui se tiennent sans doute dans un autre coin et qui accourront au premier appel des maîtres. On fait cas de moi, à ce qu'il paraît. Diable! voilà pourtant bien de la besogne pour un seul homme. Allons, allons! ce brave Saint-Luc ne m'a point trompé, et, dût-il me trouer le premier l'estomac dans la bagarre, je lui dirais: Merci de l'avertissement, compagnon.

Et, ce disant, il avançait toujours; seulement, son bras droit jouait à l'aise sous son manteau, dont, sans mouvement apparent, sa main gauche avait détaché l'agrafe.

Ce fut alors que Schomberg cria: *Aux épées!* et qu'à ce cri répété par ses quatre compagnons les gentilshommes bondirent au-devant de Bussy.

— Oui-da, messieurs, dit Bussy de sa voix aiguë, mais tranquille, on veut tuer, à ce qu'il paraît, ce pauvre Bussy! C'est donc une bête fauve, c'est donc ce fameux sanglier que nous comptions chasser? Eh bien, messieurs, le sanglier va en découdre quelques uns, c'est moi qui vous le jure, et vous savez que je ne manque pas à ma parole.

— Soit! dit Schomberg; mais cela n'empêche pas que tu ne sois un grand malappris, seigneur Bussy d'Amboise, de nous parler ainsi à cheval, quand nous t'écoutons à pied.

Et, en disant ces paroles, le bras du jeune homme, vêtu de satin blanc, sortit du manteau, et étincela comme un éclair d'argent aux rayons de la lune, sans que Bussy pût deviner à quelle intention, si ce n'est à une intention de menace, correspondante au geste qu'il faisait.

Aussi allait-il répondre comme répondait d'ordinaire Bussy, lorsqu'au moment d'enfoncer les éperons dans le ventre de son cheval, il sentit l'animal plier et mollir sous lui. Schomberg, avec une adresse qui lui était particulière, et dont il avait déjà donné des preuves dans les nombreux combats soutenus par lui, tout jeune qu'il était, avait lancé une espèce de coutelas dont la large lame était plus lourde que le manche et l'arme, en taillant le jarret du cheval, était restée dans la plaie comme un couperet dans une branche de chêne.

L'animal poussa un hennissement sourd et tomba en frissonnant sur ses genoux.

Bussy, toujours préparé à tout, se trouva les deux pieds à terre et l'épée à la main.

— Ah! malheureux! dit-il, c'est mon cheval favori, vous me le payerez!

Et, comme Schomberg s'approchait, emporté par son courage, et calculant mal la portée de l'épée que Bussy tenait serrée au corps, comme on calcule mal la portée de la dent du serpent roulé en spirale, cette épée et ce bras se détendirent et lui crevèrent la cuisse.

Schomberg poussa un cri.

— Eh bien, dit Bussy, suis-je de parole? Un de décousu déjà. C'était le poignet de Bussy, et non le jarret de son cheval, qu'il fallait couper, maladroit!

Et, en un clin d'œil, tandis que Schomberg comprimait sa cuisse avec son mouchoir, Bussy eut présenté la pointe de sa longue épée au visage, à la poitrine des quatre autres assaillants, dédaignant de crier, car appeler au secours, c'est-à-dire reconnaître qu'il avait besoin d'aide, était indigne de Bussy; seulement, roulant son manteau autour de son bras gauche, et s'en faisant un bouclier, il rompit, non pas pour fuir, mais pour gagner une muraille contre laquelle il pût s'adosser afin de n'être point pris par derrière, portant dix coups à la minute, et sentant parfois cette molle résistance de la chair qui indique que les coups ont porté. Une fois il glissa et regarda machinalement la terre. Cet instant suffit à Quélus, qui lui porta un coup dans le côté.

— Touché! cria Quélus.

— Oui, dans le pourpoint, répondit Bussy, qui ne voulait pas même avouer sa blessure, comme touchent les gens qui ont peur.

Et, bondissant sur Quélus, il lia si vigoureusement son épée, que l'arme sauta à dix pas du jeune homme. Mais il ne put poursuivre sa victoire, car au même instant d'O, d'Épernon et Maugiron l'attaquèrent avec une nouvelle furie. Schomberg avait bandé sa blessure, Quélus avait ramassé son épée; il comprit qu'il allait être cerné, qu'il n'avait plus qu'une minute pour gagner la muraille, et que, s'il ne profitait pas de cette minute, il allait être perdu.

Bussy fit en arrière un bond qui mit trois pas entre lui et les assaillants; mais quatre épées le rattrapèrent bien vite, et cependant c'était encore trop tard, car Bussy venait, grâce à un autre bond, de s'adosser au mur. Là il s'arrêta, fort comme Achille ou comme Roland, et souriant à cette tempête de coups qui s'abîmaient sur sa tête et cliquetaient autour de lui.

Tout à coup il sentit la sueur à son front et un nuage passa sur ses yeux.

Il avait oublié sa blessure, et les symptômes d'évanouissement qu'il venait d'éprouver la lui rappelaient.

— Ah! tu faiblis! s'écria Quélus redoublant ses coups.

— Tiens! dit Bussy, juges-en.

Et du pommeau de son épée il le frappa à la tempe. Quélus roula sous ce coup de poing de fer.

Puis, exalté, furieux comme le sanglier qui, après avoir tenu tête aux chiens, fond sur eux, il poussa un cri terrible, et s'élança en avant. D'O et d'Épernon reculèrent; Maugiron avait relevé Quélus, et le tenait embrassé; Bussy brisa du pied l'épée de ce dernier, taillada d'un coup d'estoc l'avant-bras de d'Épernon. Un instant Bussy fut vainqueur; mais Quélus revint à lui, mais Schomberg, tout blessé qu'il était, rentra en lice, mais quatre épées flamboyèrent de nouveau. Bussy se sentit perdu une seconde fois. Il rassembla toutes ses forces pour opérer sa retraite, et recula pas à pas pour regagner son mur. Déjà la sueur glacée de son front, le tintement sourd de ses oreilles, une taie douloureuse et sanglante étendue sur ses yeux, lui annonçaient l'épuisement de ses forces. L'épée ne suivait plus le chemin que lui traçait la pensée obscurcie. Bussy chercha le mur avec sa main gauche, le toucha, et le froid du mur lui fit du bien; mais, à son grand étonnement, le mur céda. C'était une porte entrebâillée. Alors Bussy reprit espoir, et reconquit toutes ses forces pour ce moment suprême. Pendant une seconde, ses coups furent rapides, et si violents, que toutes les épées s'écartèrent ou se baissèrent devant lui. Alors il se laissa glisser de l'autre côté de cette porte, et, se retournant, il la poussa d'un violent coup d'épaule. Le pêne claqua dans la gâche. C'était fini, Bussy était hors de danger, Bussy était vainqueur, puisqu'il était sauvé.

Alors, d'un œil égaré par la joie, il vit à tra- vers le guichet à l'étroit grillage les figures pâles de ses ennemis. Il entendit les coups d'épée furieux entamer le bois de la porte, puis des cris de rage, des appels insensés. Enfin, tout à coup il lui sembla que la terre manquait sous ses pieds, que la muraille vacillait. Il fit trois pas en avant et se trouva dans une cour, tourna sur lui- même et alla rouler sur les marches d'un escalier.

Puis il ne sentit plus rien, et il lui sembla qu'il descendait dans le silence et l'obscurité du tombeau.

CHAPITRE III

COMMENT IL EST DIFFICILE PARFOIS DE DISTINGUER LE RÊVE DE LA RÉALITÉ.

Bussy avait eu le temps, avant de tomber, de passer son mouchoir sous sa chemise, et de boucler le ceinturon de son épée par-dessus, ce qui avait fait une espèce de bandage à la plaie vive et brûlante d'où le sang s'échappait comme un jet de flamme; mais, lorsqu'il en arriva là, il avait déjà perdu assez de sang pour que cette perte amenât l'évanouissement auquel nous avons vu qu'il avait succombé.

Cependant, soit que, dans ce cerveau surexcité par la colère et la souffrance, la vie persistât sous les apparences de l'évanouissement, soit que cet évanouissement cessât pour faire place à une fièvre qui fit place à un second évanouissement, voici ce que Bussy vit ou crut voir, dans cette heure de rêve ou de réalité, pendant cet instant de crépuscule placé entre l'ombre de deux nuits.

Il se trouvait dans une chambre avec des meubles de bois sculpté, avec une tapisserie à personnages et un plafond peint. Ces personnages, dans toutes les attitudes possibles, tenant des fleurs, portant des piques, semblaient sortir des murailles contre lesquelles ils s'agitaient pour monter au plafond par des chemins mystérieux. Entre les deux fenêtres, un portrait de femme était placé, éclatant de lumière; seulement il sem- blait à Bussy que le cadre de ce portrait n'était autre chose que le chambranle d'une porte. Bussy, immobile, fixé sur son lit comme par un pouvoir supérieur, privé de tous ses mouvements, ayant perdu toutes ses facultés, excepté celle de voir, regardait tous ces personnages d'un œil terne, admirant les fades sourires de ceux qui portaient des fleurs, et les grotesques colères de ceux qui portaient des épées. Avait-il déjà vu ces personnages ou les voyait-il pour la première fois? C'est ce qu'il ne pouvait préciser, tant sa tête était alourdie.

Tout à coup la femme du portrait sembla se détacher du cadre, et une adorable créature, vê- tue d'une longue robe de laine blanche, comme celle que portent les anges, avec des cheveux blonds tombant sur ses épaules, avec des yeux noirs comme du jais, avec de longs cils veloutés, avec une peau sous laquelle il semblait qu'on pût voir circuler le sang qui la teintait de rose, s'avança vers lui. Cette femme était si prodigieusement belle, ses bras étendus étaient si attrayants, que Bussy fit un violent effort pour aller se jeter à ses pieds. Mais il semblait retenu à son lit par des liens pareils à ceux qui retiennent le cadavre au tombeau, tandis que, dédaigneuse de la terre, l'âme immatérielle monte au ciel.

Cela le força de regarder le lit sur lequel il

était couché, et il lui sembla que c'était un de ces lits magnifiques, sculptés sous François Ier, auquel pendaient des courtines de damas blanc, broché d'or.

A la vue de cette femme, les personnages de la muraille et du plafond cessèrent d'occuper Bussy. La femme du portrait était tout pour lui, et il cherchait à voir quel vide elle laissait dans le cadre. Mais un nuage que ses yeux ne pouvaient percer flottait devant ce cadre, et il lui en dérobait la vue; alors il reporta ses yeux sur le personnage mystérieux, et, concentrant sur la merveilleuse apparition tous ses regards, il se mit à lui adresser un compliment en vers comme il les faisait, c'est-à-dire couramment.

Mais soudain la femme disparut: un corps opaque s'interposait entre elle et Bussy; ce corps marchait lourdement et allongeait les mains comme fait le patient au jeu de Colin-Maillard.

Bussy sentit la colère lui monter à la tête, et il entra dans une telle rage contre l'importun visiteur, que, s'il eût eu la liberté de ses mouvements, il se fût certes jeté sur lui; il est même juste de dire qu'il l'essaya, mais la chose lui fut impossible.

Comme il s'efforçait vainement de se détacher du lit auquel il semblait enchaîné, le nouveau venu parla.

— Eh bien, demanda-t-il, suis-je enfin arrivé?

— Oui, maître, dit une voix si douce que toutes les fibres du cœur de Bussy en tressaillirent, et vous pouvez maintenant ôter votre bandeau.

Bussy fit un effort pour voir si la femme à la douce voix était bien la même que celle du portrait; mais la tentative fut inutile. Il n'aperçut devant lui qu'une jeune et gracieuse figure d'homme qui venait, selon l'invitation qui lui en avait été faite, d'ôter son bandeau, et qui promenait tout autour de la chambre des regards effarés.

— Au diable l'homme! pensa Bussy.

Et il essaya de formuler sa pensée par la parole ou par le geste, mais l'un lui fut aussi impossible que l'autre.

— Ah! je comprends maintenant, dit le jeune homme en s'approchant du lit, vous êtes blessé, n'est-ce pas, mon cher monsieur? Voyons, nous allons essayer de vous raccommoder.

Bussy voulut répondre; mais il comprit que cela était chose impossible. Ses yeux nageaient une vapeur glacée, et les extrêmes bourre-

lets de ses doigts le piquaient comme s'ils eussent été traversés par cent mille épingles.

— Est-ce que le coup est mortel? demanda avec un serrement de cœur et un accent de douloureux intérêt qui fit venir les larmes aux yeux de Bussy la voix douce qui avait déjà parlé, et que le blessé reconnut pour être celle de la dame du portrait.

— Dame! je n'en sais rien encore; mais je vais vous le dire, répliqua le jeune homme; en attendant il est évanoui.

Ce fut là tout ce que put comprendre Bussy; il lui sembla entendre comme le froissement d'une robe qui s'éloignait. Puis il crut sentir quelque chose comme un fer rouge qui traversait son flanc, et ce qui restait d'éveillé en lui acheva de s'évanouir.

Plus tard il fut impossible à Bussy de fixer la durée de cet évanouissement.

Seulement, lorsqu'il sortit de ce sommeil, un vent froid courait sur son visage; des voix rauques et discordantes écorchaient son oreille, il ouvrit les yeux pour voir si c'étaient les personnages de la tapisserie qui se querellaient avec ceux du plafond, et, dans l'espérance que le portrait serait toujours là, il tourna la tête de tous côtés. Mais de tapisserie, point; de plafond, pas davantage. Quant au portrait, il avait complétement disparu. Bussy n'avait à sa droite qu'un homme vêtu de gris avec un tablier blanc retroussé à la ceinture et taché de sang; à sa gauche, qu'un moine genovéfain, qui lui soulevait la tête, et devant lui, qu'une vieille femme marmottant des prières.

L'œil errant de Bussy s'attacha bientôt à une masse de pierres qui se dressait devant lui, et monta jusqu'à la plus grande hauteur de ces pierres pour la mesurer; il reconnut alors le Temple, ce donjon flanqué de murs et de tours; au-dessus du Temple le ciel blanc et froid, légèrement doré par le soleil levant.

Bussy était purement et simplement dans la rue, ou plutôt sur le rebord d'un fossé, et ce fossé était celui du Temple.

— Ah! merci, mes braves gens, dit-il, pour la peine que vous avez prise de m'apporter ici. J'avais besoin d'air, mais on aurait pu m'en donner en ouvrant les fenêtres, et j'eusse été mieux sur mon lit de damas blanc et or que sur cette terre nue. N'importe, il y a dans ma poche, à moins que vous ne vous soyez déjà payés vous-mêmes, ce qui serait prudent, quelque vingt écus d'or; prenez, mes amis, prenez.

Frère Gorenflot. — PAGE 22.

— Mais, mon gentilhomme, dit le boucher, nous n'avons pas eu la peine de vous apporter, et vous étiez là, bien véritablement là. Nous vous y avons trouvé, en passant au point du jour.

— Ah! diable! dit Bussy; et le jeune médecin y était-il?

Les assistants se regardèrent.

— C'est un reste de délire, dit le moine en secouant la tête. Puis, revenant à Bussy :

— Mon fils, lui dit-il, je crois que vous feriez bien de vous confesser.

Bussy regarda le moine d'un air effaré.

— Il n'y avait pas de médecin, pauvre cher jeune homme, dit la vieille. Vous étiez là, seul, abandonné, froid comme un mort. Voyez, il y a un peu de neige, et votre place est dessinée en noir sur la neige.

Bussy jeta un regard sur son côté endolori, se rappela avoir reçu un coup d'épée, glissa la main sous son pourpoint et sentit son mouchoir à la même place, fixé sur la plaie par le ceinturon de son épée.

— C'est singulier, dit-il.

Déjà, profitant de la permission qu'il leur

avait donnée, les assistants se partageaient sa bourse avec force exclamations pitoyables à son endroit.

— Là, dit-il quand le partage fut achevé, c'est fort bien, mes amis. Maintenant, conduisez-moi à mon hôtel.

— Ah! certainement, certainement, pauvre cher jeune homme, dit la vieille; le boucher est fort, et puis il a son cheval, sur lequel vous pouvez monter.

— Est-ce vrai? dit Bussy.

— C'est la vérité du bon Dieu! dit le boucher, et moi et mon cheval sommes à votre service, mon gentilhomme.

— C'est égal, mon fils, dit le moine, tandis que le boucher va chercher son cheval, vous feriez bien de vous confesser.

— Comment vous appelez-vous? demanda Bussy.

— Je m'appelle frère Gorenflot, répondit le moine.

— Eh bien, frère Gorenflot, dit Bussy en s'accommodant sur son derrière, j'espère que le moment n'est pas encore venu. Aussi, mon père, au plus pressé. J'ai froid, et je voudrais être à mon hôtel pour me réchauffer.

— Et comment s'appelle votre hôtel?

— Hôtel de Bussy.

— Comment! s'écrièrent les assistants, hôtel de Bussy!

— Oui, qu'y a-t-il d'étonnant à cela?

— Vous êtes donc des gens de M. de Bussy.

— Je suis M. de Bussy lui-même.

— Bussy! s'écria la foule, le seigneur de Bussy, le brave Bussy, le fléau des mignons..... Vive Bussy!

Et le jeune homme, enlevé sur les épaules de ces auditeurs, fut reporté en triomphe en son hôtel, tandis que le moine s'en allait comptant sa part des vingt écus d'or, secouant la tête et murmurant :

— Si c'est ce sacripant de Bussy, cela ne m'étonne plus qu'il n'ait pas voulu se confesser.

Une fois rentré dans son hôtel, Bussy fit appeler son chirurgien ordinaire, lequel trouva la blessure sans conséquence.

— Dites-moi, lui dit Bussy, cette blessure n'a-t-elle pas été pansée?

— Ma foi! dit le docteur, je ne l'affirmerais pas, quoique, après tout, elle paraisse bien fraîche.

— Et, demanda Bussy, est-elle assez grave pour m'avoir donné le délire?

— Certainement.

— Diable! fit Bussy; cependant cette tapisserie avec ses personnages portant des fleurs et des piques, ce plafond à fresques, ce lit sculpté et tendu de damas blanc et or, ce portrait entre les deux fenêtres, cette adorable femme blonde aux yeux noirs, ce médecin qui jouait à Colin-Maillard, et à qui j'ai failli crier casse-cou, ce serait donc du délire? et il n'y aurait de vrai que mon combat avec les mignons? Où me suis-je donc battu, déjà? Ah! oui, c'est cela. C'était près de la Bastille, vers la rue Saint-Paul. Je me suis adossé à un mur; ce mur, c'était une porte, et cette porte a cédé heureusement. Je l'ai refermée à grand'peine, je me suis trouvé dans une allée. Là, je ne me rappelle plus rien jusqu'au moment où je me suis évanoui. Ou bien ai-je rêvé, maintenant? voici la question. Ah! et mon cheval, à propos? On doit avoir retrouvé mon cheval mort sur la place. Docteur, appelez, je vous prie, quelqu'un.

Le docteur appela un valet.

Bussy s'informa, et il apprit que l'animal, saignant, mutilé, s'était traîné jusqu'à la porte de l'hôtel, et qu'on l'avait trouvé là, hennissant, à la pointe du jour. Aussitôt l'alarme s'était répandue dans l'hôtel; tous les gens de Bussy, qui adoraient leur maître, s'étaient mis à sa recherche, et la plupart d'entre eux n'étaient pas encore rentrés.

— Il n'y a donc que le portrait, dit Bussy, qui demeure pour moi à l'état de rêve, et c'en était un en effet. Quelle probabilité y a-t-il qu'un portrait se détache de son cadre pour venir converser avec un médecin qui a les yeux bandés? C'est moi qui suis un fou. Et cependant, quand je me le rappelle, ce portrait était bien charmant. Il avait...

Bussy se mit à détailler le portrait, et, à mesure qu'il en repassait tous les détails dans sa mémoire, un frisson voluptueux, ce frisson de l'amour qui réchauffe et chatouille le cœur, passait comme un velours sur sa poitrine brûlante

— Et j'aurais rêvé tout cela! s'écria Bussy, tandis que le docteur posait l'appareil sur sa blessure. Mordieu! c'est impossible, on ne fait pas de pareils rêves. — Récapitulons.

Et Bussy se mit à répéter pour la centième fois :

— J'étais au bal; Saint-Luc m'a prévenu qu'on devait m'attendre du côté de la Bastille. J'étais avec Antraguet, Ribeirac et Livarot. Je les ai renvoyés. J'ai pris ma route par le quai, le Grand-Châtelet, etc., etc. A l'hôtel des Tournelles, j'ai commencé d'apercevoir les gens qui m'attendaient. Ils se sont rués sur moi, m'ont estropié mon cheval. Nous nous sommes rudement battus. Je suis entré dans une allée ; je me suis trouvé mal, et puis... ah! voilà ! c'est çet *et puis* qui me tue ; il y a une fièvre, un délire, un rêve, après cet *et puis*. Et puis, ajouta-t-il avec un soupir, je me suis retrouvé sur le talus des fossés du Temple, où un moine genovéfain a voulu me confesser. — C'est égal, j'en aurai le cœur net, reprit Bussy après un silence d'un instant, qu'il employa encore à rappeler ses souvenirs. Docteur, me faudra-t-il donc garder encore la chambre quinze jours pour cette égratignure, comme j'ai fait pour la dernière?

— C'est selon. Voyons, est-ce que vous ne pouvez pas marcher? demanda le chirurgien.

— Moi, au contraire, dit Bussy. Il me semble que j'ai du vif-argent dans les jambes.

— Faites quelques pas.

Bussy sauta à bas de son lit, et donna la preuve de ce qu'il avait avancé en faisant assez allégrement le tour de sa chambre.

— Cela ira, dit le médecin, pourvu que vous ne montiez pas à cheval et que vous ne fassiez pas dix lieues pour le premier jour.

— A la bonne heure ! s'écria Bussy, voilà un médecin ! cependant j'en ai vu un autre cette nuit. Ah ! oui, bien vu, j'ai sa figure gravée là, et, si je le rencontre jamais, je le reconnaîtrai, j'en réponds.

— Mon cher seigneur, dit le médecin, je ne vous conseille pas de le chercher; on a toujours un peu de fièvre après les coups d'épée ; vous devriez cependant savoir cela, vous qui êtes à votre douzième.

— Oh! mon Dieu! s'écria tout à coup Bussy, frappé d'une idée nouvelle, car il ne songeait qu'au mystère de sa nuit, est-ce que mon rêve aurait commencé au delà de la porte, au lieu de commencer en deçà? Est-ce qu'il n'y aurait pas eu plus d'allée et d'escalier qu'il n'y avait de lit de damas blanc et or, et de portrait? Est-ce que ces brigands-là, me croyant tué, m'auraient porté tout bellement jusqu'aux fossés du Temple, afin de dépister quelque spectateur de la scène? Alors, c'est pour le coup que j'aurais bien certainement rêvé le reste. Dieu saint ! si c'est vrai, s'ils m'ont procuré le rêve qui m'agite, qui me dévore, qui me tue, je fais serment de les éventrer tous jusqu'au dernier !

— Mon cher seigneur, dit le médecin, si vous voulez vous guérir promptement, il ne faut pas vous agiter ainsi.

— Excepté cependant ce bon Saint-Luc, continua Bussy sans écouter ce que lui disait le docteur. Celui-là, c'est autre chose; il s'est conduit en ami pour moi. Aussi je veux qu'il ait ma première visite.

— Seulement, pas avant ce soir, à cinq heures, dit le médecin.

— Soit, dit Bussy; mais, je vous assure, ce n'est pas de sortir et de voir du monde qui peut me rendre malade, mais de me tenir en repos et de demeurer seul.

— Au fait, c'est possible, dit le docteur, vous êtes en toutes choses un singulier malade, agissez à votre guise, monseigneur; je ne vous recommande plus qu'une chose : c'est de ne pas vous faire donner un autre coup d'épée avant que celui-là soit guéri.

Bussy promit au médecin de faire ce qu'il pourrait pour cela, et, s'étant fait habiller, il appela sa litière et se fit porter à l'hôtel Montmorency.

Si la jeune femme n'eût pas porté le costume de son page, Bussy ne l'eût pas
reconnue. — Page 27.

CHAPITRE IV

COMMENT MADEMOISELLE DE BRISSAC, AUTREMENT DIT MADAME DE SAINT-LUC, AVAIT PASSÉ SA NUIT DE NOCES.

C'était un beau cavalier et un parfait gentilhomme que Louis de Clermont, plus connu sous le nom de Bussy d'Amboise, que Brantôme, son cousin, a mis au rang des grands capitaines du seizième siècle. Nul homme, depuis longtemps, n'avait fait de plus glorieuses conquêtes. Les rois et les princes avaient brigué son amitié. Les reines et les princesses lui avaient envoyé leurs plus doux sourires. Bussy avait succédé à la Mole dans les affections de Marguerite de Navarre ; et la bonne reine, au cœur tendre, qui, après la mort du favori dont nous avons écrit l'histoire, avait sans doute besoin de consolation, avait fait, pour le beau et brave Bussy d'Amboise, tant de folies, que Henri, son mari, s'en était ému, lui qui ne s'émouvait guère de ces sortes de choses, et que le duc François ne lui eût jamais pardonné l'amour de sa sœur, si cet amour n'eût acquis Bussy à ses intérêts. Cette fois encore, le duc sacrifiait son amour à cette ambition sourde et irrésolue qui, durant tout le cours de son existence, devait lui valoir tant de douleurs et rapporter si peu de fruits.

Mais, au milieu de tous les succès de guerre, d'ambition et de galanterie, Bussy était demeuré ce que peut être une âme inaccessible à toute faiblesse humaine, et celui-là qui n'avait jamais connu la peur n'avait jamais non plus, jusqu'à l'époque où nous sommes arrivés du moins, connu l'amour. Ce cœur d'empereur qui battait dans sa poitrine de gentilhomme, comme il le disait lui-même, était vierge et pur, pareil au diamant que la main du lapidaire n'a pas encore touché et qui sort de la mine où il a mûri sous le regard du soleil. Aussi n'y avait-il point dans ce cœur place pour les détails de pensée qui eussent fait de Bussy un empereur véritable. Il se croyait digne d'une couronne et valait mieux que la couronne qui lui servait de point de comparaison.

Henri III lui avait fait offrir son amitié, et Bussy l'avait refusée, disant que les amis des rois sont leurs valets, et quelquefois pis encore ; que par conséquent semblable condition ne lui convenait pas. Henri III avait dévoré en silence cet affront, aggravé par le choix qu'avait fait Bussy du duc François pour son maître. Il est vrai que le duc François était le maître de Bussy comme le bestiaire est le maître du lion. Il le sert et le nourrit, de peur que le lion ne le mange. Tel était ce Bussy que François poussait à soutenir ses querelles particulières. Bussy le voyait bien, mais le rôle lui convenait.

Il s'était fait une théorie à la manière de la devise des Rohan, qui disaient : « Roi ne puis, prince ne daigne, Rohan je suis. » Bussy se disait : — Je ne puis être roi de France, mais M. le duc d'Anjou peut et veut l'être, je serai roi de M. le duc d'Anjou.

Et, de fait, il l'était.

Quand les gens de Saint-Luc virent entrer au logis ce Bussy redoutable, ils coururent prévenir M. de Brissac.

— M. de Saint-Luc est-il au logis ? demanda Bussy, passant la tête aux rideaux de la portière.

— Non, monsieur, fit le concierge.

— Où le trouverai-je ?

— Je ne sais, monsieur, répondit le digne serviteur. On est même fort inquiet à l'hôtel. M. de Saint-Luc n'est pas rentré depuis hier.

— Bah ! fit Bussy tout émerveillé.

— C'est comme j'ai l'honneur de vous le dire.

— Mais madame de Saint-Luc ?

— Oh ! madame de Saint-Luc, c'est autre chose.

— Elle est à l'hôtel ?

— Oui.

— Prévenez donc madame de Saint-Luc que je serais charmé si j'obtenais d'elle la permission de lui présenter mes respects.

Cinq minutes après, le messager revint dire que madame de Saint-Luc recevrait avec grand plaisir M. de Bussy.

Bussy descendit de ses coussins de velours et monta le grand escalier ; Jeanne de Cossé était venue au-devant du jeune homme jusqu'au milieu de la salle d'honneur. Elle était fort pâle, et ses cheveux, noirs comme l'aile du corbeau, donnaient à cette pâleur le ton de l'ivoire jauni ; ses yeux étaient rouges d'une douloureuse insomnie, et l'on eût suivi sur sa joue le sillon argenté d'une larme récente. Bussy, que cette pâleur avait d'abord fait sourire et qui préparait un compliment de circonstance à ces yeux battus, s'arrêta dans son improvisation à ces symptômes de véritable douleur.

— Soyez le bienvenu, monsieur de Bussy, dit la jeune femme, malgré toute la crainte que votre présence me fait éprouver.

— Que voulez-vous dire, madame ? demanda Bussy, et comment ma personne peut-elle vous annoncer un malheur ?

— Ah ! il y a eu rencontre cette nuit, entre vous et M. de Saint-Luc, cette nuit, n'est-ce pas ? avouez-le.

— Entre moi et M. de Saint-Luc ? répéta Bussy étonné.

— Oui, il m'a éloignée pour vous parler. Vous êtes au duc d'Anjou, il est au roi. Vous avez eu querelle. Ne me cachez rien, monsieur de Bussy, je vous en supplie. Vous devez comprendre mon inquiétude. Il est parti avec le roi, c'est vrai ; mais on se retrouve, on se rejoint. Confessez-moi la vérité. Qu'est-il arrivé à M. de Saint-Luc ?

— Madame, dit Bussy, voilà, en vérité, qui est merveilleux. Je m'attendais à ce que vous me demandassiez des nouvelles de ma blessure, et c'est moi que l'on interroge.

— M. de Saint-Luc vous a blessé, il s'est battu ! s'écria Jeanne. Ah ! vous voyez bien...

4

— Mai non, madame, il ne s'est pas battu le moins du monde, avec moi du moins, ce cher Saint-Luc, et, Dieu merci! ce n'est point de sa main que je suis blessé. Il y a même plus, c'est qu'il a fait tout ce qu'il a pu pour que je ne le fusse pas. Mais, d'ailleurs, lui-même a dû vous dire que nous étions maintenant comme Damon et Pythias!

— Lui! comment me l'aurait-il dit, puisque je ne l'ai pas revu?

— Vous ne l'avez pas revu? Ce que me disait votre concierge était donc vrai?

— Que vous disait-il?

— Que M. de Saint-Luc n'était pas rentré depuis hier onze heures. Depuis hier onze heures, vous n'avez pas revu votre mari?

— Hélas! non.

— Mais où peut-il être?

— Je vous le demande.

— Oh! pardieu, contez-moi donc cela, madame, dit Bussy, qui se doutait de ce qui était arrivé, c'est fort drôle.

La pauvre femme regarda Bussy avec le plus grand étonnement.

— Non! c'est fort triste, voulais-je dire, reprit Bussy. J'ai perdu beaucoup de sang, de sorte que je ne jouis pas de toutes mes facultés. Dites-moi cette lamentable histoire, madame, dites.

Et Jeanne raconta tout ce qu'elle savait, c'est-à-dire l'ordre donné par Henri III à Saint-Luc de l'accompagner, la fermeture des portes du Louvre, et la réponse des gardes, à laquelle, en effet, aucun retour n'avait succédé.

— Ah! fort bien, dit Bussy, je comprends.

— Comment! Vous comprenez? demanda Jeanne.

— Oui : Sa Majesté a emmené Saint-Luc au Louvre, et, une fois entré, Saint-Luc n'a pas pu en sortir.

— Et pourquoi Saint-Luc n'a-t-il pas pu en sortir?

— Ah! dame! dit Bussy embarrassé, vous me demandez de dévoiler les secrets d'État.

— Mais enfin, dit la jeune femme, j'y suis allée, au Louvre, mon père aussi.

— Eh bien?

— Eh bien, les gardes nous ont répondu qu'ils ne savaient ce que nous voulions dire, et que M. de Saint-Luc devait être rentré au logis.

— Raison de plus pour que M. de Saint-Luc soit au Louvre, dit Bussy.

— Vous croyez?

— J'en suis sûr, et si vous voulez vous en assurer de votre côté...

— Comment?

— Par vous-même.

— Le puis-je donc?

— Certainement.

— Mais j'aurais beau me présenter au palais, on me renverra comme on a déjà fait, avec les mêmes paroles qu'on m'a déjà dites. Car, s'il y était, qui empêcherait que je ne le visse?

— Voulez-vous entrer au Louvre? vous dis-je.

— Pourquoi faire?

— Pour voir Saint-Luc.

— Mais enfin s'il n'y est pas?

— Et mordieu! je vous dis qu'il y est, moi.

— C'est étrange.

— Non, c'est royal.

— Mais vous pouvez donc y entrer, au Louvre, vous?

— Certainement. Moi je ne suis pas la femme de Saint-Luc.

— Vous me confondez.

— Venez toujours.

— Comment l'entendez-vous? Vous prétendez que la femme de Saint-Luc ne peut entrer au Louvre, et vous voulez m'y mener avec vous!

— Pas du tout, madame; ce n'est pas la femme de Saint-Luc que je veux mener là.. Une femme! fi donc!

— Alors, vous me raillez... et, voyant ma tristesse, c'est bien cruel à vous!

— Eh! non, chère dame, écoutez : vous avez vingt ans, vous êtes grande, vous avez l'œil noir, vous avez la taille cambrée, vous ressemblez à mon plus jeune page... comprenez-vous... ce joli garçon à qui le drap d'or allait si bien hier soir?

— Ah! quelle folie! monsieur de Bussy, s'écria Jeanne en rougissant.

— Écoutez. Je n'ai pas d'autre moyen que celui que je vous propose. C'est à prendre ou à laisser. Voulez-vous voir votre Saint-Luc, dites?

— Oh! je donnerais tout au monde pour cela.

— Eh bien, je vous promets de vous le faire voir sans que vous ayez rien à donner, moi!

— Oui... mais...

— Oh! je vous ai dit de quelle façon.

— Eh bien, monsieur de Bussy, je ferai ce que vous voudrez; seulement, prévenez ce jeune garçon que j'ai besoin d'un de ses habits, et je lui enverrai une de mes femmes.

— Non pas. Je vais faire prendre chez moi

un des habits tout neufs que je destine à ces drôles pour le premier bal de la reine mère. Celui que je croirai le plus assorti à votre taille, je vous l'enverrai; puis vous me rejoindrez à un endroit convenu; ce soir, rue Saint-Honoré, près de la rue des Prouvelles, par exemple, et de là...

— De là?

— Eh bien, de là nous irons au Louvre ensemble.

Jeanne se mit à rire et tendit la main à Bussy.

— Pardonnez-moi mes soupçons, dit-elle.

— De grand cœur. Vous me fournirez une aventure qui va faire rire toute l'Europe. C'est encore moi qui suis votre obligé.

Et, prenant congé de la jeune femme, il retourna chez lui faire les préparatifs de la mascarade.

Le soir, à l'heure dite, Bussy et madame de Saint-Luc se rencontrèrent à la hauteur de la barrière des Sergents. Si la jeune femme n'eût pas porté le costume de son page, Bussy ne l'eût pas reconnue. Elle était adorable sous son déguisement. Tous deux, après avoir échangé quelques paroles, s'acheminèrent vers le Louvre.

A l'extrémité de la rue des Fossés-Saint-Germain-l'Auxerrois, ils rencontrèrent grande compagnie. Cette compagnie tenait toute la rue et leur barrait le passage.

Jeanne eut peur. Bussy reconnut, aux flambeaux et aux arquebuses, le duc d'Anjou, reconnaissable, d'ailleurs, à son cheval pie et au manteau de velours blanc qu'il avait l'habitude de porter.

—Ah! dit Bussy en se retournant vers Jeanne, vous étiez embarrassé, mon beau page, de savoir comment vous pourriez pénétrer dans le Louvre; eh bien, soyez tranquille maintenant, vous allez y faire une triomphale entrée.

—Eh! monseigneur! cria de tous ses poumons Bussy au duc d'Anjou.

L'appel traversa l'espace, et, malgré le piétinement des chevaux et le chuchotement des voix, parvint jusqu'au prince.

Le prince se retourna.

—Toi, Bussy! s'écria-t-il tout enchanté; je te croyais blessé à mort, et j'allais à ton logis de la Corne-du-Cerf, rue de Grenelle.

—Ma foi, monseigneur, dit Bussy sans même remercier le prince de cette marque d'attention, si je ne suis pas mort, ce n'est la faute de personne, excepté la mienne. En vérité, monseigneur, vous me fourrez dans de beaux guets-

apens, et vous m'abandonnez dans de joyeuses positions. Hier, à ce bal de Saint-Luc, c'était un véritable coupe-gorge universel. Il n'y avait que moi d'Angevin, et ils ont, sur mon honneur, failli me tirer tout le sang que j'ai dans le corps.

— Par la mort, Bussy, ils le payeront cher, ton sang, et je leur en ferai compter les gouttes.

— Oui, vous dites cela, reprit Bussy avec sa liberté ordinaire, et vous aller sourire au premier que vous rencontrerez. Si, en souriant, du moins, vous montriez les dents; mais vous avez les lèvres trop serrées pour cela.

— Eh bien, reprit le prince, accompagne-moi au Louvre, et tu verras.

— Que verrai-je, monseigneur?

— Tu verras comme je vais parler à mon frère.

— Écoutez, monseigneur, je ne vais pas au Louvre s'il s'agit de recevoir quelque rebuffade. C'est bon pour les princes du sang et pour les mignons, cela.

— Sois tranquille, j'ai pris la chose à cœur.

— Me promettez-vous que la réparation sera belle?

— Je te promets que tu seras content. Tu hésites encore, je crois?

— Monseigneur, je vous connais si bien!

— Viens, te dis-je. On en parlera.

— Voilà votre affaire toute trouvée, glissa Bussy à l'oreille de la comtesse. Il va y avoir entre ces bons frères, qui s'exècrent, une esclandre effroyable, et vous, pendant ce temps, vous retrouverez votre Saint-Luc.

— Eh bien, demanda le duc, te décides-tu, et faut-il que je t'engage ma parole de prince?

— Oh! non, dit Bussy, cela me porterait malheur. Allons, vaille que vaille, je vous suis, et, si l'on m'insulte, je saurai bien me venger.

Et Bussy alla prendre son rang près du prince, tandis que le nouveau page, suivant son maître au plus près, marchait immédiatement derrière lui.

— Te venger! non, non, dit le prince, répondant à la menace de Bussy, ce soir ne te regarde pas, mon brave gentilhomme. C'est moi qui me charge de la vengeance. Écoute, ajouta-t-il à voix basse, je connais tes assassins.

— Bah! fit Bussy, Votre Altesse a pris tant de soin que de s'en informer?

— Je les ai vus.

— Comment cela? dit Bussy étonné.

— Où j'avais affaire moi-même, à la porte Saint-Antoine; ils m'ont rencontré, et ont failli me tuer à ta place. Ah! je ne me doutais pas que ce fût toi qu'ils attendissent, les brigands! sans cela ...

— Eh bien, sans cela?...

— Est-ce que tu avais ce nouveau page avec toi? demanda le prince en laissant la menace en suspens.

— Non, monseigneur, dit Bussy, j'étais seul, et vous, monseigneur?

— Moi, j'étais avec Aurilly, et pourquoi étais-tu seul?

— Parce que je veux conserver le nom de brave Bussy qu'ils m'ont donné.

— Et ils t'ont blessé? demanda le prince avec sa rapidité à répondre par une feinte aux coups qu'on lui portait.

— Écoutez, dit Bussy, je ne veux pas leur en faire la joie; mais j'ai un joli coup d'épée tout au travers du flanc.

— Ah! les scélérats! s'écria le prince; Aurilly me le disait bien, qu'ils avaient de mauvaises idées.

— Comment, dit Bussy, vous avez vu l'embûche! comment, vous étiez avec Aurilly, qui joue presque aussi bien de l'épée que du luth! comment, il a dit à Votre Altesse que ces gens-là avaient de mauvaises pensées, vous étiez deux, et ils n'étaient que cinq, et vous n'avez pas guetté pour prêter main forte?

— Dame! que veux-tu, j'ignorais contre qui cette embûche était dressée.

— Mort diable! comme disait le roi Charles IX en reconnaissant les amis du roi Henri III, vous avez cependant bien dû songer qu'ils en voulaient à quelque ami à vous. Or, comme il n'y a guère que moi qui aie le courage d'être votre ami, il n'était pas difficile de deviner que c'était à moi qu'ils en voulaient.

— Oui, peut-être as-tu raison, mon cher Bussy, dit François, mais je n'ai pas songé à tout cela.

— Enfin! soupira Bussy, comme s'il n'eût trouvé que ce mot pour exprimer tout ce qu'il pensait de son maître.

On arriva au Louvre. Le duc d'Anjou fut reçu au guichet par le capitaine et les concierges. Il y avait consigne sévère; mais, comme on le pense bien, cette consigne n'était pas pour le premier du royaume après le roi. Le prince s'engouffra donc sous l'arcade du pont-levis avec toute sa suite.

— Monseigneur, dit Bussy en se voyant dans la cour d'honneur, allez faire votre algarade, et rappelez-vous que vous me l'avez promise solennelle; moi je vais dire deux mots à quelqu'un.

— Tu me quittes, Bussy? dit avec inquiétude le prince, qui avait un peu compté sur la présence de son gentilhomme.

— Il le faut; mais que cela n'empêche; soyez tranquille, au fort du tapage je reviendrai. Criez, monseigneur, criez, mordieu! pour que je vous entende, ou, si je ne vous entends pas crier, vous comprenez, je n'arriverai pas.

Puis, profitant de l'entrée du duc dans la grande salle, il se glissa, suivi de Jeanne, dans les appartements.

Bussy connaissait le Louvre comme son propre hôtel. Il prit un escalier dérobé, deux ou trois corridors solitaires, et arriva à une espèce d'antichambre.

— Attendez-moi ici, dit-il à Jeanne.

— Oh! mon Dieu! vous me laissez seule? dit la jeune femme effrayée.

— Il le faut, répondit Bussy; je dois vous éclairer le chemin et vous ménager les entrées.

CHAPITRE V

COMMENT MADEMOISELLE DE BRISSAC, AUTREMENT DIT MADAME DE SAINT-LUC, S'ARRANGEA POUR PASSER LA SECONDE NUIT DE SES NOCES AUTREMENT QU'ELLE N'AVAIT PASSÉ LA PREMIÈRE.

ussy alla droit au cabinet des armes qu'affectionnait tant le roi Charles IX, et qui, par une nouvelle distribution, était devenu la chambre à coucher du roi Henri III, lequel l'avait accommodé à son usage. Charles IX, roi chasseur, roi forgeron, roi poëte, avait dans cette chambre des cors, des arquebuses, des manuscrits, des livres et des étaux. Henri III y avait deux lits de velours et de satin, des dessins d'une grande licence, des reliques, des scapulaires bénis par le pape, des sachets parfumés venant d'Orient et une collection des plus belles épées d'escrime qui se pussent voir.

Bussy savait bien que Henri ne serait pas dans cette chambre, puisque son frère lui demandait audience dans la galerie, mais il savait aussi que près de la chambre du roi était l'appartement de la nourrice de Charles IX, devenu celui du favori de Henri III. Or, comme Henri III était un prince très-changeant dans ses amitiés, cet appartement avait été successivement occupé par Saint-Mégrin, Maugiron, d'O, d'Épernon, Quélus et Schomberg, et, en ce moment, il devait l'être, selon la pensée de Bussy, par Saint-Luc, pour qui le roi, ainsi qu'on l'a vu, éprouva une si grande recrudescence de tendresse, qu'il avait enlevé le jeune homme à sa femme.

C'est qu'à Henri III, organisation étrange, prince futile, prince profond, prince craintif, prince brave, c'est qu'à Henri III, toujours ennuyé, toujours inquiet, toujours rêveur, il fallait une éternelle distraction : le jour, le bruit, les jeux, l'exercice, les momeries, les mascarades, les intrigues; la nuit, la lumière, les caquetages, la prière ou la débauche. Aussi Henri III est-il à peu près le seul personnage de ce caractère que nous retrouvions dans notre monde moderne.

Henri III, l'hermaphrodite antique, était destiné à voir le jour dans quelque ville d'Orient, au milieu d'un monde de muets, d'esclaves, d'eunuques, d'icoglans, de philosophes et de sophistes, et son règne devait marquer une ère particulière de molles débauches et de folies inconnues, entre Néron et Héliogabale.

Or Bussy, se doutant donc que Saint-Luc habitait l'appartement de la nourrice, alla frapper à l'antichambre commune aux deux appartements.

Le capitaine des gardes vint ouvrir.

— M. de Bussy! s'écria l'officier étonné.

— Oui, moi même, mon cher monsieur de Nancey, dit Bussy. Le roi désire parler à M. de Saint-Luc.

— Fort bien, répondit le capitaine; qu'on prévienne M. de Saint Luc que le roi veut lui parler.

A travers la porte restée entr'ouverte Bussy décocha un regard au page.

Puis, se retournant vers M. de Nancey :

— Mais que fait-il donc, ce pauvre Saint-Luc? demanda Bussy.

— Il joue avec Chicot, monsieur, en attendant le roi qui vient de se rendre à la demande d'audience que lui a faite M. le duc d'Anjou.

— Voulez-vous permettre que mon page m'attende ici? demanda Bussy au capitaine des gardes.

— Bien volontiers, répondit le capitaine.

— Entrez, Jean, dit Bussy à la jeune femme; et de la main il lui montra l'embrasure d'une fenêtre dans laquelle elle alla se réfugier.

Elle y était blottie à peine que Saint-Luc entra. Par discrétion, M. de Nancey se retira hors de la portée de la voix.

— Que me veut donc encore le roi? dit Saint-Luc la voix aigre et la mine renfrognée. Ah! c'est vous, monsieur de Bussy.

— Moi-même, cher Saint-Luc, et avant tout... Il baissa la voix.

— Avant tout, merci du service que vous m'a-vez rendu.

— Ah! dit Saint-Luc, c'était tout naturel, et il me répugnait de voir assassiner un brave gentilhomme comme vous. Je vous croyais tué.

— Il s'en est fallu de peu; mais peu, dans ce cas-là, c'est énorme.

— Comment cela?

— Oui, j'en ai été quitte pour un joli coup d'épée que j'ai rendu avec usure, je crois, à Schomberg et à d'Épernon. Quant à Quélus, il doit remercier les os de son crâne. C'est un des plus durs que j'aie encore rencontrés.

— Ah! racontez-moi donc votre aventure, elle me distraira, dit Saint-Luc en bâillant à se démonter la mâchoire.

— Je n'ai pas le temps dans ce moment-ci, mon cher Saint-Luc. D'ailleurs je suis venu pour tout autre chose. Vous vous ennuyez fort, à ce qu'il paraît?

— Royalement, c'est tout dire.

— Eh bien, je viens pour vous distraire. Que diable! un service en vaut un autre.

— Vous avez raison, celui que vous me rendez n'est pas moins grand que celui que je vous ai rendu. On meurt d'ennui aussi bien que d'un coup d'épée; c'est plus long, mais c'est plus sûr.

— Pauvre comte! dit Bussy, vous êtes donc prisonnier, comme je m'en doutais?

— Tout ce qu'il y a de plus prisonnier. Le roi prétend qu'il n'y a que mon humeur qui le distraye. Le roi est bien bon, car, depuis hier, je lui ai fait plus de grimaces que son singe, et lui ai dit plus de brutalités que son bouffon.

— Eh bien, voyons: ne puis-je pas à mon tour, comme je vous l'offrais, vous rendre un service?

— Certainement, dit Saint-Luc; vous pouvez aller chez moi, ou plutôt chez le maréchal de Brissac, pour rassurer ma pauvre petite femme, qui doit être fort inquiète et qui trouve certainement ma conduite des plus étranges.

— Que lui dirai-je?

— Eh pardieu! dites-lui ce que vous avez vu; c'est-à-dire que je suis prisonnier, consigné au guichet, que, depuis hier, le roi me parle de l'amitié comme Cicéron qui a écrit là-dessus, et de la vertu comme Socrate qui l'a pratiquée.

— Et que lui répondez-vous? demanda Bussy en riant.

— Morbleu! je lui réponds qu'à propos d'amitié, je suis un ingrat, et à propos de vertu,

que je suis un pervers; ce qui n'empêche pas qu'il s'obstine et qu'il me répète en soupirant: « Ah! Saint-Luc, l'amitié n'est donc qu'une chimère! Ah! Saint-Luc, la vertu n'est donc qu'un nom! » Seulement, après l'avoir dit en français, il le redit en latin et le répète en grec.

À cette saillie, le page, auquel Saint-Luc n'avait pas encore fait la moindre attention, poussa un éclat de rire.

— Que voulez-vous, cher ami? il croit vous toucher. *Bis repetita placent*, à plus forte raison, *ter*. Mais est-ce là tout ce que je puis faire pour vous?

— Ah! mon Dieu, oui; du moins, j'en ai bien peur.

— Alors, c'est fait.

— Comment cela?

— Je me suis douté de tout ce qui est arrivé, et j'ai d'avance tout dit à votre femme.

— Et qu'a-t-elle répondu?

— Elle n'a pas voulu croire d'abord. Mais, ajouta Bussy en jetant un coup d'œil du côté de l'embrasure de la fenêtre, j'espère qu'elle se sera enfin rendue à l'évidence. Demandez-moi donc autre chose, quelque chose de difficile, d'impossible même; il y aura plaisir à entreprendre cela.

— Alors, mon cher Bussy, empruntez pour quelques instants l'hippogriffe au gentil chevalier Astolfe, et amenez-le contre une de mes fenêtres; je monterai en croupe derrière vous, et vous me conduirez près de ma femme. Libre à vous de continuer après, si bon vous semble, votre voyage vers la lune.

— Mon cher, dit Bussy, il y a une chose plus simple, c'est de mener l'hippogriffe à votre femme, et que votre femme vienne vous trouver.

— Ici?

— Oui, ici.

— Au Louvre?

— Au Louvre même. Est-ce que ce ne serait pas plus drôle encore, dites?

— Oh! mordieu! je crois bien.

— Vous ne vous ennuierez plus?

— Non, ma foi.

— Car vous vous ennuyez, m'avez-vous dit?

— Demandez à Chicot. Depuis ce matin, je l'ai pris en horreur et lui ai proposé trois coups d'épée. Ce coquin s'est fâché que c'était à crever de rire. Eh bien, je n'ai pas sourcillé, moi. Mais je crois que si cela dure, je le tuerai tout de bon pour me distraire, ou que je m'en ferai tuer.

— Peste! ne vous y jouez pas; vous savez que Chicot est un rude tireur. Vous vous ennuieriez bien plus encore dans une bière que vous ne vous ennuyez dans votre prison, allez.

— Ma foi, je n'en sais rien.

— Voyons! dit Bussy riant, voulez-vous que je vous donne mon page?

— A moi?

— Oui, un garçon merveilleux.

— Merci, dit Saint-Luc, je déteste les pages. Le roi, m'a offert de faire venir celui des miens qui m'agréait le plus, et j'ai refusé. Offrez-le au roi qui monte sa maison. Moi, je ferai en sortant d'ici ce qu'on fit à Chenonceaux lors du festin vert, je ne me ferai plus servir que par des femmes, et encore je ferai moi-même le programme du costume.

— Bah! dit Bussy insistant, essayez toujours.

— Bussy, dit Saint-Luc dépité, ce n'est pas bien à vous de me railler ainsi.

— Laissez-moi faire.

— Mais non.

— Quand je vous dis que je sais ce qu'il vous faut.

— Mais non, non, non, cent fois non!

— Holà! page, venez ici.

— Mordieu! s'écria Saint-Luc.

Le page quitta sa fenêtre, et vint tout rougissant.

— Oh! oh! murmura Saint-Luc, stupéfait de reconnaître Jeanne sous la livrée de Bussy.

— Eh bien, demanda Bussy, faut-il le renvoyer?

— Non, vrai Dieu! non, s'écria Saint-Luc. Ah! Bussy, Bussy, c'est moi qui vous dois une amitié éternelle!

— Vous savez qu'on ne vous entend pas, Saint-Luc, mais qu'on vous regarde.

— C'est vrai, dit celui-ci.

Et, après avoir fait deux pas vers sa femme, il en fit trois en arrière.

En effet, M. de Nancey, étonné de la pantomime par trop expressive de Saint-Luc, commençait à prêter l'oreille, quand un grand bruit, venant de la galerie vitrée, le fit sortir de sa préoccupation.

— Ah! mon Dieu! s'écria M. de Nancey, voilà le roi qui querelle quelqu'un, ce me semble.

— Je le crois, en effet, répliqua Bussy jouant l'inquiétude; serait-ce, par hasard, M. le duc d'Anjou, avec lequel je suis venu?

Le capitaine des gardes assura son épée à son côté, et partit dans la direction de la galerie où, en effet, le bruit d'une vive discussion perçait voûtes et murailles.

— Dites que je n'ai pas bien fait les choses? dit Bussy en se retournant vers Saint-Luc.

— Qu'y a-t-il donc? demanda celui-ci.

— Il y a que M. d'Anjou et le roi se déchirent en ce moment, et que, comme ce doit être un superbe spectacle, j'y cours pour n'en rien perdre. Vous, profitez de la bagarre, non pas pour fuir, le roi vous rejoindrait toujours, mais pour mettre en lieu de sûreté ce beau page que je vous donne; est-ce possible?

— Oui, pardieu! et d'ailleurs, si cela ne l'était pas, il faudrait bien que cela le devînt, mais heureusement j'ai fait le malade, je garde la chambre.

— En ce cas, adieu, Saint-Luc; madame, ne m'oubliez pas dans vos prières.

Et Bussy, tout joyeux d'avoir joué ce mauvais tour à Henri III, sortit de l'antichambre et gagna la galerie où le roi, rouge de colère, soutenait au duc d'Anjou, pâle de rage, que, dans la scène de la nuit précédente, c'était Bussy qui était le provocateur.

— Je vous affirme, sire, s'écriait le duc d'Anjou, que d'Épernon, Schomberg, d'O, Maugiron et Quélus l'attendaient à l'hôtel des Tournelles.

— Qui vous l'a dit?

— Je les ai vus moi-même, sire, de mes deux yeux vus.

— Dans l'obscurité, n'est-ce pas? la nuit était noire comme l'intérieur d'un four.

— Aussi n'est-ce point au visage que je les ai reconnus.

— A quoi donc? aux épaules?

— Non, sire, à la voix.

— Ils vous ont parlé?

— Ils ont fait mieux que cela, ils m'ont pris pour Bussy et m'ont chargé.

— Vous?

— Oui, moi.

— Et qu'alliez-vous faire à la porte Saint-Antoine?

— Que vous importe?

— Je veux le savoir, moi. Je suis curieux aujourd'hui.

— J'allais chez Manassès.

— Chez Manassès, un juif!

— Vous allez bien chez Ruggieri, un empoisonneur.

— Je vais où je veux, je suis le roi.

— Ce n'est pas répondre, c'est assommer.

— D'ailleurs, comme je l'ai dit, c'est Bussy qui a été le provocateur.

— Bussy?

— Oui.

— Où cela?

— Au bal de Saint-Luc.

— Bussy a provoqué cinq hommes? Allons donc! Bussy est brave, mais Bussy n'est pas fou.

— Par la mordieu! je vous dis que j'ai entendu la provocation, moi. D'ailleurs, il en était bien capable, puisque, malgré tout ce que vous dites, il a blessé Schomberg à la cuisse, d'Épernon au bras, et presque assommé Quélus.

— Ah! vraiment, dit le duc, il ne m'avait point parlé de cela, je lui en ferai mon compliment.

— Moi, dit le roi, je ne complimenterai personne, mais je ferai un exemple de ce batailleur.

— Et moi, dit le duc, moi que vos amis attaquent, non-seulement dans la personne de Bussy, mais encore dans la mienne, je saurai si je suis votre frère, et s'il y a en France, excepté Votre Majesté, un seul homme qui ait le droit de me regarder en face sans qu'à défaut du respect la crainte lui fasse baisser les yeux.

En ce moment, attiré par les clameurs des deux frères, parut Bussy, galamment habillé de satin vert tendre avec des nœuds roses.

— Sire, dit-il en s'inclinant devant Henri III, daignez agréer mes très-humbles respects.

— Pardieu! le voici, dit Henri.

— Votre Majesté, à ce qu'il paraît, me fait l'honneur de s'occuper de moi? demanda Bussy.

— Oui, répondit le roi, et je suis bien aise de vous voir; quoi qu'on m'ait dit, votre visage respire la santé.

— Sire, le sang tiré rafraîchit le visage, dit Bussy, et je dois avoir le visage très-frais ce soir.

— Eh bien, puisqu'on vous a battu, puisqu'on vous a meurtri, plaignez-vous, seigneur de Bussy, et je vous ferai justice.

— Permettez, sire, dit Bussy, on ne m'a ni battu ni meurtri, et je ne me plains pas.

Henri demeura stupéfait et regarda le duc d'Anjou.

— Eh bien, que disiez-vous donc? demanda-t-il.

— Je disais que Bussy a reçu un coup de dague qui lui traverse le flanc.

— Est-ce vrai, Bussy? demanda le roi.

— Puisque le frère de Votre Majesté l'assure, dit Bussy, cela doit être vrai; un premier prince du sang ne saurait mentir.

— Et, ayant un coup d'épée dans le flanc, dit Henri, vous ne vous plaignez pas?

— Je ne me plaindrais, sire, que si, pour m'empêcher de me venger moi-même, on me coupait la main droite; encore, continua l'intraitable duelliste, je me vengerais, je l'espère bien, de la main gauche.

— Insolent! murmura Henri.

— Sire, dit le duc d'Anjou, vous avez parlé de justice, eh bien, faites justice; nous ne demandons pas mieux. Ordonnez une enquête, nommez des juges, et que l'on sache bien de quel côté venait le guet-apens, et qui avait préparé l'assassinat.

Henri rougit.

— Non, dit-il, j'aime mieux encore cette fois ignorer où sont les torts et envelopper tout le monde dans un pardon général. J'aime mieux que ces farouches ennemis fassent la paix, et je suis fâché que Schomberg et d'Épernon se trouvent retenus chez eux par leurs blessures. Voyons, monsieur d'Anjou, quel était le plus enragé de tous mes amis, à votre avis? Dites, cela doit vous être facile, puisque vous prétendez les avoir vus?

— Sire, dit le duc d'Anjou, c'était Quélus.

— Ma foi oui! dit Quélus, je ne m'en cache pas, et Son Altesse a bien vu.

— Alors, dit Henri, que M. de Bussy et M. de Quélus fassent la paix au nom de tous.

— Oh! oh! dit Quélus, que signifie cela, sire?

— Cela signifie que je veux qu'on s'embrasse ici, devant moi, à l'instant même.

Quélus fronça le sourcil.

— Eh quoi! signor, dit Bussy en se retournant du côté de Quélus et en imitant le geste italien de Pantalon, ne me ferez-vous point cette faveur?

La saillie était si inattendue, et Bussy l'avait faite avec tant de verve, que le roi lui-même se mit à rire.

Alors, s'approchant de Quélus:

— Allons, monsou, dit-il; le roi le vout.

Et il lui jeta les deux bras au cou.

— J'espère que cela ne vous engage à rien, dit tout bas Quélus à Bussy.

— Soyez tranquille, répondit Bussy du même

ton. Nous nous retrouverons un jour ou l'autre.

Quélus, tout rouge et tout défrisé, se recula furieux.

Henri fronça le sourcil, et Bussy, toujours pantalonnant, fit une pirouette et sortit de la salle du conseil.

CHAPITRE VI

COMMENT SE FAISAIT LE PETIT COUCHER DU ROI HENRI III.

Après cette scène commencée en tragédie et terminée en comédie, et dont le bruit, échappé au dehors comme un écho du Louvre, se répandit par la ville, le roi, tout courroucé, reprit le chemin de son appartement, suivi de Chicot, qui demandait à souper.

— Je n'ai pas faim, dit le roi en franchissant le seuil de sa porte.

— C'est possible, dit Chicot; mais moi j'enrage, et je voudrais mordre quelque chose, ne fût-ce qu'un gigot.

Le roi fit comme s'il n'avait pas entendu. Il dégrafa son manteau, qu'il posa sur son lit, ôta son toquet, maintenu sur sa tête par de longues épingles noires, et le jeta sur son fauteuil; puis, s'avançant vers le couloir qui conduisait à la chambre de Saint-Luc, laquelle n'était séparée de la sienne que par une simple muraille:

— Attends-moi ici, bouffon, dit-il, je reviens.

— Oh! ne te presse pas, mon fils, dit Chicot, ne te presse pas; je désire même, continua-t-il en écoutant le pas de Henri qui s'éloignait, que tu me laisses le temps de te ménager une petite surprise.

Puis, lorsque le bruit des pas se fut tout à fait éteint:

— Holà! dit-il en ouvrant la porte de l'antichambre.

Un valet accourut.

— Le roi a changé d'avis, dit il, il veut un joli souper fin pour lui et Saint-Luc. Surtout il a recommandé le vin; allez, laquais.

Le valet tourna sur ses talons et courut exécuter les ordres de Chicot, qu'il ne doutait pas être les ordres du roi.

Quant à Henri, il était passé, comme nous l'avons dit, dans l'appartement de Saint-Luc, lequel, prévenu de la visite de Sa Majesté, s'était couché et se faisait lire des prières par un vieux serviteur, qui, l'ayant suivi au Louvre, avait été fait prisonnier avec lui. Sur un fauteuil doré, dans un coin, la tête entre ses deux mains, dormait profondément le page qu'avait amené Bussy.

Le roi embrassa toutes ces choses d'un coup d'œil.

— Qu'est-ce que ce jeune homme? demanda-t il à Saint-Luc avec inquiétude.

— Votre Majesté, en me retenant ici, ne m'at-elle pas autorisé à faire venir un page?

— Oui, sans doute, répondit Henri III.

— Eh bien, j'ai profité de la permission, sire.

— Ah! ah!

— Sa Majesté se repent-elle de m'avoir accordé cette distraction? demanda Saint-Luc.

— Non pas, mon fils, non pas; distrais-toi, au contraire. Eh bien, comment vas-tu?

— Sire, dit Saint-Luc, j'ai une grande fièvre.

— En effet, dit le roi, tu as le visage empourpré, mon enfant; voyons le pouls, tu sais que je suis un peu médecin.

Saint-Luc tendit la main avec un mouvement visible de mauvaise humeur.

— Oui-da! dit le roi, plein-intermittent, agité.

— Oh! sire, dit Saint-Luc, c'est qu'en vérité je suis bien malade.

— Sois tranquille, dit Henri, je te ferai soigner par mon propre médecin.

— Merci ! sire. Je déteste Miron.

— Je te garderai moi-même.

— Sire, je ne souffrirai pas...

— Je vais faire dresser un lit pour moi dans ta chambre, Saint-Luc. Nous causerons toute la nuit. J'ai mille choses à te raconter.

— Ah ! s'écria Saint-Luc désespéré, vous vous dites médecin, vous vous dites mon ami, et vous voulez m'empêcher de dormir. Morbleu ! docteur, vous avez une drôle de manière de traiter vos malades ! Morbleu ! sire, vous avez une singulière façon d'aimer vos amis.

— Eh quoi ! tu veux rester seul, souffrant comme tu es !

— Sire, j'ai mon page Jean.

— Mais il dort.

— C'est comme cela que j'aime les gens qui me veillent ; au moins ils ne m'empêchent point de dormir moi-même.

— Laisse-moi au moins te veiller avec lui. Je ne te parlerai que si tu te réveilles.

— Sire, j'ai le réveil très-maussade, et il faut être bien habitué à moi pour me pardonner toutes les sottises que je dis avant d'être bien éveillé.

— Au moins, viens assister à mon coucher.

— Et je serai libre après de revenir me mettre au lit ?

— Parfaitement libre.

— Eh bien, soit. Mais je ferai un triste courtisan, je vous en réponds. Je tombe de sommeil.

— Tu bâilleras tout à ton aise.

— Quelle tyrannie ! dit Saint-Luc, quand vous avez tous vos autres amis.

— Ah ! oui, ils sont dans un bel état, et Bussy me les a bien accommodés. Schomberg a la cuisse crevée ; d'Épernon a le poignet tailladé comme une manche à l'espagnole ; Quélus est encore tout étourdi de son coup de poing d'hier et de son embrassade d'aujourd'hui ; reste d'O, qui m'ennuie à mourir, et Maugiron qui me boude. Allons ! réveille ce grand bélître de page, et fais-toi passer une robe de chambre.

— Sire, si Votre Majesté veut me laisser.

— Pourquoi faire ?

— Le respect...

— Allons donc !

— Sire, dans cinq minutes je serai chez Votre Majesté.

— Dans cinq minutes, soit ! Mais pas plus de cinq minutes, entends-tu ; et pendant ces cinq minutes trouve-moi de bons contes, Saint-Luc, que nous tâchions de rire un peu.

Et là-dessus, le roi, qui avait obtenu la moitié de ce qu'il voulait, sortit à moitié content.

La porte ne se fut pas plutôt refermée derrière lui, que le page se réveilla en sursaut, et d'un bond fut à la portière.

— Ah ! Saint-Luc, dit-il quand le bruit des pas se fut perdu, vous allez encore me quitter. Mon Dieu ! quel supplice ! je meurs d'effroi ici. Si l'on allait découvrir !

— Ma chère Jeanne, dit Saint-Luc, Gaspard que voilà ici, et il lui montrait le vieux serviteur, vous défendra contre toute indiscrétion.

— Alors, autant vaut que je m'en aille, dit la jeune femme en rougissant.

— Si vous l'exigez absolument, Jeanne, dit Saint-Luc d'un ton attristé, je vous ferai reconduire à l'hôtel Montmorency, car la consigne n'est que pour moi. Mais si vous étiez aussi bonne que belle, si vous aviez dans le cœur quelques sentiments pour le pauvre Saint-Luc, vous l'attendriez quelques instants. Je vais tant souffrir de la tête, des nerfs et des entrailles, que le roi ne voudra pas d'un si triste compagnon et me renverra coucher.

Jeanne baissa les yeux.

— Allez donc, dit-elle, j'attendrai ; mais je vous dirai comme le roi : Ne soyez pas longtemps.

— Jeanne, ma chère Jeanne, vous êtes adorable, dit Saint-Luc, rapportez-vous-en à moi de revenir le plus tôt possible près de vous. D'ailleurs, il me vient une idée, je vais la mûrir un peu, et, à mon retour, je vous en ferai part.

— Une idée qui vous rendra la liberté ?

— Je l'espère.

— Alors, allez.

— Gaspard, dit Saint-Luc, empêchez bien que personne n'entre ici. Puis, dans un quart d'heure, fermez la porte à clef ; apportez-moi cette clef chez le roi. Allez dire à l'hôtel qu'on ne soit point inquiet de madame la comtesse, et ne revenez que demain.

Gaspard promit en souriant d'exécuter les ordres que la jeune femme écoutait en rougissant.

Saint-Luc prit la main de sa femme, la baisa tendrement, et courut à la chambre de Henri, qui déjà s'impatientait.

Jeanne, toute seule et toute frémissante, se blottit dans l'ample rideau qui tombait des tringles du lit, et là, rêveuse, inquiète, courroucée, elle chercha de son côté, en jouant avec une sarbacane, un moyen de sortir victorieuse de l'étrange position où elle se trouvait.

Quand Saint-Luc entra chez le roi, il fut saisi du parfum âpre et voluptueux qu'exhalait la chambre royale. Les pieds de Henri foulaient, en effet, une jonchée de fleurs dont on avait coupé les tiges, de peur qu'elles n'offensassent la peau délicate de Sa Majesté; roses, jasmins, violettes, giroflées, malgré la rigueur de la saison, formaient un moelleux et odorant tapis au roi Henri III.

La chambre, dont le plafond avait été abaissé et décoré de belles peintures sur toile, était meublée, comme nous l'avons dit, de deux lits, l'un desquels était si large, que, quoique son chevet fût appuyé au mur, il tenait près du tiers de la chambre. Ce lit était d'une tapisserie d'or et de soie à personnages mythologiques, représentant l'histoire de Cenée ou de Cenis, tantôt homme et tantôt femme, laquelle métamorphose ne s'opérait pas, comme on peut le présumer, sans les plus fantasques efforts de l'imagination du peintre. Le ciel du lit était de toile d'argent lamée d'or et de figures de soie, et les armes royales richement brodées étaient appliquées à la portion du baldaquin qui, appliquée à la muraille, formait le chevet du lit.

Il y avait aux fenêtres même tapisserie qu'aux lits, et les canapés et les fauteuils étaient formés de même étoffe que celle du lit et des fenêtres. Au milieu du plafond, une chaîne d'or laissait pendre une lampe de vermeil, dans laquelle brûlait une huile qui répandait, en se consumant, un parfum exquis. A la droite du lit, un satyre d'or tenait à la main un candélabre où brûlaient quatre bougies roses parfumées aussi. Ces bougies, grosses comme des cierges, jetaient une lumière qui, jointe à celle de la lampe, éclairait suffisamment la chambre.

Le roi, les pieds nus posés sur les fleurs qui jonchaient le parquet, était assis sur sa chaise d'ébène incrustée d'or; il avait sur les genoux sept ou huit petits chiens épagneuls tout jeunes, et dont les frais museaux chatouillaient doucement ses mains. Deux serviteurs triaient et frisaient ses cheveux retroussés comme ceux d'une femme, sa moustache à crochet, et sa barbe rare et floconneuse.

Un troisième enduisait le visage du prince d'une couche onctueuse de crème rose d'un goût tout particulier et d'odeurs des plus appétissantes.

Henri fermait les yeux et se laissait faire avec la majesté et le sérieux d'un dieu indien.

— Saint-Luc, disait-il, où est Saint-Luc?

Saint-Luc entra.

Chicot le prit par la main et l'amena devant le roi.

— Tiens, dit-il à Henri, le voici, ton ami Saint-Luc; ordonne-lui de se débarbouiller ou plutôt de se barbouiller aussi avec de la crème; car si tu ne prends cette indispensable précaution, il arrivera une chose fâcheuse: ou lui sentira mauvais pour toi, qui sens si bon, ou toi tu sentiras trop bon pour lui, qui ne sentira rien. Çà, les graisses et les peignes! ajouta Chicot en s'étendant sur un grand fauteuil en face du roi, j'en veux tâter aussi, moi.

— Chicot, Chicot! s'écria Henri; votre peau est trop sèche et absorberait une trop grande quantité de crème; à peine y en a-t-il assez pour moi; et votre poil est si dur, qu'il casserait mes peignes.

— Ma peau s'est séchée à tenir la campagne pour toi, prince ingrat! et si mon poil est si dur, c'est que les contrariétés que tu me donnes le tiennent continuellement hérissé; mais si tu me refuses la crème pour mes joues, c'est-à-dire pour mon extérieur, c'est bon, mon fils, je ne te dis que cela.

Henri haussa les épaules en homme peu disposé à s'amuser des facéties de son bouffon.

— Laissez-moi, dit-il, vous radotez.

Puis, se retournant vers Saint-Luc:

— Eh bien, mon fils, dit-il, ce mal de tête?

Saint-Luc porta la main à son front, et poussa un gémissement.

— Figure-toi, continua Henri, que j'ai vu Bussy d'Amboise. Aïe!... monsieur, dit-il au coiffeur, vous me brûlez.

Le coiffeur s'agenouilla.

— Vous avez vu Bussy d'Amboise, sire? dit Saint-Luc tout frissonnant.

— Oui, répondit le roi; comprends-tu ces imbéciles qui l'ont attaqué à cinq, et qui l'ont manqué? Je les ferai rouer. Si tu avais été là, dis donc, Saint-Luc?

— Sire, répondit le jeune homme, il est probable que je n'eusse pas été plus heureux que mes compagnons.

— Allons donc! que dis-tu? je gage mille écus d'or que tu touches dix fois Bussy, contre Bussy six. Pardieu! il faudra que demain nous voyions cela. Tires-tu toujours, mon enfant?

— Mais oui, sire.

— Je demande si tu t'exerces souvent

— Presque tous les jours quand je me porte

bien; mais, quand je suis malade, sire, je ne suis bon à rien absolument.

— Combien de fois me touchais-tu ?

— Nous faisions jeu égal à peu près, sire.

— Oui, mais je tire mieux que Bussy. Par la mordieu ! monsieur, dit Henri à son barbier, vous m'arrachez la moustache.

Le barbier s'agenouilla.

— Sire, dit Saint-Luc, indiquez-moi un remède pour le mal de cœur.

— Il faut manger, dit le roi.

— Oh ! sire, je crois que vous vous trompez.

— Non, je t'assure.

— Tu as raison, Valois, dit Chicot, et comme j'ai grand mal de cœur ou d'estomac, je ne sais pas bien lequel, je suis l'ordonnance.

Et l'on entendit un bruit singulier pareil à celui qui résulte du mouvement très-multiplié des mâchoires d'un singe.

Le roi se retourna et vit Chicot, qui, après avoir englouti à lui tout seul le double souper qu'il avait fait monter au nom du roi, faisait jouer bruyamment ses mandibules, tout en dégustant le contenu d'une tasse de porcelaine du Japon.

— Eh bien, dit Henri, que diable faites-vous là, monsieur Chicot ?

— Je prends ma crème à l'intérieur, dit Chicot, puisque extérieurement elle m'est défendue.

— Ah! traître, s'écria le roi en faisant un demi-tour de tête si malencontreux que le doigt pâteux du valet de chambre emplit de crème la bouche du roi.

— Mange, mon fils, dit gravement Chicot, je ne suis pas si tyrannique que toi ; intérieure ou extérieure, je te les permets toutes deux.

— Monsieur, vous m'étouffez, dit Henri au valet de chambre.

Le valet de chambre s'agenouilla comme avaient fait le coiffeur et le barbier.

— Qu'on aille me chercher mon capitaine des gardes, s'écria Henri, qu'on me l'aille chercher à l'instant même.

— Et pourquoi faire, ton capitaine des gardes ? demanda Chicot, passant son doigt dans l'intérieur de la tasse de porcelaine, et faisant glisser ensuite son doigt entre ses lèvres.

— Pour qu'il passe son épée au travers du corps de Chicot, et que, si maigre qu'il puisse être, il en fasse un rôti à mes chiens.

Chicot se redressa, et, se coiffant de travers :

— Par la mordieu ! dit-il, du Chicot à tes chiens, du gentilhomme à tes quadrupèdes ! Eh

bien, qu'il y vienne, mon fils, ton capitaine des gardes, et nous verrons.

Et Chicot tira sa longue épée, dont il s'escrima si plaisamment contre le coiffeur, contre le barbier, contre le valet de chambre, que le roi ne put s'empêcher de rire.

— Mais j'ai faim, dit le roi d'une voix dolente, et le coquin a mangé à lui seul tout le souper.

— Tu es un capricieux, Henri, dit Chicot. Je t'ai offert de te mettre à table, et tu as refusé. En tout cas, il reste ton bouillon. Moi, je n'ai plus faim et je vais me coucher.

Pendant ce temps, le vieux Gaspard était venu apporter la clef à son maître.

— Moi aussi, dit Saint-Luc, car je manquerais, si je restais plus longtemps debout, de respect à mon roi, en tombant devant lui dans des attaques nerveuses. J'ai le frisson.

— Tiens, Saint-Luc, dit le roi en tendant au jeune homme une poignée de petits chiens, emporte, emporte.

— Pourquoi faire ? demanda Saint-Luc.

— Pour les faire coucher avec toi ; ils prendront ton mal, et tu ne l'auras plus.

— Merci, sire, dit Saint-Luc en remettant les chiens dans leur corbeille, je n'ai pas de confiance dans votre recette.

— Je t'irai voir cette nuit, Saint-Luc, dit le roi.

— Oh! ne venez pas, sire, je vous en supplie, dit Saint-Luc, vous me réveilleriez en sursaut, et l'on dit que cela rend épileptique.

Et, sur ce, ayant salué le roi, il sortit de la chambre, poursuivi par les signes d'amitié que lui prodigua Henri tant qu'il put le voir.

Chicot avait déjà disparu.

Les deux ou trois personnes qui avaient assisté au coucher sortirent à leur tour.

Il ne resta près du roi que les valets, qui lui couvrirent le visage d'un masque de toile fine enduite de graisse parfumée. Des trous pour le nez, pour les yeux et pour la bouche étaient ménagés dans ce masque. Un bonnet d'une étoffe de soie et d'argent le fixait sur le front et aux oreilles.

Puis on passa les bras du roi dans une brassière de satin rose, bien douillettement doublée de soie fine et de ouate ; puis on lui présenta des gants d'une peau si souple, qu'on eût dit qu'ils étaient de tricot. Ces gants montaient jusqu'aux coudes, et ils étaient oints intérieurement d'une huile parfumée qui leur donnait cette élasticité dont à l'extérieur on cherchait inutilement la cause.

Ces mystères de la toilette royale achevés, on fit boire à Henri son consommé dans une tasse d'or ; mais, avant de le porter à ses lèvres, il en versa la moitié dans une autre tasse toute pareille à la sienne, et ordonna qu'on envoyât cette moitié à Saint-Luc, en lui souhaitant une bonne nuit.

Ce fut alors le tour de Dieu, qui, ce soir-là, sans doute à cause de la grande préoccupation du roi, fut traité assez légèrement. Henri ne fit qu'une seule prière sans même toucher à ses chapelets bénits; et, faisant ouvrir son lit bassiné avec de la coriandre, du benjoin et de la cannelle, il se coucha.

Puis, une fois accommodé sur ses nombreux oreillers, Henri ordonna que l'on enlevât la jonchée de fleurs qui commençait à épaissir l'air de la chambre. On ouvrit pendant quelques secondes les fenêtres pour renouveler cet air trop chargé de carbone. Après quoi un grand feu de sarments brûla dans la cheminée de marbre, et, rapide comme un météore, ne s'éteignit néanmoins qu'après avoir répandu sa douce chaleur dans tout l'appartement.

Alors le valet ferma tout, rideaux et portières, et fit entrer le grand chien favori du roi, qui s'appelait Narcisse. D'un bond, il sauta sur le lit du roi, trépigna, tourna un instant, puis il se coucha en s'allongeant en travers sur les pieds de son maître.

Enfin on souffla les bougies roses qui brûlaient aux mains du satyre d'or, on baissa la lumière de la veilleuse en y substituant une mèche moins forte, et le valet chargé de ces derniers détails sortit à son tour sur la pointe du pied.

Déjà plus tranquille, plus nonchalant, plus oublieux que ces moines oisifs de son royaume enfouis dans leurs grasses abbayes, le roi de France ne se donnait plus la peine de songer qu'il y eût une France.

Il dormait.

Une demi-heure après, les gens qui veillaient dans les galeries, et qui, de leurs différents postes, pouvaient distinguer les fenêtres de la chambre de Henri, virent à travers les rideaux s'éteindre tout à fait la lampe royale, et les rayons argentés de la lune remplacer sur les vitres la douce lumière rose qui les colorait. Ils pensèrent en conséquence que Sa Majesté dormait de mieux en mieux.

En ce moment, tous les bruits du dedans et du dehors s'étaient éteints, et l'on eût entendu la chauve-souris la plus silencieuse voler dans les sombres corridors du Louvre.

CHAPITRE VII

COMMENT, SANS QUE PERSONNE SUT LA CAUSE DE CETTE CONVERSION, LE ROI HENRI SE TROUVA
CONVERTI DU JOUR AU LENDEMAIN.

eux heures se passèrent ainsi.

Soudain un cri terrible retentit. Ce cri était parti de la chambre de Sa Majesté.

Cependant la veilleuse était toujours éteinte, le silence toujours profond, et nul bruit ne se faisait entendre, sauf cet étrange appel du roi.

Car c'était le roi qui avait crié.

Bientôt on distingua le bruit d'un meuble qui tombait, d'une porcelaine qui éclatait en morceaux, de pas insensés courant dans la chambre ; puis ce furent des cris nouveaux mêlés à des aboiements de chiens. Aussitôt les lumières brillent, les épées reluisent dans les galeries, et les pas lourds des gardes appesantis par le sommeil ébranlent les piliers massifs.

— Aux armes ! cria-t-on de toutes parts, aux armes ! le roi appelle, courons chez le roi.

Et au même instant, s'élançant d'un pas rapide, le capitaine des gardes, le colonel des Suisses, les familiers du château, les arquebusiers de service, se précipitèrent dans la chambre royale, qu'un jet de flamme inonda aussitôt : vingt flambeaux illuminèrent la scène.

Près du fauteuil renversé, des tasses brisées, devant le lit en désordre et dont les draps et les couvertures étaient épars dans la chambre, Henri, grotesque et effrayant dans son attirail de nuit, se tenait, les cheveux hérissés, les yeux fixes.

Sa main droite était étendue, tremblante comme une feuille au vent.

Sa main gauche crispée se cramponnait à la poignée de son épée qu'il avait machinalement saisie.

Le chien, aussi agité que son maître, le regardait les pattes écartées, et hurlait.

Le roi paraissait muet à force de terreur, et tout ce monde, n'osant rompre le silence, s'interrogeant des yeux, attendait avec une anxiété terrible.

Alors parut à demi habillée, mais enveloppée dans un vaste manteau, la jeune reine, Louise de Lorraine, blonde et douce créature qui mena la vie d'une sainte sur cette terre, et que les cris de son époux avaient réveillée.

— Sire, dit-elle, plus tremblante que tout le monde, qu'y a-t-il donc? mon Dieu!... vos cris sont arrivés jusqu'à moi, et je suis venue.

— Ce... ce... ce n'est rien, dit le roi sans mouvoir ses yeux qui semblaient regarder dans l'air une forme vague et invisible pour tout autre que pour lui.

— Mais Votre Majesté a crié, reprit la reine... Votre Majesté est donc souffrante?

La terreur était peinte si visiblement sur les traits de Henri, qu'elle gagnait peu à peu tous les assistants. On reculait, on avançait, on dévorait des yeux la personne du roi pour s'assurer qu'il n'était pas blessé, qu'il n'avait pas été frappé de la foudre ou mordu par quelque reptile.

— Oh! sire, s'écria la reine, sire, au nom du ciel, ne nous laissez pas dans une pareille angoisse! Voulez-vous un médecin?

— Un médecin! dit Henri du même ton sinistre, non, le corps n'est point malade, c'est l'âme, c'est l'esprit; non, non, pas de médecin... un confesseur.

Chacun se regarda, on interrogea les portes, les rideaux, le parquet, le plafond. En aucun lieu n'était restée la trace de l'objet invisible qui avait si fort épouvanté le roi.

Cet examen était fait avec un redoublement

de curiosité : le mystère se compliquait, le roi demandait un confesseur!

Aussitôt la demande faite, un messager a sauté sur son cheval, des milliers d'étincelles ont jailli du pavé de la cour du Louvre. Cinq minutes après Joseph Foulon, le supérieur du couvent de Sainte-Geneviève, était réveillé, arraché pour ainsi dire de son lit, et il arrivait chez le roi.

Avec le confesseur, le tumulte a cessé, le silence se rétablit, on s'interroge, on conjecture, on croit deviner, mais surtout on a peur... Le roi se confesse!

Le lendemain de grand matin, le roi, levé avant tout le monde, ordonne qu'on referme la porte du Louvre, qui ne s'est ouverte que pour laisser passer le confesseur.

Puis il fait venir le trésorier, le cirier, le maître des cérémonies, il prend ses heures reliées de noir et lit des prières, s'interrompt pour découper des images de saints, et tout à coup commande qu'on fasse venir tous ses amis.

A cet ordre on passa d'abord chez Saint-Luc ; mais Saint-Luc était plus souffrant que jamais. Il languit, il est écrasé de fatigue. Son mal est dégénéré en accablement, son sommeil, ou plutôt sa léthargie a été si profonde, que seul de tous les commensaux du palais, quoiqu'une mince muraille le sépare seule du prince, il n'a rien entendu de la scène de la nuit. Aussi demande-t-il à rester au lit, il y fera toutes les prières que le roi lui ordonnera.

A ce déplorable récit, Henri fait le signe de la croix, ordonne qu'on lui envoie son apothicaire.

Puis il recommande qu'on apporte au Louvre toutes les disciplines du couvent des Genovéfains, il passe, vêtu de noir, devant Schomberg qui boite, devant d'Épernon qui a son bras en écharpe, devant Quélus encore tout étourdi, devant d'O et Maugiron qui tremblent. Il leur distribue, en passant, des disciplines, et leur ordonne de se flageller le plus rudement que leurs bras puissent frapper.

D'Épernon fait observer qu'ayant le bras droit en écharpe il doit être excepté de la cérémonie, attendu qu'il ne pourra rendre les coups qu'on lui donnera, ce qui fera pour ainsi dire un désaccord dans la gamme de la flagellation.

Henri III lui répond que sa pénitence n'en sera que plus agréable à Dieu.

Lui-même donne l'exemple. Il ôte son pourpoint, sa veste, sa chemise, et se frappe comme un martyr. Chicot a voulu rire et gausser selon son habitude, mais un regard terrible du roi lui a appris que ce n'était pas l'heure; alors il a pris comme les autres une discipline; seulement, au lieu de se frapper, il assomme ses voisins; et lorsqu'il ne trouve plus aucun torse à sa portée, il enlève des écailles de la peinture des colonnes et des boiseries.

Ce tumulte rassérène peu à peu le visage du roi, quoiqu'il soit visible que son esprit reste toujours profondément frappé.

Tout à coup il quitte sa chambre en ordonnant qu'on l'attende. Derrière lui, les pénitences cessent comme par enchantement. Chicot seul continue de frapper sur d'O, qu'il a en exécration. D'O le lui rend du mieux qu'il peut. C'est un duel de coups de martinet.

Henri est passé chez la reine. Il lui a fait don d'un collier de perles de vingt-cinq mille écus, l'a embrassée sur les deux joues, ce qui ne lui est pas arrivé depuis plus d'un an, et l'a suppliée de déposer les ornements royaux et de se couvrir d'un sac.

Louise de Lorraine, toujours bonne et douce, y consent aussitôt. Elle demande pourquoi son mari, en lui donnant un collier de perles, désire qu'elle se mette un sac sur les épaules.

— Pour mes péchés, répond Henri.

Cette réponse satisfait la reine, car elle connaît mieux que personne de quelle somme énorme de péchés son mari doit faire pénitence. Elle s'habille au gré de Henri, qui revient dans sa chambre en y donnant rendez-vous à la reine.

A la vue du roi, la flagellation recommence. D'O et Chicot, qui n'ont point cessé, sont en sang. Le roi les complimente, et les appelle ses vrais et seuls amis.

Au bout de dix minutes, la reine arrive, vêtue de son sac. Aussitôt on distribue des cierges à toute la cour, et, pieds nus, par cet horrible temps de givre et de neige, les beaux courtisans, les belles dames et les bons Parisiens, dévots au roi et à Notre-Dame, s'en vont à Montmartre, grelottant d'abord, mais échauffés bientôt par les coups furieux que distribue Chicot à tous ceux qui ont le malheur de se trouver à portée de sa discipline.

D'O s'est avoué vaincu, et a pris la file à cinquante pas de Chicot.

A quatre heures du soir, la promenade lugubre était terminée, les couvents avaient reçu de riches aumônes, les pieds de toute la cour étaient gonflés, les dos de tous les courtisans étaient écorchés; la reine avait paru en public avec une énorme chemise de toile grossière, le roi avec un chapelet de têtes de mort. Il y avait eu larmes, cris, prières, encens, cantiques.

La journée, comme on le voit, avait été bonne.

En effet, chacun a souffert du froid et des coups pour faire plaisir au roi, sans que personne ait pu deviner pourquoi ce prince, qui avait si bien dansé l'avant-veille, se macérait ainsi le surlendemain.

Les huguenots, les ligueurs et les libertins ont regardé passer en riant la procession des flagellants, disant, en vrais dépréciateurs que sont ces sortes de gens, que la dernière procession était plus belle et plus fervente, ce qui n'était point vrai.

Henri est rentré à jeun avec de longues raies bleues et rouges sur les épaules; il n'a pas quitté la reine de tout le jour, et il a profité de tous les moments de repos, de toutes les stations aux chapelles, pour lui promettre des revenus nouveaux et faire des plans de pèlerinage avec elle.

Quant à Chicot, las de frapper et affamé par l'exercice inusité auquel l'a condamné le roi, il s'est dérobé un peu au-dessus de la porte Montmartre, et avec frère Gorenflot, ce même moine genovéfain qui a voulu confesser Bussy et qui est de ses amis, il est entré dans le jardin d'une guinguette fort en renom, où il a bu du vin épicé et mangé une sarcelle tuée dans les marais de la Grange-Batelière. Puis, au retour de la procession, il a repris son rang et est revenu jusqu'au Louvre, frappant de plus belle les pénitents et les pénitentes, et distribuant, comme il le disait lui-même, ses indulgences plénières.

Le soir arrivé, le roi se sentit fatigué de son jeûne, de sa course pieds nus et des coups furieux qu'il s'était donnés. Il se fit servir un souper maigre, bassiner les épaules, allumer un grand feu, et passa chez Saint-Luc, qu'il trouva allègre et dispos.

Depuis la veille, le roi était bien changé; toutes ses idées étaient tournées vers le néant des choses humaines, vers la pénitence et la mort.

— Ah! dit-il avec cet accent profond de l'homme dégoûté de la vie, Dieu a en vérité bien fait de rendre l'existence si amère.

— Pourquoi cela, sire? demanda Saint-Luc.

— Parce que l'homme fatigué de ce monde, au lieu de craindre la mort, y aspire.

— Pardon, sire, dit Saint-Luc, parlez pour vous; mais je n'y aspire pas du tout, à la mort.

— Écoute, Saint-Luc, dit le roi en secouant la tête; si tu faisais bien, tu suivrais mon conseil, je dirais plus, mon exemple.

— Bien volontiers, sire, si cet exemple me sourit.

— Veux-tu que nous laissions, moi ma couronne, toi ta femme, et que nous entrions dans un cloître? J'ai des dispenses de notre saint-père le pape; dès demain nous ferons profession. Je m'appellerai frère Henri...

— Pardon, sire, pardon, vous tenez peu à votre couronne que vous connaissez trop; mais, moi, je tiens beaucoup à ma femme que je ne connais pas encore assez. Donc je refuse.

— Oh! oh! dit Henri, tu vas mieux, à ce qu'il paraît.

— Infiniment mieux, sire; je me sens l'esprit tranquille, le cœur à la joie. J'ai l'âme disposée d'une manière incroyable au bonheur et au plaisir.

— Pauvre Saint-Luc! dit le roi en joignant les mains.

— C'était hier, sire, qu'il fallait me proposer cela. Oh! hier, j'étais quinteux, maussade, endolori. Pour rien je me serais jeté dans un puits. Mais, ce soir, c'est autre chose; j'ai passé une bonne nuit, une journée charmante. Et, mordieu! vive la joie.

— Tu jures, Saint-Luc, dit le roi.

— Ai-je juré, sire? C'est possible, mais vous jurez aussi quelquefois, vous, ce me semble.

— J'ai juré, Saint-Luc, mais je ne jurerai plus.

— Je n'ose pas dire cela. Je jurerai le moins possible. Voilà la seule chose à laquelle je veux m'engager. D'ailleurs, Dieu est bon et miséricordieux pour nos péchés, quand nos péchés tiennent à la faiblesse humaine.

— Tu crois donc que Dieu me pardonnera?

— Oh! je ne parle pas pour vous, sire; je parle pour votre serviteur. Peste! vous, vous avez péché... en roi... tandis que moi, j'ai péché en simple particulier; j'espère bien que, le jour du jugement, le Seigneur aura deux poids et deux balances.

Le roi poussa un soupir, murmura un *Confiteor*, se frappa la poitrine au *meâ culpâ*.

— Saint-Luc, dit-il à la fin, veux-tu passer la nuit dans ma chambre?

— C'est selon, demanda Saint-Luc, qu'y ferons-nous, dans la chambre de Votre Majesté?

— Nous allumerons toutes les lumières, je me coucherai, et tu me liras les litanies des saints.

— Merci, sire.

— Tu ne veux donc pas?

— Je m'en garderai bien.

— Tu m'abandonnes, Saint-Luc, tu m'abandonnes!

— Non, je ne vous quitte pas, au contraire.

— Ah! vraiment?

— Si vous voulez.

— Certainement, je le veux.

— Mais à une condition *sine quâ non*.

— Laquelle?

— C'est que Votre Majesté va faire dresser des tables, envoyer chercher des violons et des courtisanes, et, ma foi! nous danserons.

— Saint-Luc! Saint-Luc! s'écria le roi au comble de la terreur.

— Tiens! dit Saint-Luc. Je me sens folâtre, ce soir, moi. Voulez-vous boire et danser, sire?

Mais Henri ne répondait point. Son esprit, parfois si vif et si enjoué, s'assombrissait de plus en plus et semblait lutter contre une secrète pensée qui l'alourdissait, comme ferait un plomb attaché aux pattes d'un oiseau qui étendrait vainement ses ailes pour s'envoler.

— Saint-Luc, dit enfin le roi d'une voix funèbre, rêves-tu quelquefois?

— Souvent, sire.

— Tu crois aux rêves?

— Par raison.

— Comment cela?

— Eh oui! les rêves consolent de la réalité. Ainsi, cette nuit, j'ai fait un rêve charmant.

— Lequel?

— J'ai rêvé que ma femme...

— Tu penses encore à ta femme, Saint-Luc?

— Plus que jamais.

— Ah! fit le roi avec un soupir et regardant le ciel.

— J'ai rêvé, continua Saint-Luc, que ma femme avait, tout en gardant son charmant visage, car elle est jolie ma femme, sire...

— Hélas! oui, dit le roi. Ève était jolie aussi, malheureux! et Ève nous a tous perdus.

— Ah! voilà donc d'où vient votre rancune? Mais revenons à mon rêve, sire.

— Moi aussi, dit le roi, j'ai rêvé...

— Ma femme, donc, tout en gardant son charmant visage, avait pris les ailes et la forme d'un oiseau, et tout aussitôt, bravant guichets et grille, elle avait passé par-dessus les murailles du Louvre, et était venue donner du front contre mes vitres avec un charmant petit cri que je comprenais, et qui disait: « Ouvre-moi, Saint-Luc, ouvre-moi, mon mari. »

T. A. BEAUCE

B. DELAVILLE.

Saint-Luc. — Page 41.

— Et tu as ouvert? dit le roi presque désespéré.

— Je le crois bien, s'écria Saint-Luc, et avec empressement encore!

— Mondain!

— Mondain tant que vous voudrez, sire.

— Et tu t'es réveillé alors?

— Non pas, sire, je m'en suis bien gardé; le rêve était trop charmant.

— Alors tu as continué de rêver?

— Le plus que j'ai pu, sire.

— Et tu espères, cette nuit...

— Rêver encore. Oui, n'en déplaise à Votre Majesté, voilà pourquoi je refuse l'offre obligeante qu'elle me fait d'aller lui lire des prières. Si je veille, sire, je veux au moins trouver l'équivalent de mon rêve. Ainsi, si, comme je l'ai dit à Votre Majesté, elle veut faire dresser les tables, envoyer chercher les violons...

— Assez, Saint-Luc, assez, dit le roi en se levant. Tu te perds et tu me perdrais avec toi si je demeurais plus longtemps ici. Adieu, Saint-Luc, j'espère que le ciel t'enverra, au lieu de ce rêve tentateur, quelque rêve salutaire qui t'amènera à partager demain mes pénitences et à nous sauver de compagnie.

— J'en doute, sire, et même j'en suis si certain, que, si j'ai un conseil à donner à Votre Majesté, c'est de mettre dès ce soir à la porte du Louvre le libertin de Saint-Luc, qui est tout à fait décidé à mourir impénitent.

— Non, dit Henri, non; j'espère que d'ici à demain la grâce le touchera comme elle m'a touché. Bonsoir, Saint-Luc, je vais prier pour toi.

— Bonsoir, sire, je vais rêver pour vous.

Et Saint-Luc commença le premier couplet d'une chanson plus que légère que le roi avait l'habitude de chanter dans ses moments de bonne humeur, ce qui activa encore la retraite du roi, qui ferma la porte, et rentra chez lui en murmurant :

— Seigneur, mon Dieu ! votre colère est juste et légitime, car le monde va de mal en pis.

CHAPITRE VIII

COMMENT LE ROI EUT PEUR D'AVOIR EU PEUR, ET COMMENT CHICOT EUT PEUR D'AVOIR PEUR.

En sortant de chez Saint-Luc, le roi trouva toute la cour réunie, selon ses ordres, dans la grande galerie.

Alors il distribua quelques faveurs à ses amis, envoya en province d'O, d'Épernon et Schomberg, menaça Maugiron et Quélus de leur faire leur procès s'ils avaient de nouvelles querelles avec Bussy, donna sa main à baiser à celui-ci, et tint longtemps son frère François serré contre son cœur.

Quant à la reine, il se montra envers elle prodigue d'amitiés et d'éloges, à tel point, que les assistants en conçurent le plus favorable augure pour la succession de la couronne de France.

Cependant l'heure ordinaire du coucher approchait, et l'on pouvait facilement voir que le roi retardait cette heure autant que possible; enfin l'horloge du Louvre résonna dix fois; Henri jeta un long regard autour de lui, il sembla choisir parmi tous ses amis celui qu'il chargerait de cette fonction de lecteur que Saint-Luc venait de refuser.

Chicot le regardait faire.

— Tiens! dit-il avec son audace accoutumée, tu as l'air de me faire les doux yeux, ce soir, Henri. Chercherais-tu par hasard à placer une bonne abbaye de dix mille livres de rente? Tu-

diable! quel prieur je ferais! Donne, mon fils, donne.

— Venez avec moi, Chicot, dit le roi. Bonsoir, messieurs, je vais me coucher.

Chicot se retourna vers les courtisans, retroussa sa moustache, et, avec une tournure des plus gracieuses, tout en roulant de gros yeux tendres :

— Bonsoir, messieurs, répéta-t-il, parodiant la voix de Henri; bonsoir, nous allons nous coucher.

Les courtisans se mordirent les lèvres; le roi rougit.

— Çà, mon barbier, dit Chicot, mon coiffeur, mon valet de chambre, et surtout ma crème.

— Non, dit le roi, il n'est besoin de rien de tout cela ce soir; nous allons entrer dans le carême, et je suis en pénitence.

— Je regrette la crème, dit Chicot.

Le roi et le bouffon rentrèrent dans la chambre que nous connaissons.

— Ah çà! Henri, dit Chicot, je suis donc le favori, moi? Je suis donc l'indispensable? Je suis donc très-beau, plus beau que ce Cupidon de Quélus?

— Silence, bouffon! dit le roi; et vous, messieurs de la toilette, sortez.

Les valets obéirent; la porte se referma. Henri et Chicot demeurèrent seuls, Chicot regardait Henri avec une sorte d'étonnement.

— Pourquoi les renvoies-tu? demanda le bouffon. Ils ne nous ont pas encore graissés. Est-ce que tu comptes me graisser de ta main royale? Dame! c'est une pénitence comme une autre.

Henri ne répondit pas. Tout le monde était sorti de la chambre, et les deux rois, le fou et le sage, se regardaient.

— Prions, dit Henri.

— Merci, s'écria Chicot; ce n'est point assez divertissant. Si c'est pour cela que tu m'as fait venir, j'aime encore mieux retourner dans la mauvaise compagnie où j'étais. Adieu, mon fils. Bonsoir.

— Restez, dit le roi.

— Oh! oh! fit Chicot en se redressant, ceci dégénère en tyrannie. Tu es un despote, un Phalaris, un Denys. Je m'ennuie ici, moi; toute la journée tu m'as fait déchirer les épaules de mes amis à coups de nerf de bœuf, et voilà que nous prenons la tournure de recommencer ce soir Peste! Ne recommençons pas, Henri. Nous ne sommes plus que nous deux ici, et à deux... tout coup porte.

— Taisez-vous, misérable bavard! dit le roi, et songez à vous repentir.

— Bon! nous y voilà. Me repentir, moi! Et de quoi veux-tu que je me repente? de m'être fait le bouffon d'un moine? *Confiteor*... Je me repens; *meâ culpâ*; c'est ma faute, c'est ma faute, c'est ma très-grande faute.

— Pas de sacrilége, malheureux! pas de sacrilége! dit le roi.

— Ah çà! dit Chicot, j'aimerais autant être enfermé dans la cage des lions ou dans la loge des singes que d'être enfermé dans la chambre d'un roi maniaque. Adieu! je m'en vais.

Le roi enleva la clef de la porte.

— Henri, dit Chicot, je te préviens que tu as l'air sinistre, et que, si tu ne me laisses pas sortir, j'appelle, je crie, je brise la porte, je casse la fenêtre. Ah mais! ah mais!

— Chicot, dit le roi du ton le plus mélancolique, Chicot, mon ami, tu abuses de ma tristesse.

— Ah! je comprends, dit Chicot, tu as peur de rester tout seul. Les tyrans sont comme cela. Fais-toi faire douze chambres comme Denys, ou douze palais comme Tibère. En attendant, prends ma longue épée, et laisse-moi reporter le fourreau chez moi, hein?

A ce mot de peur, un éclair était passé dans les yeux de Henri; puis, avec un frisson étrange, il s'était levé et avait parcouru la chambre.

Il y avait une telle agitation dans tout le corps de Henri, une telle pâleur sur son visage, que Chicot commença à le croire réellement malade, et qu'après l'avoir regardé d'un air effaré faire trois ou quatre tours dans sa chambre, il lui dit:

— Voyons, mon fils, qu'as-tu? conte tes peines à ton ami Chicot.

Le roi s'arrêta devant le bouffon, et, le regardant:

— Oui, dit-il, tu es mon ami, mon seul ami.

— Il y a, dit Chicot, l'abbaye de Valencey qui est vacante.

— Ecoute, Chicot, dit Henri, tu es discret?

— Il y a aussi celle de Pithiviers, où l'on mange de si bons pâtés de mauviettes.

— Malgré tes bouffonneries, continua le roi, tu es homme de cœur.

— Alors ne me donne pas une abbaye, donne-moi un régiment.

— Et même tu es homme de bon conseil.

— En ce cas, ne me donne pas de régiment, fais-moi conseiller. Ah! non, j'y pense, j'aime mieux un régiment ou une abbaye. Je ne veux pas être conseiller; je serais forcé d'être toujours de l'avis du roi.

— Taisez-vous, taisez-vous, Chicot, l'heure approche, l'heure terrible.

— Ah! voilà que cela te reprend? dit Chicot.

— Vous allez voir, vous allez entendre.

— Voir quoi? entendre qui?

— Attendez, et l'événement même vous apprendra les choses que vous voulez savoir; attendez.

— Mais non, mais non, je n'attends pas mais quel chien enragé avait donc mordu ton père et ta mère la nuit où ils ont eu la fatale idée de t'engendrer?

— Chicot, tu es brave?

— Je m'en vante; mais je ne mets pas ainsi ma bravoure à l'épreuve, tudiable! Quand le roi de France et de Pologne crie la nuit de façon à faire scandale dans le Louvre, moi chétif, je suis dans le cas de déshonorer ton appartement. Adieu, Henri, appelle tes capitaines des gardes, tes suisses, tes portiers, et laisse-moi gagner au large; foin du péril invisible, foin du danger que je ne connais pas!

— Je vous commande de rester! fit le roi avec autorité.

— Voilà, sur ma parole, un plaisant maître qui veut commander à la peur; j'ai peur, moi! J'ai peur, te dis-je, à la rescousse! au feu!

Et Chicot, pour dominer le danger sans doute, monta sur une table.

— Allons, drôle, dit le roi, puisqu'il faut cela pour que tu te taises, je vais tout te raconter.

— Ah! ah! dit Chicot en se frottant les mains, en descendant avec précaution de sa table et en tirant son énorme épée : une fois prévenu, c'est bon; nous allons en découdre; raconte, raconte, mon fils. Il paraîtrait que c'est quelque crocodile, hein? Tudiable! la lame est bonne, car je m'en sers pour rogner mes cornes chaque semaine, et elles sont rudes, mes cornes. Tu disais donc, Henri, que c'est un crocodile?

Et Chicot s'accommoda dans un grand fauteuil, plaçant son épée nue entre ses cuisses, et entrelaçant la lame de ses deux jambes, comme les serpents, symbole de la paix, entrelacent le caducée de Mercure.

— La nuit dernière, dit Henri, je dormais...

— Et moi aussi, dit Chicot.

— Soudain un souffle parcourt mon visage.

— C'était la bête qui avait faim, dit Chicot, et qui léchait ta graisse.

— Je m'éveille à demi, et je sens ma barbe se hérisser de terreur sous mon masque.

— Ah! tu me fais délicieusement frissonner, dit Chicot en se pelotonnant dans son fauteuil et en appuyant son menton au pommeau de son épée.

— Alors, dit le roi avec un accent si faible et si tremblant, que le bruit des paroles arriva à peine à l'oreille de Chicot, alors une voix retentit dans la chambre avec une vibration si douloureuse, qu'elle ébranla tout mon cerveau.

— La voix du crocodile, oui. J'ai lu dans le voyageur Marco Polo que le crocodile a une voix terrible qui imite le cri des enfants; mais tranquillise-toi, mon fils; s'il vient, nous le tuerons.

— Écoute bien.

— Pardieu si j'écoute! dit Chicot en se détendant comme par un ressort; j'en suis immobile comme une souche et muet comme une carpe, d'écouter.

Henri continua d'un accent plus sombre et plus lugubre encore :

— Misérable pécheur! dit la voix...

— Bah! interrompit Chicot, la voix parlait? Ce n'était donc pas un crocodile?

— Misérable pécheur! dit la voix, je suis la voix de ton Seigneur Dieu.

Chicot fit un bond et se retrouva accroupi d'aplomb dans son fauteuil.

— La voix de Dieu? reprit-il.

— Ah! Chicot, répondit Henri, c'est une voix effrayante!

— Est-ce une belle voix? demanda Chicot, et ressemble-t-elle, comme dit l'Écriture, au son de la trompette?

— Es-tu là? entends-tu? continua la voix; entends-tu, pécheur endurci, es-tu bien décidé à persévérer dans tes iniquités?

— Ah! vraiment, vraiment, vraiment! dit Chicot; mais la voix de Dieu ressemble assez à celle de ton peuple, ce me semble.

— Puis, reprit le roi, suivirent mille autres reproches qui, je vous le proteste, Chicot, m'ont été bien cruels.

— Mais encore, dit Chicot, continue un peu, mon fils, raconte, raconte ce que disait la voix, que je sache si Dieu était bien instruit.

— Impie! s'écria le roi, si tu doutes, je te ferai châtier.

— Moi! dit Chicot, je ne doute pas : ce qui m'étonne seulement, c'est que Dieu ait attendu jusque aujourd'hui pour te faire tous ces reproches-là. Il est devenu bien patient depuis le déluge. En sorte, mon fils, continua Chicot, que tu as eu une peur effroyable?

— Oh! oui, dit Henri.

— Il y avait de quoi.

— La sueur me coulait le long des tempes, et la moelle était figée au cœur de mes os.

— Comme dans Jérémie, c'est tout naturel; je ne sais, ma parole de gentilhomme, ce qu'à ta place je n'eusse pas fait; et alors tu as appelé?

— Oui.

— Et l'on est venu?

— Oui.

— Et a-t-on bien cherché?

— Partout.

— Pas de bon Dieu?

— Tout s'était évanoui.

— A commencer par le roi Henri. C'est effrayant.

— Si effrayant, que j'ai appelé mon confesseur.

— Ah! bon; il est accouru?

— A l'instant même.

— Voyons un peu, sois franc, mon fils, dis la vérité, contre ton ordinaire. Que pense-t-il de cette révélation-là, ton confesseur?

— Il a frémi.

— Je crois bien.

— Il s'est signé; il m'a ordonné de me repentir, comme Dieu me le prescrivait.

— Fort bien! il n'y a jamais de mal à se re-

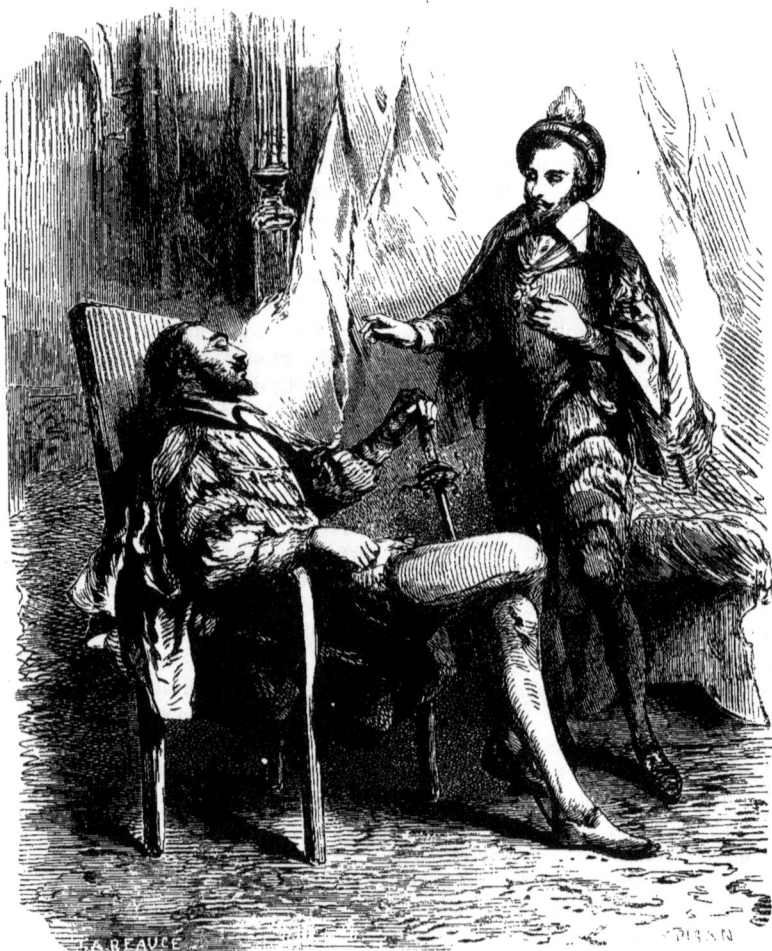

Et Chicot s'accommoda dans un grand fauteuil, son épée mise entre ses
jambes. — PAGE 44.

pentir. Mais de la vision en elle-même, ou plutôt de l'audition, qu'en a-t-il dit?

— Qu'elle était providentielle; que c'était un miracle, qu'il me fallait songer au salut de l'État. Aussi ai-je, ce matin...

— Qu'as-tu fait ce matin, mon fils?

— J'ai donné cent mille livres aux jésuites.

— Très-bien.

— Et haché à coups de discipline ma peau et celle de mes jeunes seigneurs.

— Parfait! Mais ensuite?

— Eh bien, ensuite... Que penses-tu, Chicot?

Ce n'est pas au rieur que je parle, c'est à l'homme de sang-froid, à l'ami.

— Ah! sire, dit Chicot sérieux, je pense que Votre Majesté a eu le cauchemar.

— Tu crois?

— Que c'est un rêve que Votre Majesté a fait, et qu'il ne se renouvellera pas si Votre Majesté ne se frappe pas trop l'esprit.

— Un rêve? dit Henri en secouant la tête. Non, non; j'étais bien éveillé, je t'en réponds, Chicot.

— Tu dormais, Henri.

— Je dormais si peu, que j'avais les yeux tout grands ouverts.

— Je dors comme cela, moi.

— Oui, mais avec mes yeux je voyais, ce qui n'arrive pas quand on dort réellement.

— Et que voyais-tu?

— Je voyais la lune aux vitres de ma chambre, et je regardais l'améthyste qui est au pommeau de mon épée briller là où vous êtes, Chicot, d'une lumière sombre.

— Et la lampe. qu'était-elle devenue?

— Elle s'était éteinte.

— Rêve, cher fils, pur rêve!

— Pourquoi n'y crois-tu pas, Chicot? N'est-il pas dit que le Seigneur parle aux rois quand il veut opérer quelque grand changement sur la terre?

— Oui, il leur parle, c'est vrai, dit Chicot, mais si bas, qu'ils ne l'entendent jamais.

— Mais qui te rend donc si incrédule?

— C'est que tu aies si bien entendu.

— Eh bien, comprends-tu pourquoi je t'ai fait rester? dit le roi.

— Parbleu! répondit Chicot.

— C'est pour que tu entendes toi-même ce que dira la voix.

— Pour qu'on croie que je dis quelque bouffonnerie si je répète ce que j'ai entendu. Chicot est si nul, si chétif, si fou, que, le dit-il à chacun, personne ne le croira. Pas mal joué, mon fils.

— Pourquoi ne pas croire plutôt, mon ami, dit le roi, que c'est à votre fidélité bien connue que je confie ce secret?

— Ah! ne mens pas, Henri; car, si la voix vient, elle te reprochera ce mensonge, et tu as bien assez de tes autres iniquités. Mais n'importe! j'accepte la commission. Je ne suis pas fâché d'entendre la voix du Seigneur; peut-être dira-t-elle aussi quelque chose pour moi.

— Eh bien, que faut-il faire?

— Il faut te coucher, mon fils.

— Mais si, au contraire...

— Pas de mais.

— Cependant...

— Crois-tu par hasard que tu empêcheras la voix de Dieu de parler parce que tu resteras debout? Un roi ne dépasse les autres hommes que de la hauteur de la couronne, et, quand il est tête nue, crois-moi, Henri, il est de même taille et quelquefois plus petit qu'eux.

— C'est bien, dit le roi, tu restes?

— C'est convenu.

— Eh bien, je vais me coucher.

— Bon!

— Mais tu ne te coucheras pas, toi.

— Je n'aurai garde.

— Seulement, je n'ôte que mon pourpoint.

— Fais à ta guise.

— Je garde mon haut-de-chausses.

— La précaution est bonne.

— Et toi?

— Moi, je reste où je suis.

— Et tu ne dormiras pas?

— Ah! pour cela, je ne puis pas te le promettre; le sommeil est, comme la peur, mon fils, une chose indépendante de la volonté.

— Tu feras ce que tu pourras, au moins?

— Je me pincerai, sois tranquille; d'ailleurs, la voix me réveillera.

— Ne plaisante pas avec la voix, dit Henri, qui avait déjà une jambe dans le lit et qui la retira.

— Allons donc! dit Chicot; faudra-t-il que je te couche?

Le roi poussa un soupir, et, après avoir avec inquiétude sondé du regard tous les coins et tous les recoins de la chambre, il se glissa tout frissonnant dans son lit.

— Là! fit Chicot, à mon tour.

Et il s'étendit dans son fauteuil, arrangeant tout autour de lui et derrière lui les coussins et les oreillers.

— Comment vous trouvez-vous, sire?

— Pas mal, dit le roi, et toi?

— Très-bien; bonsoir, Henri.

— Bonsoir, Chicot; mais ne t'endors pas.

— Peste! je n'en ai garde, dit Chicot en bâillant à se démonter la mâchoire.

Et tous deux fermèrent les yeux, le roi pour faire semblant de dormir, Chicot pour dormir réellement.

CHAPITRE IX

COMMENT LA VOIX DU SEIGNEUR SE TROMPA ET PARLA A CHICOT, CROYANT PARLER AU ROI.

e roi et Chicot restèrent pendant l'espace de dix minutes à peu près immobiles et silencieux. Tout à coup le roi se leva comme en sursaut et se mit sur son séant.

Au mouvement et au bruit qui le tiraient de cette douce somnolence qui précède le sommeil, Chicot en fit autant.

Tous deux se regardèrent avec des yeux flamboyants.

— Quoi? demanda Chicot à voix basse.

— Le souffle! dit le roi à voix plus basse encore, le souffle!

Au même instant une des bougies que tenait dans sa main le satyre d'or s'éteignit; puis une seconde, puis une troisième, puis enfin la dernière.

— Oh! oh! dit Chicot, quel souffle!

Chicot n'avait pas prononcé la dernière de ces syllabes, que la lampe s'éteignit à son tour, et que la chambre demeura éclairée seulement par les dernières lueurs du foyer.

— Casse-cou! dit Chicot en se levant tout debout.

— Il va parler, dit le roi en se courbant dans son lit; il va parler.

— Alors, dit Chicot, écoute.

En effet, au même instant on entendit une voix creuse et sifflante par intervalle qui disait dans la ruelle du lit :

— Pécheur endurci, es-tu là?

— Oui, oui, Seigneur; dit Henri, dont les dents claquaient.

— Oh! oh! dit Chicot, voilà une voix bien enrhumée pour venir du ciel! N'importe, c'est effrayant.

— M'entends-tu? demanda la voix.

— Oui, Seigneur, balbutia Henri, et j'écoute, courbé sous votre colère.

— Crois-tu donc m'avoir obéi, continua la voix, en faisant toutes les momeries extérieures que tu as faites aujourd'hui, sans que le fond de ton cœur ait été sérieusement atteint?

— Bien dit! s'écria Chicot, oh! bien touché!

Les mains du roi se choquaient en se joignant. Chicot s'approcha de lui.

— Eh bien , murmura Henri, eh bien, crois-tu maintenant, malheureux?

— Attendez, dit Chicot.

— Que veux-tu?

— Silence donc! Écoute : tire-toi tout doucement de ton lit et laisse-moi m'y mettre à ta place.

— Pourquoi cela?

— Afin que la colère du Seigneur tombe d'abord sur moi.

— Penses-tu qu'il m'épargnera pour cela?

— Essayons toujours.

Et, avec une affectueuse insistance, il poussa tout doucement le roi hors du lit et se mit en son lieu.

— Maintenant, Henri, dit-il, va t'asseoir dans mon fauteuil et laisse-moi faire.

Henri obéit; il commençait à deviner.

— Tu ne réponds pas, reprit la voix, preuve que tu es endurci dans le péché.

— Oh! pardon, pardon, Seigneur! dit Chicot en nasillant comme le roi

Puis, s'allongeant vers Henri :

— C'est drôle, dit-il, comprends-tu, mon fils, le bon Dieu qui ne reconnaît pas Chicot?

— Ouais! fit Henri, que veut dire cela?

— Attends, attends, tu vas en voir bien d'autres!

— Malheureux! dit la voix.

— Oui, Seigneur, oui, répondit Chicot, oui,

Sire, vous n'avez le droit de me frapper qu'à la tête, je suis gentilhomme. — PAGE 50.

je suis un pécheur endurci, un affreux pécheur.

— Alors reconnais tes crimes, et repens-toi.

— Je reconnais, dit Chicot, avoir été un grand traître vis-à-vis de mon cousin de Condé, dont j'ai séduit la femme; et je me repens.

— Mais que dis-tu donc là? murmura le roi. Veux-tu bien te taire? Il y a longtemps qu'il n'est plus question de cela

— Ah! vraiment, dit Chicot; passons à autre chose.

— Parle, dit la voix.

— Je reconnais, continua le faux Henri, avoir

été un grand larron vis-à-vis des Polonais qui m'avaient élu roi, que j'ai abandonnés une belle nuit, emportant tous les diamants de la couronne; et je me repens.

— Eh! bélitre! dit Henri, que rappelles-tu là? c'est oublié.

— Il faut bien que je continue de le tromper, reprit Chicot. Laissez-moi faire.

— Parle, dit la voix.

— Je reconnais, dit Chicot, avoir soustrait le trône de France à mon frère d'Alençon, à qui il revenait de droit, puisque j'y avais formellemе t renoncé en acceptant le trône de Pologne; et je me repens.

— Coquin! dit le roi.

— Ce n'est pas encore cela, reprit la voix.

— Je reconnais m'être entendu avec ma bonne mère Catherine de Médicis pour chasser de France mon beau-frère le roi de Navarre, après avoir détruit tous ses amis, et ma sœur la reine Marguerite, après avoir détruit tous ses amants; de quoi j'ai un repentir bien sincère.

— Ah! brigand que tu es! murmura le roi, les dents serrées de colère.

— Sire, n'offensons pas Dieu en essayant de lui cacher ce qu'il sait aussi bien que nous.

— Il ne s'agit pas de politique, poursuivit la voix.

— Ah! nous y voilà, poursuivit Chicot avec un accent lamentable. Il s'agit de mes mœurs, n'est-ce pas?

— A la bonne heure! dit la voix.

— Il est vrai, mon Dieu, continua Chicot, parlant toujours au nom du roi, que je suis bien efféminé, bien paresseux, bien mol, bien niais et bien hypocrite.

— C'est vrai! fit la voix avec un son caverneux.

— J'ai maltraité les femmes, la mienne surtout, une si digne femme!

— On doit aimer sa femme comme soi-même, et la préférer à toutes choses, dit la voix furieuse.

— Ah! s'écria Chicot d'un ton désespéré, j'ai bien péché alors.

— Et tu as fait pécher les autres en donnant l'exemple.

— C'est vrai, c'est encore vrai.

— Tu as failli damner ce pauvre Saint-Luc.

— Bah! fit Chicot, êtes-vous bien sûr, mon Dieu, que je ne l'aie pas damné tout à fait?

— Non; mais cela pourra bien lui arriver, et à toi aussi, si tu ne le renvoies demain matin, au plus tard, dans sa famille.

— Ah! ah! dit Chicot au roi, la voix me paraît amie de la maison de Cossé.

— Et si tu ne le fais duc et sa femme duchesse, continua la voix, pour indemnité de ses jours de veuvage anticipé.

— Et si je n'obéis pas? dit Chicot, laissant percer dans sa voix un soupçon de résistance.

— Si tu n'obéis pas, reprit la voix en grossissant d'une façon terrible, tu cuiras pendant l'éternité dans la grande chaudière où cuisent en

t'attendant Sardanapale, Nabuchodonosor et le maréchal de Retz.

Henri III poussa un gémissement. La peur, à cette menace, le reprenait plus poignante que jamais.

— Peste! dit Chicot, remarques-tu, Henri, comme le ciel s'intéresse à M. de Saint-Luc? On dirait, le diable m'emporte, qu'il a le bon Dieu dans sa manche.

Mais Henri n'entendait pas les bouffonneries de Chicot, ou, s'il les entendait, elles ne pouvaient le rassurer.

— Je suis perdu, disait-il avec égarement, je suis perdu! et cette voix d'en haut me fera mourir.

— Voix d'en haut! reprit Chicot, ah! pour cette fois, tu te trompes. Voix d'à côté, tout au plus.

— Comment! voix d'à côté? demanda Henri.

— Eh! oui, n'entends-tu donc pas, mon fils, que la voix vient de ce mur-là? Henri, le bon Dieu loge au Louvre. Probablement que, comme l'empereur Charles-Quint, il passe par la France pour descendre en enfer.

— Athée! blasphémateur!

— C'est honorable pour toi, Henri. Aussi je te fais mon compliment. Mais, je te l'avouerai, je te trouve bien froid à l'honneur que tu reçois. Comment! le bon Dieu est au Louvre, et n'est séparé de toi que par une cloison, et tu ne vas pas lui faire une visite? Allons donc, Valois; je ne te reconnais point là, et tu n'es pas poli.

En ce moment une branche perdue dans un coin de la cheminée s'enflamma, et, jetant une lueur dans la chambre, illumina le visage de Chicot.

Ce visage avait une telle expression de gaieté, de raillerie, que le roi s'en étonna.

— Eh quoi! dit-il, tu as le cœur de railler? tu oses...

— Eh! oui, j'ose, dit Chicot, et tu oseras toi-même tout à l'heure, ou la peste me crève! Mais raisonne donc, mon fils, et fais ce que je te dis.

— Que j'aille voir...

— Si le bon Dieu est bien effectivement dans la chambre à côté.

— Mais si la voix parle encore?

— Est-ce que je ne suis pas là pour répondre? Il est même très-bon que je continue de parler en ton nom, cela fera croire à la voix qui me prend pour toi que tu y es toujours; car elle est noblement crédule, la voix divine, et ne connaît guère son monde. Comment! depuis un quart d'heure que je brais, elle ne m'a pas reconnu? C'est humiliant pour une intelligence.

Henri fronça le sourcil. Chicot venait d'en dire tant, que son incroyable crédulité était entamée.

— Je crois que tu as raison, Chicot, dit-il, et j'ai bien envie...

— Mais va donc! dit Chicot en le poussant.

Henri ouvrit doucement la porte du corridor qui donnait dans la chambre voisine, qui était, on se le rappelle, l'ancienne chambre de la nourrice de Charles IX, habitée pour le moment par Saint-Luc. Mais il n'eut pas plutôt fait quatre pas dans le couloir, qu'il entendit la voix redoubler de reproches. Chicot y répondait par les plus lamentables doléances.

— Oui, disait la voix, tu es inconstant comme une femme, mou comme un sybarite, corrompu comme un païen.

— Hé! pleurnichait Chicot! hé! hé! est-ce ma faute, grand Dieu! si tu m'as fait la peau si douce, les mains si blanches, le nez si fin, l'esprit si changeant? Mais c'est fini, mon Dieu! à partir d'aujourd'hui, je ne veux plus porter que des chemises de grosse toile. Je m'enterrerai dans le fumier comme Job, et je mangerai de la bouse de vache comme Ézéchiel.

Cependant Henri continuait d'avancer dans le corridor, remarquant avec admiration qu'à mesure que la voix de Chicot diminuait, la voix de son interlocuteur augmentait, et que cette voix semblait sortir effectivement de la chambre de Saint-Luc.

Henri allait frapper à la porte, quand il aperçut un rayon de lumière qui filtrait à travers le large trou de la serrure ciselée.

Il se baissa au niveau de cette serrure et regarda.

Tout à coup Henri, qui était fort pâle, rougit de colère, se releva et se frotta les yeux comme pour mieux voir ce qu'il ne pouvait croire tout en le voyant.

— Par la mordieu! murmura-t-il, est-ce possible qu'on ait osé me jouer à ce point-là?

En effet, voici ce qu'il voyait par le trou de la serrure.

Dans un coin de cette chambre, Saint-Luc, en caleçon de soie et en robe de chambre, soufflait dans une sarbacane les paroles menaçantes que le roi prenait pour des paroles divines, et près de lui, appuyée à son épaule, une jeune femme en costume blanc et diaphane, arrachant de temps en temps la sarbacane de ses mains, y

soufflait en grossissant sa voix toutes les fantaisies qui naissaient d'abord dans ses yeux malins et sur ses lèvres rieuses. Puis c'étaient des éclats de folle joie à chaque reprise de sarbacane, attendu que Chicot se lamentait et pleurait à faire croire au roi, tant l'imitation était parfaite et le nasillement naturel, que c'était lui-même qu'il entendait pleurer et se lamenter de ce corridor.

— Jeanne de Cossé dans la chambre de Saint-Luc! un trou dans la muraille! une mystification à moi! gronda sourdement Henri. Oh! les misérables! ils me le payeront cher!

Et sur une phrase plus injurieuse que les autres soufflée par madame de Saint-Luc dans la sarbacane, Henri se recula d'un pas, et d'un coup de pied fort viril pour un efféminé, enfonça la porte, dont les gonds se descellèrent à moitié et dont la serrure sauta.

Jeanne, demi-nue, se cacha avec un cri terrible sous les rideaux, dans lesquels elle s'enveloppa.

Saint-Luc, la sarbacane à la main, pâle de terreur, tomba à deux genoux devant le roi, pâle de colère.

— Ah! criait Chicot du fond de la chambre royale, ah! miséricorde! J'en appelle à la Vierge Marie, à tous les saints... Je m'affaiblis, je me meurs!

Mais, dans la chambre à côté, nul des acteurs de la scène burlesque que nous venons de raconter n'avait encore eu la force de parler, tant la situation avait rapidement tourné au dramatique.

Henri rompit le silence par un mot, et cette immobilité par un geste.

— Sortez! dit-il en étendant le bras.

Et, cédant à un mouvement de rage indigne d'un roi, il arracha la sarbacane des mains de Saint-Luc et la leva comme pour l'en frapper. Mais alors ce fut Saint-Luc qui se redressa, comme si un ressort d'acier l'eût mis sur ses jambes.

— Sire, dit-il, vous n'avez le droit de me frapper qu'à la tête, je suis gentilhomme.

Henri jeta violemment la sarbacane sur le plancher. Quelqu'un la ramassa, c'était Chicot, qui, ayant entendu le bruit de la porte brisée et jugeant que la présence d'un médiateur ne serait pas inutile, était accouru à l'instant même.

Il laissa Henri et Saint-Luc se démêler comme ils l'entendaient, et, courant droit au rideau sous lequel il devinait quelqu'un, il en tira la pauvre femme toute frémissante.

— Tiens! tiens! dit-il, Adam et Ève après le péché! et tu les chasses, Henri? demanda-t-il en interrogeant le roi du regard.

— Oui, dit Henri.

— Attends alors, je vais faire l'ange extermi-nateur.

Et, se jetant entre le roi et Saint-Luc, il tendit sa sarbacane en guise d'épée flamboyante sur la tête des deux coupables, et dit :

— Ceci est mon paradis que vous avez perdu par votre désobéissance. Je vous défends d'y ren-trer.

Puis, se penchant à l'oreille de Saint-Luc, qui, pour la protéger, s'il était besoin, contre la co-lère du roi, enveloppait le corps de sa femme de son bras :

— Si vous avez un bon cheval, dit-il, crevez-le; mais faites vingt lieues d'ici à demain.

<hr />

CHAPITRE X

COMMENT BUSSY SE MIT A LA RECHERCHE DE SON RÊVE, DE PLUS EN PLUS CONVAINCU QUE C'ÉTAIT UNE RÉALITÉ.

Cependant Bussy était ren-tré avec le duc d'Anjou, rêveurs tous deux : le duc, parce qu'il redou-tait les suites de cette sortie vigoureuse, à la-quelle il avait en quel-que sorte été forcé par Bussy; Bussy, parce que les événements de la nuit précédente le préoccupaient par-dessus tout.

— Enfin, se disait-il en regagnant son logis après force compliments faits au duc d'Anjou sur l'énergie qu'il avait déployée; enfin, ce qu'il y a de certain, c'est que j'ai été attaqué, c'est que je me suis battu, c'est que j'ai été blessé, puisque je sens là, au côté droit, ma blessure, qui est même fort douloureuse. Or, en me battant, je voyais, comme je vois là la croix des Petits-Champs, je voyais le mur de l'hôtel des Tournelles et les tours crénelées de la Bastille. C'est à la place de la Bastille, un peu en avant de l'hôtel des Tour-nelles, entre la rue Sainte-Catherine et la rue Saint-Paul, que j'ai été attaqué, puisque je m'en allais faubourg Saint-Antoine chercher la lettre de la reine de Navarre. C'est donc là que j'ai été attaqué, près d'une porte ayant une barbacane, par laquelle, une fois cette porte refermée sur moi, j'ai regardé Quélus, qui avait les joues si pâles et les yeux si flamboyants. J'étais dans une allée; au bout de l'allée il y avait un escalier. J'ai senti la première marche de cet escalier,

puisque j'ai trébuché contre. Alors je me suis évanoui. Puis a commencé mon rêve; puis je me suis retrouvé, par un vent très-frais, couché sur le talus des fossés du Temple, entre un moine, un boucher et une vieille femme.

Maintenant, d'où vient que mes autres rê-ves s'effacent si vite et si complétement de ma mémoire, tandis que celui-ci s'y grave plus avant à mesure que je m'éloigne du moment où je l'ai fait?

— Ah! dit Bussy, voilà le mystère.

Et il s'arrêta à la porte de son hôtel, où il ve-nait d'arriver en ce moment même, et, s'ap-puyant au mur, il ferma les yeux.

— Morbleu! dit-il, c'est impossible qu'un rêve laisse dans l'esprit une pareille impression. Je vois la chambre avec sa tapisserie à person-nages, je vois le plafond peint, je vois mon lit en bois de chêne sculpté, avec ses rideaux de damas blanc et or. Je vois le portrait, je vois la femme blonde; je suis moins sûr que la femme et le portrait ne soient pas la même chose. En-fin, je vois la bonne et joyeuse figure du jeune médecin qu'on a conduit à mon lit les yeux ban-dés. Voilà pourtant bien assez d'indices. Réca-pitulons : une tapisserie, un plafond, un lit sculpté, des rideaux de damas blanc et or, un portrait, une femme et un médecin. Allons! àl-lons! il faut que je me mette à la recherche de tout cela, et, à moins d'être la dernière des bru-tes, il faut que je le retrouve.

Et d'abord, dit Bussy, pour bien entamer la besogne, allons prendre un costume plus convenable pour un coureur de nuit; ensuite, à la Bastille !

En vertu de cette résolution assez peu raisonnable de la part d'un homme qui, après avoir manqué la veille d'être assassiné à un endroit, allait le lendemain, à la même heure ou à peu près, explorer le même endroit, Bussy remonta chez lui, fit assurer le bandage qui fermait sa plaie par un valet quelque peu chirurgien qu'il avait à tout hasard, passa de longues bottes qui montaient jusqu'au milieu des cuisses, prit son épée la plus solide, s'enveloppa de son manteau, monta dans sa litière, fit arrêter au bout de la rue du Roi-de-Sicile, descendit, ordonna à ses gens de l'attendre, et, gagnant la grande rue Saint-Antoine, s'achemina vers la place de la Bastille.

Il était neuf heures du soir à peu près; le couvre-feu avait sonné; Paris devenait désert. Grâce au dégel, qu'un peu de soleil et une plus tiède atmosphère avaient amené dans la journée, les mares d'eau glacée et les trous vaseux faisaient de la place de la Bastille un terrain parsemé de lacs et de précipices, que contournait comme une chaussée ce chemin frayé dont nous avons déjà parlé.

Bussy s'orienta; il chercha l'endroit où son cheval s'était abattu, et crut l'avoir trouvé; il fit les mêmes mouvements de retraite et d'agression qu'il se rappelait avoir faits; il recula jusqu'au mur et examina chaque porte pour retrouver le recoin auquel il s'était appuyé et le guichet par lequel il avait regardé Quélus. Mais toutes les portes avaient un recoin et presque toutes un guichet; il y avait une allée derrière les portes. Par une fatalité qui paraîtra moins extraordinaire quand on songera que le concierge était à cette époque une chose inconnue aux maisons bourgeoises, les trois quarts des portes avaient des allées.

— Pardieu ! se dit Bussy avec un dépit profond, quand je devrais heurter à chacune de ces portes, interroger tous les locataires; quand je devrais dépenser mille écus pour faire parler les valets et les vieilles femmes, je saurai ce que je veux savoir. Il y a cinquante maisons; à dix maisons par soirée, c'est cinq soirées que je perdrai : seulement j'attendrai qu'il fasse un peu plus sec.

Bussy achevait ce monologue quand il aperçut une petite lumière tremblotante et pâle, qui s'approchait en miroitant dans les flaques d'eau, comme un fanal dans la mer.

Cette lumière s'avançait lentement et inégalement de son côté, s'arrêtant de temps en temps, obliquant parfois à gauche, parfois à droite, puis, d'autres fois, trébuchant tout à coup et se mettant à danser comme un feu follet, puis reprenant sa marche calme, puis enfin se livrant à de nouvelles divagations.

— Décidément, dit Bussy, c'est une singulière place que la place de la Bastille; mais n'importe, attendons.

Et Bussy, pour attendre plus à son aise, s'enveloppa de son manteau et s'emboîta dans l'angle d'une porte. La nuit était des plus obscures, et l'on ne pouvait pas se voir à quatre pas.

La lanterne continua de s'avancer, faisant les plus folles évolutions. Mais, comme Bussy n'était pas superstitieux, il demeura convaincu que la lumière qu'il voyait n'était pas un feu errant, de la nature de ceux qui épouvantaient si fort les voyageurs au moyen âge, mais purement et simplement un falot pendu au bout d'une main, qui se rattachait elle-même à un corps quelconque.

En effet, après quelques secondes d'attente, la conjecture se trouva juste : Bussy, à trente pas de lui à peu près, aperçut une forme noire, longue et mince comme un poteau; laquelle forme prit, petit à petit, le contour d'un être vivant, tenant la lanterne à son bras gauche, tantôt étendu, soit en face de lui, soit sur le côté, tantôt dormant le long de sa hanche. Cet être vivant paraissait, pour le moment, appartenir à l'honorable confrérie des ivrognes, car c'était à l'ivresse seulement qu'on pouvait attribuer les étranges circuits qu'il dessinait et l'espèce de philosophie avec laquelle il trébuchait dans les trous boueux et pataugeait dans les flaques d'eau.

Une fois, il lui arriva même de glisser sur une couche de glace mal dégelée, et un retentissement sourd, accompagné d'un mouvement involontaire de la lanterne, qui sembla se précipiter du haut en bas, indiqua à Bussy que le nocturne promeneur, mal assuré sur ses deux pieds, avait cherché un centre de gravité plus solide.

Bussy commença dès lors de se sentir cette espèce de respect que tous les nobles cœurs éprouvent pour les ivrognes attardés, et il allait s'avancer pour porter du secours à ce desservant de Bacchus, comme disait maître Ronsard, lorsqu'il vit la lanterne se relever avec une rapidité qui indiquait dans celui qui s'en servait si mal une plus grande solidité qu'on aurait pu le croire en s'en rapportant à l'apparence.

— Allons, murmura Bussy, encore une aventure, à ce qu'il paraît.

Et, comme la lanterne reprenait sa marche et paraissait s'avancer directement de son côté, il se renfonça plus avant que jamais dans l'angle de la porte.

La lanterne fit dix pas encore, et alors Bussy. à la lueur qu'elle projetait, s'aperçut d'une chose étrange, c'est que l'homme qui la portait avait un bandeau sur les yeux.

— Pardieu! dit-il, voilà une singulière idée de jouer au Colin-Maillard avec une lanterne, surtout par un temps et sur un terrain comme celui-ci! Est-ce que je recommencerais à rêver, par hasard?

Bussy attendit encore, et l'homme au bandeau fit cinq ou six pas.

— Dieu me pardonne, dit Bussy, je crois qu'il parle tout seul. Allons, ce n'est ni un ivrogne ni un fou : c'est un mathématicien qui cherche la solution d'un problème.

Ces derniers mots étaient suggérés à l'observateur par les dernières paroles qu'avait prononcées l'homme à la lanterne, et que Bussy avait entendues.

— Quatre cent quatre-vingt-huit, quatre cent quatre-vingt-neuf, quatre cent quatre-vingt-dix, murmurait l'homme à la lanterne; ce doit être bien près d'ici.

Et alors, de la main droite, le mystérieux personnage leva son bandeau, et, se trouvant en face d'une maison, il s'approcha de la porte.

Arrivé près de la porte, il l'examina avec attention.

— Non, dit-il, ce n'est pas celle-ci.

Puis il abaissa son bandeau, et se remit en marche en reprenant son calcul.

— Quatre cent quatre-vingt-onze, quatre cent quatre-vingt-douze, quatre cent quatre-vingt-treize, quatre cent quatre-vingt-quatorze; je dois brûler, dit-il.

Et il leva de nouveau son bandeau, et, s'approchant de la porte voisine de celle où Bussy se tenait caché, il l'examina avec non moins d'attention que la première.

— Hum! hum! dit-il, cela pourrait bien être; non, si, si, non; ces diables de portes se ressemblent toutes!

— C'est une réflexion que j'avais déjà faite, se dit en lui-même Bussy; cela me donne de la considération pour le mathématicien.

Le mathématicien replaça son bandeau et continua son chemin.

— Quatre cent quatre-vingt-quinze, quatre cent quatre-vingt-seize, quatre cent quatre-vingt-dix-sept, quatre cent quatre-vingt-dix-huit, quatre cent quatre-vingt-dix-neuf..... S'il y a une porte en face de moi, dit le chercheur, ce doit être celle-là.

En effet, il y avait une porte, et cette porte était celle où Bussy se tenait caché; il en résulta que, lorsque le mathématicien présumé leva son bandeau, il se trouva que Bussy et lui étaient face à face.

— Eh bien? dit Bussy.

— Oh! fit le promeneur en reculant d'un pas.

— Tiens! dit Bussy.

— Ce n'est pas possible! s'écria l'inconnu.

— Si fait, seulement c'est extraordinaire. C'est vous qui êtes le médecin?

— Et vous le gentilhomme?

— Justement.

— Jésus! quelle chance!

— Le médecin, continua Bussy, qui hier soir a pansé un gentilhomme qui avait reçu un coup d'épée dans le côté...

— Droit.

— C'est cela, je vous ai reconnu tout de suite; c'est vous qui avez la main si douce, si légère et en même temps si habile.

— Ah! monsieur, je ne m'attendais pas à vous trouver là.

— Que cherchiez-vous donc?

— La maison.

— Ah! fit Bussy, vous cherchiez la maison?

— Oui.

— Vous ne la connaissez donc pas?

— Comment voulez-vous que je la connaisse? répondit le jeune homme, on m'y a conduit les yeux bandés.

— On vous y a conduit les yeux bandés?

— Sans doute.

— Alors vous êtes bien réellement venu dans cette maison?

— Dans celle-ci ou dans une des maisons attenantes; je ne puis dire laquelle, puisque je la cherche...

— Bon, dit Bussy, alors je n'ai pas rêvé!

— Comment, vous n'avez pas rêvé?

— Il faut vous dire, mon cher ami, que je croyais que toute cette aventure, moins le coup d'épée, bien entendu, était un rêve...

— Eh bien, dit le jeune médecin, vous ne m'étonnez pas, monsieur.

— Pourquoi cela ?

— Je me doutais qu'il y avait un mystère là-dessous.

— Oui, mon ami, et un mystère que je veux éclaircir; vous m'y aiderez, n'est-ce pas?

— Bien volontiers.

— Bon; avant tout, deux mots.

— Dites.

— Comment vous appelle-t-on?

— Monsieur, dit le jeune médecin, je n'y mettrai pas de mauvaise volonté. Je sais bien qu'en bonne façon et selon la mode, à une question pareille, je devrais me camper fièrement sur une jambe et vous dire, la main sur la hanche : « Et vous, monsieur, s'il vous plaît? » Mais vous avez une longue épée, et je n'ai que ma lancette; vous avez l'air d'un digne gentilhomme, et je dois vous paraître un coquin, car je suis mouillé jusqu'aux os et crotté jusqu'au derrière. Je me décide donc à répondre tout franc à votre question : Je me nomme Remy le Haudouin.

— Fort bien, monsieur, merci mille fois. Moi, je suis le comte Louis de Clermont, seigneur de Bussy.

— Bussy d'Amboise! le héros Bussy! s'écria le jeune docteur avec une joie manifeste. Quoi! monsieur, vous seriez ce fameux Bussy, ce colonel, que... qui... oh!

— C'est moi-même, monsieur, reprit modestement le gentilhomme. Et maintenant que nous voilà bien éclairés l'un sur l'autre, de grâce, satisfaites ma curiosité, tout mouillé et tout crotté que vous êtes.

— Le fait est, dit le jeune homme, regardant ses trousses toutes mouchetées par la boue, le fait est que, comme Épaminondas le Thébain, je serai forcé de rester trois jours à la maison, n'ayant qu'un seul haut-de-chausses et ne possédant qu'un seul pourpoint. Mais, pardon, vous me faisiez l'honneur de m'interroger, je crois?

— Oui, monsieur, j'allais vous demander comment vous étiez venu dans cette maison.

— C'est à la fois très-simple et très-compliqué, vous allez voir, dit le jeune homme.

— Voyons.

— Monsieur le comte, pardon, jusqu'ici j'étais si troublé, que j'ai oublié de vous donner votre titre.

— Cela ne fait rien, allez toujours.

— Monsieur le comte, voici donc ce qui est arrivé : je loge rue Beautreillis, à cinq cent deux pas d'ici. Je suis un pauvre apprenti chirurgien, pas maladroit, je vous assure.

— J'en sais quelque chose, dit Bussy.

— Et qui ai fort étudié, continua le jeune homme, mais sans avoir de clients. On m'appelle, comme je vous l'ai dit, Remy le Haudouin : Remy de mon nom de baptême, et le Haudouin parce que je suis né à Nanteuil-le-Haudouin. Or, il y a sept ou huit jours, un homme ayant reçu, derrière l'Arsenal, un grand coup de couteau, je lui ai cousu la peau du ventre et resserré fort proprement dans l'intérieur de cette peau les intestins qui s'égaraient. Cela m'a fait dans le voisinage une certaine réputation, à laquelle j'attribue le bonheur d'avoir été hier, dans la nuit, réveillé par une petite voix flûtée.

— Une voix de femme? s'écria Bussy.

— Oui, mais, prenez-y garde, mon gentilhomme, tout rustique que je sois, je suis sûr que c'était une voix de suivante. Je m'y connais, attendu que j'ai plus entendu de ces voix-là que des voix de maîtresses.

— Et alors qu'avez-vous fait?

— Je me suis levé et j'ai ouvert ma porte; mais, à peine étais-je sur le palier, que deux petites mains, pas trop douces, mais pas trop dures non plus, m'ont appliqué sur le visage un bandeau.

— Sans rien dire? demanda Bussy.

— Si fait; en me disant : « Venez; n'essayez pas de voir où vous allez; soyez discret : voici votre récompense.

— Et cette récompense était?...

— Une bourse contenant des pistoles, qu'elle me remit dans la main.

— Ah! ah! et que répondîtes-vous?

— Que j'étais prêt à suivre ma charmante conductrice. Je ne savais pas si elle était charmante ou non, mais je pensai que l'épithète, pour être peut-être un peu exagérée, ne pouvait pas nuire.

— Et vous suivîtes sans faire d'observations, sans exiger de garanties?

— J'ai lu souvent de ces sortes d'histoires dans les livres, et j'ai remarqué qu'il en résultait toujours quelque chose d'agréable pour le médecin. Je suivis donc, comme j'avais l'honneur de vous le dire; on me guida sur un sol dur; il gelait; et je comptai quatre cents, quatre cent cinquante, cinq cents, et enfin cinq cent deux pas.

— Bien, dit Bussy, c'était prudent; alors vous devez être à cette porte?

— Je ne dois pas en être loin, du moins,

puisque cette fois j'ai compté jusqu'à quatre cent quatre-vingt-dix-neuf; à moins que la rusée péronnelle, et je la soupçonne de cette noirceur, ne m'ait fait faire des détours.

— Oui; mais, en supposant qu'elle ait songé à cette précaution, dit Bussy, elle a bien, quand le diable y serait, donné quelque indice, prononcé quelque nom?

— Aucun.

— Mais vous-même avez dû faire quelque remarque?

— J'ai remarqué tout ce qu'on peut remarquer avec des doigts habitués à remplacer quelquefois les yeux, c'est-à-dire une porte avec des clous; derrière la porte une allée; au bout de l'allée, un escalier.

— A gauche!

— C'est cela. J'ai compté les degrés même.

— Combien?

— Douze.

— Et l'entrée tout de suite?

— Un corridor, je crois, car on a ouvert trois portes.

— Bien.

— Puis j'ai entendu une voix, ah! celle-là, par exemple, c'était une voix de maîtresse, douce et suave.

— Oui, oui, c'était la sienne.

— Bon, c'était la sienne.

— J'en suis sûr.

— C'est déjà quelque chose que vous soyez sûr. Puis on m'a poussé dans la chambre où vous étiez couché, et l'on m'a dit d'ôter mon bandeau.

— C'est cela.

— Je vous ai aperçu alors.

— Où étais-je?

— Couché sur un lit.

— Sur un lit de damas blanc à fleurs d'or?

— Oui.

— Dans une chambre tendue en tapisserie?

— A merveille.

— Avec un plafond à personnages?

— C'est cela; de plus, entre deux fenêtres...

— Un portrait?

— Admirable.

— Représentant une femme de dix-huit à vingt ans?

— Oui.

— Blonde?

— Très-bien.

— Belle comme tous les anges?

— Plus belle.

— Bravo! Alors qu'avez-vous fait?

— Je vous ai pansé.

— Et très-bien, ma foi!

— Du mieux que j'ai pu.

— Admirablement, mon cher monsieur, admirablement; car ce matin la plaie était presque fermée et bien rose.

— C'est grâce à un baume que j'ai composé, et qui me paraît, à moi, souverain; car bien des fois, ne sachant sur qui faire des expériences, je me suis troué la peau en différentes places, et, ma foi! les trous se refermaient en deux ou trois jours.

— Mon cher monsieur Remy, s'écria Bussy, vous êtes un homme charmant, et je me sens tout porté d'inclination vers vous. Mais après? voyons, dites.

— Après, vous tombâtes évanoui de nouveau. La voix me demandait de vos nouvelles.

— D'où vous demandait-elle cela?

— D'une chambre à côté.

— De sorte que vous n'avez pas vu la dame?

— Je ne l'ai pas aperçue.

— Vous lui répondîtes?

— Que la blessure n'était pas dangereuse, et que, dans vingt-quatre heures, il n'y paraîtrait plus.

— Elle parut satisfaite?

— Charmée; car elle s'écria : « Quel bonheur, mon Dieu! »

— Elle a dit : « Quel bonheur! » Mon cher monsieur Remy, je ferai votre fortune. Après, après?

— Après, tout était fini; puisque vous étiez pansé, je n'avais plus rien à faire là; la voix me dit alors : Monsieur Remy...

— La voix savait votre nom?

— Sans doute, toujours par suite de l'aventure du coup de couteau que je vous ai raconté.

— C'est juste, la voix vous dit : Monsieur Remy...

— Soyez homme d'honneur jusqu'au bout; ne compromettez pas une pauvre femme emportée par un excès d'humanité, reprenez votre bandeau, et souffrez, sans supercherie, que l'on vous reconduise chez vous.

— Vous promîtes?

— Je donnai ma parole.

— Et vous l'avez tenue?

— Vous le voyez bien, répondit naïvement le jeune homme, puisque je cherche la porte.

— Allons, dit Bussy, c'est un trait magnifique, un trait de galant homme; et, bien que j'en

enrage au fond, je ne puis m'empêcher de vous
dire : Touchez là, monsieur Remy.

Et Bussy, enthousiasmé, tendit la main au
jeune docteur.

— Monsieur! dit Remy embarrassé.

— Touchez, touchez, vous êtes digne d'être
gentilhomme.

— Monsieur, dit Remy, ce sera une gloire éternelle pour moi que d'avoir touché la main du brave
Bussy d'Amboise; en attendant, j'ai un scrupule.

— Et lequel?

— Il y avait dix pistoles dans la bourse.

— Eh bien?

— C'est beaucoup trop pour un homme qui
fait payer ses visites cinq sous, quand il ne fait pas
ses visites pour rien; et je cherchais la maison...

— Pour rendre la bourse?

— Justement.

— Mon cher monsieur Remy, c'est trop de
délicatesse, je vous jure; vous avez honorable-
ment gagné cet argent, et il est bien à vous.

— Vous croyez? dit Remy intérieurement fort
satisfait.

— Je vous en réponds; mais seulement ce
n'est point la dame qui vous devait payer, car je
ne la connais pas, et elle ne me connaît pas davantage.

— Voilà encore une raison. vous voyez bien.

— Je voulais dire seulement que, moi aussi,
j'avais une dette envers vous.

— Vous, une dette envers moi?

— Oui, et je l'acquitterai. Que faites-vous à
Paris? Voyons... parlez... Faites-moi vos confi-
dences, mon cher monsieur Remy.

— Ce que je fais à Paris? Rien du tout, monsieur le comte; mais j'y ferais quelque chose si
j'avais des clients.

— Eh bien, vous tombez à merveille; je vais
vous en donner un d'abord : voulez-vous de
moi? Je suis une fameuse pratique, allez! Il ne
se passe pas de jour que je ne détruise chez les
autres ou qu'on ne détériore en moi l'œuvre la
plus belle du Créateur. Voyons... voulez-vous
entreprendre de raccommoder les trous qu'on
fera à ma peau et les trous que je ferai à la peau
des autres?

— Ah! monsieur le comte, dit Remy, je suis
d'un mérite trop mince...

— Non, au contraire, vous êtes l'homme qu'il
me faut, ou le diable m'emporte! Vous avez la
main légère comme une main de femme, et avec
cela le baume Ferragus...

— Monsieur...

— Vous viendrez habiter chez moi...; vous
aurez votre logis à vous, vos gens à vous; accep-
tez, ou, sur ma parole, vous me déchirerez
l'âme. D'ailleurs, votre tâche n'est pas terminée :
il s'agit de poser un second appareil, cher monsieur Remy.

— Monsieur le comte, répondit le jeune docteur, je suis tellement ravi, que je ne sais comment vous exprimer ma joie. Je travaillerai, j'aurai des clients!

— Mais non, puisque je vous dis que je vous
prends pour moi tout seul... avec mes amis,
bien entendu. Maintenant, vous ne vous rappe-
lez aucune autre chose?

— Aucune.

— Ah bien, aidez-moi à me retrouver alors,
si c'est possible.

— Comment?

— Voyons... vous qui êtes un homme d'observation, vous qui comptez les pas, vous qui
tâtez les murs, vous qui remarquez les voix,
comment se fait-il qu'après avoir été pansé par
vous je me sois trouvé transporté de cette maison sur le revers des fossés du Temple?

— Vous?

— Oui... moi... Avez-vous aidé en quelque
chose à ce transport?

— Non pas! je m'y serais fort opposé, au
contraire, si l'on m'avait consulté. Le froid
pouvait vous faire grand mal.

— Alors je m'y perds, dit Bussy; vous ne
voulez pas chercher encore un peu avec moi?

— Je veux tout ce que vous voudrez, monsieur; mais j'ai bien peur que ce ne soit inutile;
toutes ces maisons se ressemblent.

— Eh bien, dit Bussy, il faudra revoir cela le
jour.

— Oui, mais le jour nous serons vus.

— Alors il faudra s'informer.

— Nous nous informerons, monseigneur.

— Et nous arriverons au but. Crois-moi,
Remy, nous sommes deux maintenant, et nous
avons une réalité, ce qui est beaucoup.

Il se trouva que Bussy et lui étaient face à face. — PAGE 53.

CHAPITRE XI

QUEL HOMME C'ÉTAIT QUE M. LE GRAND VENEUR BRYAN DE MONSOREAU.

e n'était pas de la joie, c'était presque du délire qui agitait Bussi lorsqu'il eut acquis la certitude que la femme de son rêve était une réalité, et que cette femme lui avait en effet donné la généreuse hospitalité dont il avait gardé au fond du cœur le vague souvenir. Aussi ne voulut-il point lâcher le jeune docteur, qu'il venait d'élever à la place de son médecin ordinaire. Il fallut que, tout crotté qu'il était, Remy montât avec lui dans sa litière; il avait peur, s'il le lâchait un seul instant, qu'il ne disparût comme une autre vision; il comptait l'amener à l'hôtel de Bussy, le mettre sous clef pour la nuit, et, le lendemain, il verrait s'il devait lui rendre la liberté.

Tout le temps du retour fut employé à de nouvelles questions; mais les réponses tournaient dans le cercle borné que nous avons tracé tout à l'heure. Remy le Haudouin n'en savait guère plus que Bussy, si ce n'est qu'il avait la certitude, ne s'étant pas évanoui, de n'avoir pas rêvé.

Mais, pour tout homme qui commence à devenir amoureux, et Bussy le devenait à vue d'œil, c'était déjà beaucoup que d'avoir quelqu'un à qui parler de la femme qu'il aimait; Remy n'avait pas vu cette femme, c'est vrai; mais c'était encore un mérite de plus aux yeux de Bussy, puisque Bussy pouvait essayer de lui faire comprendre combien elle était en tout point supérieure à son portrait.

Bussy avait fort envie de causer toute la nuit de la dame inconnue, mais Remy commença ses fonctions de docteur en exigeant que le blessé dormît, ou tout du moins se couchât; la fatigue et la douleur donnaient le même conseil au beau gentilhomme, et ces trois puissances réunies l'emportèrent.

Mais ce ne fut pas cependant sans que Bussy eût installé lui-même son nouveau commensal dans trois chambres qui avaient été autrefois son habitation de jeune homme, et qui formaient une portion du troisième étage de l'hôtel Bussy. Puis, bien sûr que le jeune médecin, satisfait de son nouveau logement et de la nouvelle fortune que la Providence lui préparait, ne s'échapperait pas clandestinement de l'hôtel, il descendit au splendide appartement qu'il occupait lui-même au premier.

Le lendemain, en s'éveillant, il trouva Remy debout près de son lit. Le jeune homme avait passé la nuit sans pouvoir croire au bonheur qui lui tombait du ciel, et il attendait le réveil de Bussy pour s'assurer qu'à son tour il n'avait point rêvé.

— Eh bien, demanda Remy, comment vous trouvez-vous?

— A merveille, mon cher Esculape, et vous, êtes-vous satisfait?

— Si satisfait, mon excellent protecteur, que je ne changerais certes pas mon sort contre celui du roi Henri III, quoiqu'il ait dû, pendant la journée d'hier, faire un fier chemin sur la route du ciel; mais il ne s'agit point de cela, il faut voir la blessure.

— Voyez.

Et Bussy se tourna sur le côté, pour que le jeune chirurgien pût lever l'appareil.

Tout allait au mieux; les lèvres de la plaie étaient roses et rapprochées. Bussy, heureux, avait bien dormi, et, le sommeil et le bonheur venant en aide au chirurgien, celui-ci n'avait déjà presque plus rien à faire.

— Eh bien, demanda Bussy, que dites-vous de cela, maître Ambroise Paré?

— Je dis que je n'ose pas vous avouer que vous êtes à peu près guéri, de peur que vous ne me renvoyiez dans ma rue Beautreillis, à cinq cent deux pas de la fameuse maison.

— Que nous retrouverons, n'est-ce pas, Remy?

— Je le crois bien.

— Maintenant, tu dis donc, mon enfant? dit Bussy.

— Pardon! s'écria Remy les larmes aux yeux; vous m'avez tutoyé, je crois, monseigneur?

— Remy, je tutoie les gens que j'aime. Cela te contrarie-t-il, que je t'aie tutoyé?

— Au contraire! s'écria le jeune homme en essayant de saisir la main de Bussy et de la baiser; au contraire. Je craignais d'avoir mal entendu. O monseigneur de Bussy! vous voulez donc que je devienne fou de joie?

— Non, mon ami; je veux seulement que tu m'aimes un peu à ton tour; que tu te regardes comme de la maison, et que tu me permettes d'assister aujourd'hui, tandis que tu feras ton petit déménagement, à la prise d'estortuaire (1) du grand veneur de la cour.

— Ah! dit Remy, voilà que nous voulons déjà faire des folies?

— Eh non, au contraire, je te promets d'être bien raisonnable.

— Mais il vous faudra monter à cheval!

— Dame! c'est de toute nécessité.

— Avez-vous un cheval bien doux d'allure et bon coureur?

— J'en ai quatre à choisir.

— Eh bien, prenez pour vous aujourd'hui celui que vous voudriez faire monter à la dame au portrait; vous savez?

— Ah! si je sais, je le crois bien! Tenez, Remy, vous avez en vérité trouvé pour toujours le chemin de mon cœur; je redoutais effroyablement que vous ne m'empêchassiez de me rendre à cette chasse, ou plutôt à ce semblant de chasse, car les dames de la cour et bon nombre de curieuses de la ville y seront admises. Or,

(1) L'estortuaire était ce bâton que le grand veneur remettait au roi pour qu'il pût écarter les branches des arbres en courant au galop.

Remy, mon cher Remy, tu comprends que la dame au portrait doit naturellement faire partie de la cour ou de la ville. Ce n'est pas une simple bourgeoise, bien certainement : ces tapisseries, ces émaux si fins, ce plafond peint, ce lit de damas blanc et or, enfin, tout ce luxe de si bon goût révèle une femme de qualité ou tout au moins une femme riche; si j'allais la rencontrer là !

— Tout est possible, répondit philosophiquement le Haudouin.

— Excepté de retrouver la maison, soupira Bussy.

— Et d'y pénétrer quand nous l'aurons retrouvée, ajouta Remy.

— Oh ! je ne pense jamais à cela que lorsque je suis dedans, dit Bussy; d'ailleurs, quand nous en serons là, ajouta-t-il, j'ai un moyen.

— Lequel ?

— C'est de me faire administrer un autre coup d'épée.

— Bon, dit Remy, voilà qui me donne l'espoir que vous me garderez.

— Sois donc tranquille, dit Bussy, il me semble qu'il y a vingt ans que je te connais; et, foi de gentilhomme, je ne saurais plus me passer de toi.

La charmante figure du jeune praticien s'épanouit sous l'expression d'une indicible joie.

— Allons, dit-il, c'est décidé; vous allez à la chasse pour chercher la dame, et moi, je retourne rue Beautreillis pour chercher la maison.

— Il serait curieux, dit Bussy, que nous revinssions ayant fait chacun notre découverte.

Et sur ce, Bussy et le Haudouin se quittèrent plutôt comme deux amis que comme un maître et un serviteur.

Il y avait en effet grande chasse commandée au bois de Vincennes pour l'entrée en fonctions de M. Bryan de Monsoreau, nommé grand veneur depuis quelques semaines. La procession de la veille et la rude entrée en pénitence du roi, qui commençait son carême le mardi gras, avaient fait douter un instant qu'il assistât en personne à cette chasse; car, lorsque le roi tombait dans ses accès de dévotion, il en avait parfois pour plusieurs semaines à ne pas quitter le Louvre, quand il ne poussait pas l'austérité jusqu'à entrer dans un couvent; mais, au grand étonnement de toute la cour, on apprit, vers les neuf heures du matin, que le roi était parti pour le donjon de Vincennes et courait le daim avec son frère monseigneur le duc d'Anjou et toute la cour.

Le rendez-vous était au rond-point du roi Saint-Louis. C'était ainsi qu'on nommait, à cette époque, un carrefour où l'on voyait encore, disait-on, le fameux chêne où le roi martyr avait rendu la justice. Tout le monde était donc rassemblé à neuf heures, lorsque le nouvel officier, objet de la curiosité générale, inconnu qu'il était à peu près à toute la cour, parut monté sur un magnifique cheval noir.

Tous les yeux se portèrent sur lui.

C'était un homme de trente-cinq ans environ, de haute taille; son visage marqué de petite vérole et son teint nuancé de taches fugitives, selon les émotions qu'il ressentait, prévenaient désagréablement le regard et le forçaient à une contemplation plus assidue, ce qui rarement tourne à l'avantage de ceux que l'on examine. En effet, les sympathies sont provoquées par le premier aspect; l'œil franc et le sourire loyal appellent le sourire et la caresse du regard.

Vêtu d'un justaucorps de drap vert tout galonné d'argent, ceint du baudrier d'argent, avec les armes du roi brodées en écusson; coiffé de la barrette à longue plume, brandissant de la main gauche un épieu, et, de la droite, l'estortuaire destiné au roi, M. de Monsoreau pouvait paraître un terrible seigneur, mais ce n'était certainement pas un beau gentilhomme.

— Fi ! la laide figure que vous nous avez ramenée de votre gouvernement, monseigneur ! dit Bussy au duc d'Anjou : sont-ce là les gentilshommes que votre faveur va chercher au fond des provinces? Du diable si l'on en trouverait un pareil dans Paris, qui est cependant bien grand et bien peuplé de vilains messieurs ! On dit, et je préviens Votre Altesse que je n'en ai rien voulu croire, que vous avez voulu absolument que le roi reçût le grand veneur de votre main

— Le seigneur de Monsoreau m'a bien servi, dit laconiquement le duc d'Anjou, et je le récompense.

— Bien dit, monseigneur; il est d'autant plus beau aux princes d'être reconnaissants, que la chose est rare; mais, s'il ne s'agit que de cela, moi aussi je vous ai bien servi, monseigneur, ce me semble, et je porterais le justaucorps de grand veneur autrement bien, je vous prie de le croire, que ce grand fantôme. Il a la barbe rouge, je ne m'en étais pas aperçu d'abord : c'est encore une beauté de plus.

— Je n'avais pas entendu dire, répondit le duc d'Anjou, qu'il fallût être moulé sur le modèle de l'Apollon ou de l'Antinoüs pour occuper les charges de la cour.

— Vous ne l'aviez pas entendu dire, monseigneur? reprit Bussy avec le plus grand sang-froid, c'est étonnant.

— Je consulte le cœur, et non le visage, répondit le prince ; les services rendus et non les services promis.

— Votre Altesse va dire que je suis bien curieux, reprit Bussy; mais je cherche, et inutilement, je l'avoue, quel service ce Monsoreau a pu vous rendre.

— Ah! Bussy, dit le duc avec aigreur, vous l'avez dit : vous êtes bien curieux, trop curieux même.

— Voilà bien les princes! s'écria Bussy avec sa liberté ordinaire. Ils vont toujours questionnant : il faut leur répondre sur toutes choses, et, si vous les questionnez, vous, sur une seule, ils ne vous répondent pas.

— C'est vrai, dit le duc d'Anjou; mais sais-tu ce qu'il faut faire si tu veux te renseigner?

— Non.

— Va demander la chose à M. de Monsoreau lui-même.

— Tiens, dit Bussy, vous avez, ma foi, raison, monseigneur! et avec lui, qui n'est qu'un simple gentilhomme, il me restera au moins une ressource, s'il ne me répond pas.

— Laquelle?

— Ce sera de lui dire qu'il est un impertinent.

Et, sur cette réponse, tournant le dos au prince, sans réfléchir autrement, aux yeux de ses amis et le chapeau à la main, il s'approcha de M. de Monsoreau, qui, à cheval au milieu du cercle, point de mire de tous les yeux qui convergeaient sur lui, attendait avec un sang-froid merveilleux que le roi le débarrassât du poids de tous les regards tombant à plomb sur sa personne.

Lorsqu'il vit venir Bussy, le visage gai, le sourire à la bouche, le chapeau à la main, il se dérida un peu.

— Pardon, monsieur, dit Bussy, mais je vous vois là très-seul. Est-ce que la faveur dont vous jouissez vous a déjà fait autant d'ennemis que vous pouviez avoir d'amis huit jours avant d'avoir été nommé grand veneur?

— Par ma foi, monsieur le comte, répondit le seigneur de Monsoreau, je n'en jurerais pas; seulement je le parierais. Mais puis-je savoir à quoi je dois l'honneur que vous me faites en troublant ma solitude?

— Ma foi, dit bravement Bussy, à la grande admiration que le duc d'Anjou m'a inspirée pour vous.

— Comment cela?

— En me racontant votre exploit, celui pour lequel vous avez été nommé grand veneur.

M. de Monsoreau pâlit d'une manière si affreuse, que les sillons de la petite vérole qui diapraient son visage semblèrent autant de points noirs dans sa peau jaunie; en même temps il regarda Bussy d'un air qui présageait une violente tempête.

Bussy vit qu'il venait de faire fausse route; mais il n'était pas homme à reculer; tout au contraire, il était de ceux qui réparent d'ordinaire une indiscrétion par une insolence.

— Vous dites, monsieur, répondit le grand veneur, que monseigneur vous a raconté mon dernier exploit?

— Oui, monsieur, dit Bussy, tout au long; ce qui m'a donné un violent désir, je l'avoue, d'en entendre le récit de votre propre bouche.

M. de Monsoreau serra l'épieu dans sa main crispée, comme s'il eût éprouvé le violent désir de s'en faire une arme contre Bussy.

— Ma foi, monsieur, dit-il, j'étais tout disposé à reconnaître votre courtoisie en accédant à votre demande; mais voici malheureusement le roi qui arrive, ce qui m'en ôte le temps; mais, si vous le voulez bien, ce sera pour plus tard.

Effectivement, le roi, monté sur son cheval favori, qui était un beau genet d'Espagne de couleur isabelle, s'avançait rapidement du donjon au rond-point.

Bussy, en faisant décrire un demi-cercle à son regard, rencontra des yeux le duc d'Anjou; le prince riait de son plus mauvais sourire.

— Maître et valet, pensa Bussy, font tous deux une vilaine grimace quand ils rient; qu'est-ce donc quand ils pleurent?

Le roi aimait les belles et bonnes figures; il fut donc peu satisfait de celle de M. de Monsoreau, qu'il avait déjà vue une fois et qui ne lui revint pas davantage à la seconde qu'à la première fois. Cependant il accepta d'assez bonne grâce l'estortuaire que celui-ci lui présentait, un genou en terre, selon l'habitude.

Aussitôt que le roi fut armé, les maîtres piqueurs annoncèrent que le daim était détourné, et la chasse commença.

Bussy s'était placé sur le flanc de la troupe, de manière à voir défiler devant lui tout le monde; il ne laissa passer personne sans avoir

Le Seigneur de Monsoreau — PAGE 59.

examiné s'il ne retrouverait pas l'original du portrait, mais ce fut inutilement; il y avait de bien jolies, de bien belles, de bien séduisantes femmes à cette chasse, où le grand veneur faisait ses débuts; mais il n'y avait point la charmante créature qu'il cherchait.

Il en fut réduit à la conversation et à la compagnie de ses amis ordinaires. Antraguet, toujours rieur et bavard, lui fut une grande distraction dans son ennui.

— Nous avons un affreux grand veneur, dit-il à Bussy, qu'en penses-tu?

— Je le trouve horrible! quelle famille cela va nous faire si les personnes qui ont l'honneur de lui appartenir lui ressemblent! Montre-moi donc sa femme.

— Le grand veneur est à marier, mon cher, répliqua Antraguet.

— Et d'où sais-tu cela?

— De madame de Veudron, qui le trouve fort beau et qui en ferait volontiers son quatrième mari, comme Lucrèce Borgia fit du comte d'Est. Aussi vois comme elle lance son cheval bai derrière le cheval noir de M. de Monsoreau!

— Et de quel pays est-il seigneur? demanda Bussy.

— D'une foule de pays.

— Situés?

— Vers l'Anjou.

— Il est donc riche?

— On le dit; mais voilà tout; il paraît que c'est de petite noblesse.

— Et qui est la maîtresse de ce hobereau?

— Il n'a pas de maîtresse: le digne monsieur tient à être unique dans son genre; mais voilà monseigneur le duc d'Anjou qui t'appelle de la main, viens vite.

— Ah! ma foi, monseigneur le duc d'Anjou attendra. Cet homme pique ma curiosité. Je le trouve singulier. Je ne sais pourquoi — on a de ces idées-là, tu sais, la première fois qu'on rencontre les gens — je ne sais pourquoi il me semble que j'aurai maille à partir avec lui, et puis ce nom, Monsoreau!

— Mont de la souris, reprit Antraguet, voilà l'étymologie: mon vieil abbé m'a appris cela ce matin: *Mons Soricis*.

— Je ne demande pas mieux, répliqua Bussy.

— Ah! mais attends donc, s'écria tout à coup Antraguet.

— Quoi?

— Mais Livarot connaît cela!

— Quoi, cela?

— Le Mons Soricis. Ils sont voisins de terre.

— Dis-nous donc cela tout de suite! Eh! Livarot!

Livarot s'approcha.

— Ici vite, Livarot, ici : — le Monsoreau?

— Eh bien? demanda le jeune homme.

— Renseigne-nous sur le Monsoreau.

— Volontiers.

— Est-ce long?

— Non, ce sera court. En trois mots, je vous dirai ce que j'en sais et ce que j'en pense. J'en ai peur!

— Bon! et, maintenant que tu nous as dit ce que tu en penses, dis-nous ce que tu en sais.

— Écoute!... Je revenais un soir...

— Cela commence d'une façon terrible, dit Antraguet.

— Voulez-vous me laisser finir?

— Oui.

— Je revenais un soir de chez mon oncle d'Entragues, à travers le bois de Méridor; il y a de cela quelque six mois à peu près, quand tout à coup j'entends un cri effroyable, et je vois passer, la selle vide, une haquenée blanche emportée dans le hallier; je pousse, je pousse, et, au bout d'une longue allée, assombrie par les premières ombres de la nuit, j'avise un homme sur un cheval noir; il ne courait pas, il volait. Le même cri étouffé se fait alors entendre de nouveau, et je distingue en avant de la selle une femme sur la bouche de laquelle il appuyait la main. J'avais mon arquebuse de chasse; tu sais que j'en joue d'habitude assez juste. Je le vise, et ma foi! je l'eusse tué si, au moment même où je lâchais la détente, la mèche ne se fût éteinte.

— Eh bien, demanda Bussy, après?

— Après, je demandai à un bûcheron quel était ce monsieur au cheval noir qui enlevait les femmes; il me répondit que c'était M. de Monsoreau.

— Eh bien mais, dit Antraguet, cela se fait, ce me semble, d'enlever les femmes, n'est-ce pas, Bussy?

— Oui, dit Bussy, mais on les laisse crier au moins!

— Et la femme, qui était-ce? demanda Antraguet.

— Ah! voilà, on ne l'a jamais su.

— Allons! dit Bussy, décidément c'est un homme remarquable, et il m'intéresse.

— Tant il y a, dit Livarot, qu'il jouit, le cher seigneur, d'une réputation atroce.

— Cite-t-on d'autres faits?

— Non, rien; il n'a même jamais fait ostensiblement grand mal; de plus encore, il est assez bon, à ce qu'on dit, envers ses paysans; ce qui n'empêche pas que dans la contrée qui jusqu'aujourd'hui a eu le bonheur de le posséder on le craigne à l'égal du feu. D'ailleurs, chasseur comme Nemrod, non pas devant Dieu, peut-être, mais devant le diable; jamais le roi n'aura eu un grand veneur pareil. Il vaudra mieux, du reste, pour cet emploi que Saint-Luc, à qui il était destiné d'abord et à qui l'influence de M. le duc d'Anjou l'a soufflé.

— Tu sais qu'il t'appelle toujours, le duc d'Anjou? dit Antraguet.

— Bon, qu'il appelle; et toi, tu sais ce qu'on dit de Saint-Luc?

— Non; est-il encore prisonnier du roi? demanda en riant Livarot.

— Il le faut bien, dit Antraguet, puisqu'il n'est pas ici.

— Pas du tout, mon cher, parti cette nuit à une heure pour visiter les terres de sa femme.

— Exilé?

— Cela m'en a tout l'air.

— Saint-Luc exilé! impossible!

— C'est l'Évangile, mon cher.

— Selon Saint-Luc.

— Non, selon le maréchal de Brissac, qui m'a dit ce matin la chose de sa propre bouche.

— Ah! voilà du nouveau et du curieux, par exemple! cela fera tort au Monsoreau.

— J'y suis, dit Bussy.

— A quoi es-tu?

— Je l'ai trouvé.

— Qu'as-tu trouvé?

— Le service qu'il a rendu à M. d'Anjou.

— Saint-Luc?

— Non, le Monsoreau.

— Vraiment?

— Oui, ou le diable m'emporte; vous allez voir, vous autres; venez avec moi.

Et Bussy, suivi de Livarot, d'Antraguet, mit son cheval au galop pour rattraper M. le duc d'Anjou, qui, las de lui faire des signes, marchait à quelques portées d'arquebuse en avant de lui.

— Ah! monseigneur, s'écria-t-il en rejoignant le prince, quel homme précieux que ce M. Monsoreau!

— Ah! vraiment?

— C'est incroyable!

— Tu lui as donc parlé? fit le prince toujours railleur.

— Certainement, sans compter qu'il a l'esprit fort orné.

— Et lui as-tu demandé ce qu'il avait fait pour moi?

— Certainement, je ne l'abordais qu'à cette fin.

— Et il t'a répondu? demanda le duc, plus gai que jamais.

— A l'instant même, et avec une politesse dont je lui sais un gré infini.

— Et que t'a-t-il dit, voyons, mon brave tranche-montagne? demanda le prince.

— Il m'a courtoisement confessé, monseigneur, qu'il était le pourvoyeur de Votre Altesse.

— Pourvoyeur de gibier?

— Non, de femmes.

— Plaît-il? fit le duc, dont le front se rembrunit à l'instant même; que signifie ce badinage, Bussy?

— Cela signifie, monseigneur, qu'il enlève pour vous les femmes sur son grand cheval noir, et que, comme elles ignorent sans doute l'honneur

qu'il leur réserve, il leur met la main sur la bouche pour les empêcher de crier.

Le duc fronça le sourcil, crispa ses poings avec colère, pâlit et mit son cheval à un si furieux galop, que Bussy et les siens demeurèrent en arrière.

— Ah! ah! dit Antraguet, il me semble que la plaisanterie est bonne.

— D'autant meilleure, répondit Livarot, qu'elle ne fait pas, ce me semble, à tout le monde l'effet d'une plaisanterie.

— Diable! fit Bussy, il paraîtrait que je l'ai sanglé ferme, le pauvre duc!

Un instant après, on entendit la voix de M. d'Anjou qui criait:

— Eh! Bussy, où es-tu? viens donc!

— Me voici, monseigneur. dit Bussy en s'approchant.

Il trouva le prince éclatant de rire.

— Tiens! dit-il, monseigneur; il paraît que ce que je vous ai dit est devenu drôle.

— Non, Bussy, je ne ris pas de ce que tu m'as dit.

— Tant pis, je l'aimerais mieux; j'aurais eu le mérite de faire rire un prince qui ne rit pas souvent.

— Je ris, mon pauvre Bussy, de ce que tu plaides le faux pour savoir le vrai.

— Non, le diable m'emporte, monseigneur! je vous ai dit la vérité.

— Bien. Alors, pendant que nous ne sommes que nous deux, voyons, conte-moi ta petite histoire; où donc as-tu pris ce que tu es venu me conter?

— Dans les bois de Méridor, monseigneur!

Cette fois encore le duc pâlit, mais il ne dit rien.

— Décidément, murmura Bussy, le duc se trouve mêlé en quelque chose dans l'histoire du ravisseur au cheval noir et de la femme à la haquenée blanche.

Voyons, monseigneur, ajouta tout haut Bussy en riant à son tour de ce que le duc ne riait plus, s'il y a une manière de vous servir qui vous plaise mieux que les autres, enseignez-nous-la, nous en profiterons, dussions-nous faire concurrence à M. de Monsoreau.

— Pardieu oui, Bussy, dit le duc, il y en a une, et je te la vais expliquer.

Le duc tira Bussy à part.

— Écoute, lui dit-il, j'ai rencontré par hasard à l'église une femme charmante: comme quelques traits de son visage, cachés sous un voile,

En avant de la selle était une femme sur la bouche de laquelle il appuyait la main. — Page 62.

me rappelaient ceux d'une femme que j'avais beaucoup aimée, je l'ai suivie et me suis assuré du lieu où elle demeure. Sa suivante est séduite, et j'ai une clef de la maison.

— Eh bien, jusqu'à présent, monseigneur, il me semble que voilà qui va bien.

— Attends. On la dit sage, quoique libre, jeune et belle.

— Ah! monseigneur, voilà que nous entrons dans le fantastique.

— Écoute, tu es brave, tu m'aimes, à ce que tu prétends?

— J'ai mes jours.

— Pour être brave?

— Non, pour vous aimer.

— Bien. Es-tu dans un de ces jours-là?

— Pour rendre service à Votre Altesse, je m'y mettrai. Voyons.

— Eh bien, il s'agirait de faire pour moi ce qu'on ne fait d'ordinaire que pour soi-même.

— Ah! ah! dit Bussy, est-ce qu'il s'agirait, monseigneur, de faire la cour à votre maîtresse, pour que Votre Altesse s'assure qu'elle est réellement aussi sage que belle? Cela me va.

— Non; mais il s'agit de savoir si quelque autre ne la lui fait pas.

— Ah! voyons, cela s'embrouille, monseigneur, expliquons-nous.

— Il s'agirait de t'embusquer et de me dire quel est l'homme qui vient chez elle.

— Il y a donc un homme?

— J'en ai peur.

— Un amant, un mari?

— Un jaloux, tout au moins.

— Tant mieux, monseigneur.

— Comment, tant mieux?

— Cela double vos chances.

— Merci. En attendant, je voudrais savoir quel est cet homme.

— Et vous me chargez de m'en assurer.

— Oui, et si tu consens à me rendre ce service...

— Vous me ferez grand veneur à mon tour, quand la place sera vacante?

— Ma foi, Bussy, j'en prendrais d'autant mieux l'obligation, que jamais je n'ai rien fait pour toi.

— Tiens! monseigneur s'en aperçoit?

— Il y a longtemps déjà que je me le dis.

— Tout bas, comme les princes se disent ces choses-là.

— Eh bien?

— Quoi, monseigneur?

— Consens-tu?

— A épier la dame?

— Oui.

— Monseigneur, la commission, je l'avoue, me flatte médiocrement, et j'en aimerais mieux une autre.

— Tu t'offrais à me rendre service, Bussy, et voilà déjà que tu recules!

— Dame! vous m'offrez un métier d'espion, monseigneur.

— Eh non, métier d'ami; d'ailleurs, ne crois pas que je te donne une sinécure; il faudra peut-être tirer l'épée.

Bussy secoua la tête.

— Monseigneur, dit-il, il y a des choses qu'on ne fait bien que soi-même; aussi faut-il les faire soi-même, fût-on prince.

— Alors tu me refuses?

— Ma foi oui, monseigneur.

Le duc fronça le sourcil.

— Je suivrai donc ton conseil, dit-il; j'irai moi-même, et, si je suis tué ou blessé dans cette circonstance, je dirai que j'avais prié mon ami Bussy de se charger de ce coup d'épée à donner

ou à recevoir, et que, pour la première fois de sa vie, il a été prudent.

— Monseigneur, répondit Bussy, vous m'avez dit l'autre soir : « Bussy, j'ai en haine tous ces mignons de la chambre du roi, qui en toute occasion nous raillent et nous insultent; tu devrais bien aller aux noces de Saint-Luc soulever une occasion de querelle et nous en défaire. » Monseigneur, j'y suis allé; ils étaient cinq; j'étais seul; je les ai défiés; ils m'ont tendu une embuscade, m'ont attaqué tous ensemble m'ont tué mon cheval, et cependant j'en ai blessé deux et j'ai assommé le troisième. Aujourd'hui vous me demandez de faire du tort à une femme. Pardon, monseigneur, cela sort des services qu'un prince peut exiger d'un galant homme, et je refuse.

— Soit, dit le duc, je ferai ma faction tout seul, ou avec Aurilly, comme je l'ai déjà faite.

— Pardon, dit Bussy, qui sentit comme un voile se soulever dans son esprit.

— Quoi?

— Est-ce que vous étiez en train de monter votre faction, monseigneur, lorsque l'autre jour vous avez vu les mignons qui me guettaient?

— Justement.

— Votre belle inconnue, demanda Bussy, demeure donc du côté de la Bastille?

— Elle demeure en face de Sainte-Catherine.

— Vraiment?

— C'est un quartier où l'on est égorgé parfaitement, tu dois en savoir quelque chose.

— Est-ce que Votre Altesse a guetté encore, depuis ce soir-là?

— Hier.

— Et monseigneur a vu?

— Un homme qui furetait dans tous les coins de la place, sans doute pour voir si personne ne l'épiait, et qui, selon toute probabilité, m'ayant aperçu, s'est tenu obstinément devant cette porte.

— Et cet homme était seul, monseigneur? demanda Bussy.

— Oui, pendant une demi-heure à peu près.

— Et après cette demi-heure?

— Un autre homme est venu le rejoindre, tenant une lanterne à la main.

— Ah! ah! fit Bussy.

— Alors l'homme au manteau... continua le prince.

— Le premier avait un manteau? interrompit Bussy.

— Oui. Alors l'homme au manteau et l'homme

à la lanterne se sont mis à causer ensemble, et, comme ils ne paraissaient pas disposés à quitter leur poste de la nuit, je leur ai laissé la place et je suis revenu.

— Dégoûté de cette double épreuve?

— Ma foi oui, je l'avoue... De sorte qu'avant de me fourrer dans cette maison, qui pourrait bien être quelque égorgeoir...

— Vous ne seriez pas fâché qu'on y égorgeât un de vos amis.

— Ou plutôt que cet ami, n'étant pas prince, n'ayant pas les ennemis que j'ai, et d'ailleurs habitué à ces sortes d'aventures, étudiât la réalité du péril que je puis courir, et m'en vînt rendre compte.

— A votre place, monseigneur, dit Bussy, j'abandonnerais cette femme.

— Non pas.

— Pourquoi?

— Elle est trop belle.

— Vous dites vous-même qu'à peine vous l'avez vue.

— Je l'ai vue assez pour avoir remarqué d'admirables cheveux blonds.

— Ah!

— Des yeux magnifiques.

— Ah! ah!

— Un teint comme je n'en ai jamais vu, une taille merveilleuse.

— Ah! ah! ah!

— Tu comprends qu'on ne renonce pas facilement à une pareille femme.

— Oui, monseigneur, je comprends; aussi la situation me touche.

Le duc regarda Bussy de côté.

— Parole d'honneur, dit Bussy.

— Tu railles.

— Non, et la preuve, c'est que, si monseigneur veut me donner ses instructions et m'indiquer le logis, je veillerai ce soir.

— Tu reviens donc sur ta décision?

— Eh! monseigneur, il n'y a que notre saint-père Grégoire XIII qui ne soit pas faillible; seulement dites-moi ce qu'il y aura à faire.

— Il y aura à te cacher à distance de la porte que je t'indiquerai, et, si un homme entre, à le suivre, pour t'assurer qui il est.

— Oui; mais si, en entrant, il referme la porte derrière lui?

— Je t'ai dit que j'avais une clef.

— Ah: c'est vrai; il n'y a plus qu'une chose à craindre, c'est que je suive un autre homme, et que la clef n'aille à une autre porte.

— Il n'y a pas à s'y tromper; cette porte est une porte d'allée; au bout de l'allée à gauche, il y a un escalier; tu montes douze marches et tu te trouves dans le corridor.

— Comment savez-vous cela, monseigneur, puisque vous n'avez jamais été dans la maison?

— Ne t'ai-je point dit que j'avais pour moi la suivante? Elle m'a tout expliqué.

— Tudieu! que c'est commode d'être prince, on vous sert votre besogne toute faite. Moi, monseigneur, il m'eût fallu reconnaître la maison moi-même, explorer l'allée, compter les marches, sonder le corridor. Cela m'eût pris un temps énorme, et qui sait encore si j'eusse réussi?

— Ainsi donc tu consens?

— Est-ce que je sais refuser quelque chose à Votre Altesse? Seulement vous viendrez avec moi pour m'indiquer la porte.

— Inutile; en rentrant de la chasse, nous faisons un détour; nous passons par la porte Saint-Antoine, et je te la fais voir.

— A merveille, monseigneur! et que faudra-t-il faire à l'homme, s'il vient?

— Rien autre chose que de le suivre jusqu'à ce que tu aies appris qui il est.

— C'est délicat; si, par exemple, cet homme pousse la discrétion jusqu'à s'arrêter au milieu du chemin et à couper court à mes investigations?

— Je te laisse le soin de pousser l'aventure du côté qu'il te plaira.

— Alors, Votre Altesse m'autorise à faire comme pour moi.

— Tout à fait.

— Ainsi ferai-je, monseigneur.

— Pas un mot à tous nos jeunes seigneurs.

— Foi de gentilhomme!

— Personne avec toi dans cette exploration.

— Seul, je vous le jure.

— Eh bien, c'est convenu, nous revenons par la Bastille. Je te montre la porte... tu viens chez moi... je te donne la clef... et ce soir...

— Je remplace monseigneur; voilà qui est dit.

Bussy et le prince revinrent joindre alors la chasse, que M. de Monsoreau conduisait en homme de génie. Le roi fut charmé de la manière précise dont le chasseur consommé avait fixé toutes les haltes et disposé tous les relais. Après avoir été chassé deux heures, après avoir été tourné dans une enceinte de quatre ou cinq lieues, après avoir été vu vingt fois, l'animal revint se faire prendre juste à son lancer.

même, monsieur Chicot, qui avez mis tant de discrétion dans votre ambassade, en faisant disparaître l'autographe original, vous ne me conseillez point, n'est-ce pas, de livrer cette lettre à une publicité quelconque?

— Je ne dis point cela, sire.

— Mais vous le pensez?

— Je pense, puisque Votre Majesté m'interroge, que la lettre du roi son frère, recommandée à moi avec tant de soin, et expédiée à Votre Majesté par un envoyé particulier, contient peut-être çà et là quelque bonne chose dont Votre Majesté pourrait faire son profit.

— Oui, mais pour confier ces bonnes choses à quelqu'un, il faudrait que j'eusse en ce quelqu'un pleine confiance.

— Certainement.

— Eh bien! faites une chose, dit Henri comme illuminé par une idée.

— Laquelle?

— Allez trouver ma femme Margota; elle est savante; récitez-lui la lettre, et bien sûr qu'elle comprendra, elle. Alors, et tout naturellement, elle me l'expliquera.

— Ah! voilà qui est admirable! s'écria Chicot, et Votre Majesté parle d'or.

— N'est-ce pas? vas-y.

— J'y cours, sire.

— Ne change pas un mot à la lettre, surtout.

— Cela me serait impossible; il faudrait que je susse le latin, et je ne le sais pas : quelque barbarisme tout au plus.

— Allez, allez, mon ami, allez.

Chicot prit les renseignements pour trouver madame Marguerite et quitta le roi, plus convaincu que jamais que le roi était une énigme.

XLVI

L'ALLÉE DES TROIS MILLE PAS

a reine habitait l'autre aile du château, divisée à peu près de la même façon que celle que venait de quitter Chicot.

On entendait toujours de ce côté quelque musique, on y voyait toujours rôder quelque panache.

La fameuse allée des trois mille pas, dont il avait été tant question, commençait aux fenêtres mêmes de Marguerite, et sa vue ne s'arrêtait jamais que sur des objets agréables, tels que massifs de fleurs, berceaux de verdure, etc.

On eût dit que la pauvre princesse essayait de chasser par le spectacle des choses gracieuses, tant d'idées lugubres qui habitaient au fond de sa pensée.

Un poète périgourdin, — Marguerite, en province comme à Paris, était toujours l'étoile des poètes, — un poète périgourdin avait composé un sonnet à son intention.

« Elle veut, disait-il, par le soin qu'elle met à

bonne garde; Bussy promit tout ce que voulut le duc, et repassa par l'hôtel.

— Eh bien? dit-il à Remy.

— Je vous ferai la même question, monseigneur.

— Tu n'as rien trouvé?

— La maison est aussi inabordable le jour que la nuit. Je flotte entre cinq ou six maisons qui se touchent.

— Alors, dit Bussy, je crois que j'ai été plus heureux que toi, mon cher le Haudouin.

— Comment cela, monseigneur? vous avez donc cherché de votre côté?

— Non. Je suis passé dans la rue seulement.

— Et vous avez reconnu la porte?

— La Providence, mon cher ami, a des voies détournées et des combinaisons mystérieuses.

— Alors vous êtes sûr?

— Je ne dis pas que je suis sûr; mais j'espère.

— Et quand saurai-je si vous avez eu le bonheur de retrouver ce que vous cherchiez?

— Demain matin.

— En attendant, avez-vous besoin de moi?

— Aucunement, mon cher Remy.

— Vous ne voulez pas que je vous suive?

— Impossible.

— Soyez prudent, au moins, monseigneur.

— Ah! dit Bussy, la recommandation est inutile; je suis connu pour cela.

Bussy dîna en homme qui ne sait pas où ni de quelle façon il soupera; puis, à huit heures sonnant, il choisit la meilleure de ses épées, attacha, malgré l'ordonnance que le roi venait de promulguer, une paire de pistolets à sa ceinture, et se fit porter dans la litière, à l'extrémité de la rue Saint-Paul.

Arrivé là, il reconnut la maison à la statue de la Vierge, compta les quatre maisons suivantes, s'assura bien que la cinquième était la maison désignée, et alla, enveloppé dans un grand manteau de couleur sombre, se blottir à l'angle de la rue Sainte-Catherine; bien décidé à attendre deux heures, et au bout de deux heures, si personne ne venait, à agir pour son propre compte.

Neuf heures sonnaient à Saint-Paul comme Bussy s'embusquait.

Il était là depuis dix minutes à peine, quand, à travers l'obscurité, il vit arriver, par la porte de la Bastille, deux cavaliers. A la hauteur de l'hôtel des Tournelles, ils s'arrêtèrent. L'un d'eux mit pied à terre, jeta la bride aux mains du se-

cond, qui, selon toute probabilité, était un laquais, et, après lui avoir vu reprendre le chemin par lequel ils étaient venus, après l'avoir vu se perdre, lui et ses deux chevaux, dans l'obscurité, il s'avança vers la maison confiée à la surveillance de Bussy.

Arrivé à quelques pas de la maison, l'inconnu décrivit un grand cercle, comme pour explorer les environs du regard; puis, croyant être sûr qu'il n'était point observé, il s'approcha de la porte et disparut.

Bussy entendit le bruit de cette porte qui se refermait derrière lui.

Il attendit un instant, de peur que le personnage mystérieux ne fût resté en observation derrière le guichet. Puis, quelques minutes s'étant écoulées, il s'avança à son tour, traversa la chaussée, ouvrit la porte, et, instruit par l'expérience, il la referma sans bruit.

Alors il se retourna : le guichet était bien à la hauteur de son œil, et c'était bien, selon toute probabilité, par ce guichet qu'il avait regardé Quélus.

Ce n'était pas tout, et Bussy n'était pas venu pour rester là. Il s'avança lentement, tâtonnant aux deux côtés de l'allée, au bout de laquelle, à gauche, il trouva la première marche d'un escalier.

Là, il s'arrêta pour deux raisons; d'abord il sentait ses jambes faiblir sous le poids de l'émotion, ensuite il entendait une voix qui disait :

— Gertrude, prévenez votre maîtresse que c'est moi, et que je veux entrer.

La demande était faite d'un ton trop impératif pour souffrir un refus; au bout d'un instant, Bussy entendit la voix d'une femme de chambre qui répondait :

— Passez au salon, monsieur; madame va venir vous y rejoindre.

Puis il entendit encore le bruit d'une porte qui se refermait.

Bussy alors pensa aux douze marches qu'avait comptées Remy; il compta douze marches à son tour, et se trouva sur le palier.

Il se rappela le corridor et les trois portes, fit quelques pas en retenant sa respiration et en étendant la main devant lui. Une première porte se trouva sous sa main, c'était celle par laquelle l'inconnu était entré; il poursuivit son chemin, en trouva une seconde, chercha, sentit une seconde clef, et, tout frissonnant des pieds à la tête, il fit tourner cette clef dans la serrure et poussa la porte.

La chambre dans laquelle se trouva Bussy était complétement obscure, moins la portion de cette chambre qui recevait, par une porte latérale, un reflet de lumières du salon.

Ce reflet portait sur une fenêtre, tendue de deux rideaux de tapisserie, qui firent passer un nouveau frisson de joie dans le cœur du jeune homme.

Ses yeux se portèrent sur la partie du plafond éclairée par cette même lumière, et il reconnut le plafond mythologique qu'il avait déjà remarqué; il étendit la main et sentit le lit sculpté.

Il n'y avait plus de doute pour lui; il se retrouvait dans cette chambre où il s'était réveillé, pendant cette nuit où il avait reçu la blessure qui lui avait valu l'hospitalité.

Ce fut un bien autre frisson encore qui passa par les veines de Bussy lorsqu'il toucha ce lit, et qu'il se sentit tout enveloppé de ce délicieux parfum qui s'échappe de la couche d'une femme jeune et belle.

Bussy s'enveloppa dans les rideaux du lit et écouta.

On entendait dans la chambre à côté le pas impatient de l'inconnu; de temps en temps il s'arrêtait, murmurant entre ses dents :

— Eh bien, viendra-t-elle?

A la suite de l'une de ces interpellations, une porte s'ouvrit dans le salon; la porte semblait parallèle à celle qui était déjà entr'ouverte. Le tapis frémit sous la pression d'un petit pied ; le frôlement d'une robe de soie arriva jusqu'à l'oreille de Bussy, et le jeune homme entendit une voix de femme empreinte à la fois de crainte et de dédain, qui disait :

— Me voici, monsieur, que me voulez-vous encore?

— Oh! oh! pensa Bussy en s'abritant sous son rideau, si cet homme est l'amant, je félicite fort le mari.

— Madame, dit l'homme à qui l'on faisait cette froide réception, j'ai l'honneur de vous prévenir que, forcé de partir demain matin pour Fontainebleau, je viens passer cette nuit près de vous.

— M'apportez-vous des nouvelles de mon père? demanda la même voix de femme.

— Madame, écoutez-moi.

— Monsieur, vous savez ce qui a été convenu hier, quand j'ai consenti à devenir votre femme, c'est qu'avant toutes choses, ou mon père viendrait à Paris, ou j'irais retrouver mon père.

— Madame, aussitôt après mon retour de

Fontainebleau, nous partirons, je vous en donne ma parole d'honneur; mais, en attendant...

— Oh! monsieur, ne fermez pas cette porte, c'est inutile, je ne passerai pas une nuit, pas une seule nuit sous le même toit que vous, que je ne sois rassurée sur le sort de mon père.

Et la femme qui parlait d'une façon si ferme souffla dans un petit sifflet d'argent qui rendit un son aigu et prolongé.

C'était la manière dont on appelait les domestiques à cette époque où les sonnettes n'étaient point encore inventées.

Au même instant la porte par laquelle était entré Bussy s'ouvrit de nouveau et donna passage à la suivante de la jeune femme; c'était une grande et vigoureuse fille de l'Anjou, qui paraissait attendre cet appel de sa maîtresse et qui, l'ayant entendu, se hâtait d'accourir.

Elle entra dans le salon, et, en entrant, elle ouvrit la porte.

Un jet de lumière pénétra alors dans la chambre où était Bussy, et entre les deux fenêtres il reconnut le portrait.

— Gertrude, dit la dame, vous ne vous coucherez point, et vous vous tiendrez toujours à la portée de ma voix.

La femme de chambre se retira, sans répondre, par le même chemin qu'elle était venue, laissant la porte du salon toute grande ouverte, et par conséquent le merveilleux portrait éclairé.

Pour Bussy, il n'y avait plus de doute; ce portrait, c'était bien celui qu'il avait vu.

Il s'approcha doucement pour coller son œil à l'ouverture que l'épaisseur des gonds laissait entre la porte et la muraille; mais si doucement qu'il marchât, au moment où son regard pénétrait dans la chambre, le parquet cria sous son pied.

A ce bruit, la femme se retourna; c'était l'original du portrait, c'était la fée du rêve.

L'homme, quoiqu'il n'eût rien entendu, en la voyant se retourner, se retourna aussi.

C'était le seigneur de Monsoreau.

— Ah! dit Bussy, la haquenée blanche... la femme enlevée... Je vais sans doute entendre quelque terrible histoire.

Et il essuya son visage, qui spontanément venait de se couvrir de sueur.

Bussy, nous l'avons dit, les voyait tous deux, elle pâle, debout et dédaigneuse.

Lui, assis, non moins pâle, mais livide, agitait son pied impatient et se mordait la main.

— Madame, dit enfin le seigneur de Monsoreau, n'espérez pas continuer longtemps avec moi ce rôle de femme persécutée et victime; vous êtes à Paris, vous êtes dans ma maison; et, de plus, vous êtes maintenant la comtesse de Monsoreau, c'est-à-dire ma femme.

— Si je suis votre femme, pourquoi refuser de me conduire à mon père? pourquoi continuer de me cacher aux yeux du monde?

— Vous avez oublié le duc d'Anjou, madame.

— Vous m'avez affirmé qu'une fois votre femme je n'avais plus rien à craindre de lui.

— C'est-à-dire...

— Vous m'avez affirmé cela.

— Mais encore, madame, faut-il que je prenne quelques précautions.

— Eh bien, monsieur, prenez ces précautions, et revenez me voir quand elles seront prises.

— Diane, dit le comte, au cœur duquel la colère montait visiblement, Diane, ne faites pas un jeu de ce lien sacré du mariage. C'est un conseil que je veux bien vous donner.

— Faites, monsieur, que je n'aie plus de défiance dans le mari, et je respecterai le mariage.

— Il me semblait cependant avoir, par la manière dont j'ai agi envers vous, mérité toute votre confiance.

— Monsieur, je pense que, dans toute cette affaire, mon intérêt ne vous a pas seul guidé, ou que, s'il en est ainsi, le hasard vous a bien servi.

— Oh! c'en est trop, s'écria le comte; je suis dans ma maison, vous êtes ma femme, et, dût l'enfer vous venir en aide, cette nuit même vous serez à moi.

Bussy mit la main à la garde de son épée et fit un pas en avant; mais Diane ne lui donna pas le temps de paraître.

— Tenez, dit-elle en tirant un poignard de sa ceinture, voilà comme je vous réponds.

Et, bondissant dans la chambre où était Bussy, elle referma la porte, poussa le double verrou, et, tandis que Monsoreau s'épuisait en menaces, heurtant les planches du poing:

— Si vous faites seulement sauter une parcelle du bois de cette porte, dit Diane, vous me connaissez, monsieur, vous me trouverez morte sur le seuil.

— Et, soyez tranquille, madame, dit Bussy en enveloppant Diane de ses bras, vous auriez un vengeur.

Diane fut près de pousser un cri; mais elle comprit que le seul danger qui la menaçât lui venait de son mari. Elle demeura donc sur la défensive, mais muette; tremblante, mais immobile.

M. de Monsoreau frappa violemment du pied; puis, convaincu sans doute que Diane exécuterait sa menace, il sortit du salon en repoussant violemment la porte derrière lui.

Puis on entendit le bruit de ses pas s'éloigner dans le corridor et décroître dans l'escalier.

— Mais vous, monsieur, dit alors Diane en se dégageant des bras de Bussy et en faisant un pas en arrière, qui êtes-vous et comment vous trouvez-vous ici?

— Madame, dit Bussy en rouvrant la porte et en s'agenouillant devant Diane, je suis l'homme à qui vous avez conservé la vie. Comment pourriez-vous croire que je suis entré chez vous dans une mauvaise intention, ou que je forme des desseins contre votre honneur?

Grâce au flot de lumière qui inondait la noble figure du jeune homme, Diane le reconnut.

— Oh! vous ici, monsieur! s'écria-t-elle en joignant les mains, vous étiez là, vous avez tout entendu?

— Hélas! oui, madame.

— Mais, qui êtes-vous? votre nom, monsieur?

— Madame, je suis Louis de Clermont, comte de Bussy.

— Bussy! vous êtes le brave Bussy! s'écria naïvement Diane, sans se douter de la joie que cette exclamation répandait dans le cœur du jeune homme. Ah! Gertrude, continua-t-elle en s'adressant à sa suivante, qui, ayant entendu sa maîtresse parler avec quelqu'un, entrait tout effarée; Gertrude, je n'ai plus rien à craindre, car, à partir de ce moment, je mets mon honneur sous la sauvegarde du plus noble et du plus loyal gentilhomme de France.

Puis, tendant la main à Bussy:

— Relevez-vous, monsieur, dit-elle, je sais qui vous êtes: il faut que vous sachiez qui je suis.

CHAPITRE XIII

CE QU'ÉTAIT DIANE DE MÉRIDOR.

Bussy se releva tout étourdi de son bonheur, et entra avec Diane dans le salon que venait de quitter M. de Monsoreau.

Il regardait Diane avec l'étonnement de l'admiration; il n'avait pas osé croire que la femme qu'il cherchait pût soutenir la comparaison avec la femme de son rêve, et voilà que la réalité surpassait tout ce qu'il avait pris pour un caprice de son imagination.

Diane avait dix-huit ou dix-neuf ans, c'est-à-dire qu'elle était dans ce premier éclat de la jeunesse et de la beauté qui donne son plus pur coloris à la fleur, son plus charmant velouté au fruit; il n'y avait pas à se tromper à l'expression du regard de Bussy; Diane se sentait admirée, et elle n'avait pas la force de tirer Bussy de son extase.

Enfin elle comprit qu'il fallait rompre ce silence qui disait trop de choses.

— Monsieur, dit-elle, vous avez répondu à l'une de mes questions, mais point à l'autre : je vous ai demandé qui vous êtes, et vous me l'avez dit; mais j'ai demandé aussi comment vous vous trouvez ici, et à cette demande vous n'avez rien répondu.

— Madame, dit Bussy, aux quelques mots que j'ai surpris de votre conversation avec M. de Monsoreau, j'ai compris que les causes de ma présence ressortiraient tout naturellement du récit que vous avez bien voulu me promettre. Ne m'avez-vous pas dit de vous-même tout à l'heure que je devais savoir qui vous étiez?

— Oh! oui, comte, je vais tout vous raconter, répondit Diane, votre nom à vous m'a suffi pour m'inspirer toute confiance, car votre nom, je l'ai entendu souvent redire comme le nom d'un homme de courage, à la loyauté et à l'honneur duquel on pouvait tout confier.

Bussy s'inclina.

— Par le peu que vous avez entendu, dit Diane, vous avez pu comprendre que j'étais la fille du baron de Méridor, c'est-à-dire que j'étais la seule héritière d'un des plus nobles et des plus vieux noms de l'Anjou.

— Il y eut, dit Bussy, un baron de Méridor qui, pouvant sauver sa liberté à Pavie, vint rendre son épée aux Espagnols lorsqu'il sut le roi prisonnier, et qui, ayant demandé pour toute grâce d'accompagner François Iᵉʳ à Madrid, partagea sa captivité, et ne le quitta que pour venir en France traiter de sa rançon.

— C'est mon père, monsieur, et si jamais vous entrez dans la grande salle du château de Méridor, vous verrez, donné en souvenir de ce dévouement, le portrait du roi François Iᵉʳ de la main de Léonard de Vinci.

— Ah! dit Bussy, dans ce temps-là les princes savaient encore récompenser leurs serviteurs.

— A son retour d'Espagne, mon père se maria. Deux premiers enfants, deux fils, moururent. Ce fut une grande douleur pour le baron de Méridor, qui perdait l'espoir de se voir revivre dans un héritier. Bientôt le roi mourut à son tour, et la douleur du baron se changea en désespoir; il quitta la cour quelques années après et vint s'enfermer avec sa femme dans son château de Méridor. C'est là que je naquis comme par miracle, dix ans après la mort de mes frères.

Alors tout l'amour du baron se reporta sur l'enfant de sa vieillesse; son affection pour moi n'était pas de la tendresse, c'était de l'idolâtrie. Trois ans après ma naissance, je perdis ma mère; certes, ce fut une nouvelle angoisse pour le baron; mais, trop jeune pour comprendre ce que j'avais perdu, je ne cessai pas de sourire, et mon sourire le consola de la mort de ma mère.

Je grandis, je me développai sous ses yeux. Comme j'étais tout pour lui, lui aussi, pauvre père, il était tout pour moi. J'atteignis ma seizième année sans me douter qu'il y eût un autre monde que celui de mes brebis, de mes paons, de mes cygnes et de mes tourterelles, sans songer que cette vie dût jamais finir et sans désirer qu'elle finît.

Le château de Méridor était entouré de vastes forêts appartenant à M. le duc d'Anjou; elles étaient peuplées de daims, de chevreuils et de cerfs, que personne ne songeait à tourmenter, et que le repos dans lequel on les laissait rendait familiers; tous étaient plus ou moins de ma connaissance; quelques-uns étaient si bien habitués à ma voix, qu'ils accouraient quand je les appelais; une biche, entre autres, ma protégée, ma favorite, Daphné, pauvre Daphné! venait manger dans ma main.

Un printemps, je fus un mois sans la voir; je la croyais perdue et je l'avais pleurée comme une amie, quand tout à coup je la vis reparaître avec deux petits faons; d'abord les petits eurent peur de moi, mais, en voyant leur mère me caresser, ils comprirent qu'ils n'avaient rien à craindre et vinrent me caresser à leur tour.

Vers ce temps, le bruit se répandit que M. le duc d'Anjou venait d'envoyer un sous-gouverneur dans la capitale de la province. Quelques jours après, on sut que ce sous-gouverneur venait d'arriver et qu'il se nommait le comte de Monsoreau.

Pourquoi ce nom me frappa-t-il au cœur quand je l'entendis prononcer? Je ne puis m'expliquer cette sensation douloureuse que par un pressentiment.

Huit jours s'écoulèrent. On parlait fort et fort diversement dans tout le pays du seigneur de Monsoreau. Un matin, les bois retentirent du son du cor et de l'aboi des chiens; je courus jusqu'à la grille du parc, et j'arrivai tout juste pour voir passer, comme l'éclair, Daphné poursuivie par une meute; ses deux faons la suivaient.

Un instant après, monté sur un cheval noir qui semblait avoir des ailes, un homme passa, pareil à une vision; c'était M. de Monsoreau.

Je voulus pousser un cri, je voulus demander grâce pour ma pauvre protégée; mais il n'entendit pas ma voix ou n'y fit point attention, tant il était emporté par l'ardeur de sa chasse.

Alors, sans m'occuper de l'inquiétude que j'allais causer à mon père s'il s'apercevait de mon absence, je courus dans la direction où j'avais vu la chasse s'éloigner; j'espérais rencontrer, soit le comte lui-même, soit quelques-uns des gens de sa suite, et les supplier d'interrompre cette poursuite qui me déchirait le cœur.

Je fis une demi-lieue, courant ainsi, sans savoir où j'allais; depuis longtemps, biche, meute et chasseurs, j'avais tout perdu de vue. Bientôt je cessai d'entendre les abois; je tombai au pied d'un arbre et je me mis à pleurer. J'étais là depuis un quart d'heure à peu près, quand, dans le lointain, je crus distinguer le bruit de la chasse; je ne me trompais point, ce bruit se rapprochait de moment en moment; en un instant il fut à si peu de distance, que je ne doutai point que la chasse ne dût passer à portée de ma vue. Je me levai aussitôt et je m'élançai dans la direction où elle s'annonçait.

En effet, je vis passer dans une clairière la pauvre Daphné haletante : elle n'avait plus qu'un seul faon; l'autre avait succombé à la fatigue, et sans doute avait été déchiré par les chiens.

Elle-même se lassait visiblement; la distance entre elle et la meute était moins grande que la première fois, sa course s'était changée en élans saccadés, et en passant devant moi elle brama tristement.

Comme la première fois, je fis de vains efforts pour me faire entendre. M. de Monsoreau ne voyait rien que l'animal qu'il poursuivait; il passa plus rapide encore que je ne l'avais vu, le cor à la bouche et sonnant furieusement.

Derrière lui, trois ou quatre piqueurs animaient les chiens avec le cor et avec la voix. Ce tourbillon d'aboiements, de fanfares et de cris passa comme une tempête, disparut dans l'épaisseur de la forêt et s'éteignit dans le lointain.

J'étais désespérée; je me disais que, si je m'étais trouvée seulement cinquante pas plus loin, au bord de la clairière qu'il avait traversée, il m'eût vue, et qu'alors, à ma prière, il eût sans doute fait grâce au pauvre animal.

Cette pensée ranima mon courage; la chasse pouvait une troisième fois passer à ma portée. Je suivis un chemin tout bordé de beaux arbres, que je reconnus pour conduire au château de Beaugé. Ce château, qui appartenait à M. le duc d'Anjou, était situé à trois lieues à peu près du château de mon père. Au bout d'un instant je l'aperçus, et seulement alors je songeai que j'avais fait trois lieues à pied, et que j'étais seule et bien loin du château de Méridor.

J'avoue qu'une terreur vague s'empara de moi, et qu'à ce moment seulement je songeai à l'imprudence et même à l'inconvenance de ma conduite. Je suivis le bord de l'étang, car je comptais demander au jardinier, brave homme qui, lorsque j'étais venue jusque-là avec mon père, m'avait donné de magnifiques bouquets; je comptais, dis-je, demander au jardinier de me conduire, quand tout à coup la chasse se fit entendre de nouveau. Je demeurai immobile, prêtant l'oreille. Le bruit grandissait. J'oubliai tout. Presque au même instant, de l'autre côté de l'étang, la biche bondit hors du bois, mais poursuivie de si près, qu'elle allait être atteinte. Elle était seule, son second faon avait succombé à son tour; la vue de l'eau sembla lui rendre des forces; elle aspira la fraîcheur par ses naseaux, et se lança dans l'étang, comme si elle eût voulu venir à moi.

D'abord elle nagea rapidement, et parut avoir retrouvé toute son énergie. Je la regardais, les larmes aux yeux, les bras tendus, et presque aussi haletante qu'elle; mais insensiblement ses forces s'épuisèrent, tandis qu'au contraire celles des chiens, animés par la curée prochaine, semblaient redoubler. Bientôt les chiens les plus acharnés l'atteignirent, et elle cessa d'avancer, arrêtée qu'elle était par leurs morsures. En ce moment, M. de Monsoreau parut à la lisière du bois, accourut jusqu'à l'étang et sauta à bas de son cheval. Alors, à mon tour je réunis toutes mes forces pour crier: Grâce! les mains jointes. Il me sembla qu'il m'avait aperçue, et je criai de nouveau, et plus fort que la première fois. Il m'entendit, car il leva la tête, et je le vis courir à un bateau, dont il détacha l'amarre, et avec lequel il s'avança rapidement vers l'animal, qui se débattait, au milieu de toute la meute qui l'avait joint. Je ne doutais pas que, mû par ma voix, par mes gestes et par mes prières, ce ne fût pour lui porter secours que M. de Monsoreau se hâtait ainsi, quand tout à coup, arrivé à la portée de Daphné, je le vis tirer son couteau de chasse; un rayon de soleil, en s'y reflétant, en fit jaillir un éclair, puis l'éclair disparut; je jetai un cri: la lame tout entière s'était plongée dans la gorge du pauvre animal. Un flot de sang jaillit, teignant en rouge l'eau de l'étang. La biche brama d'une façon mortelle et lamentable, battit l'eau de ses pieds, se dressa presque debout, et retomba morte.

Je poussai un cri presque aussi douloureux que le sien, et je tombai évanouie sur le talus de l'étang.

Quand je revins à moi, j'étais couchée dans une chambre du château de Beaugé, et mon père, qu'on avait envoyé chercher, pleurait à mon chevet.

Comme ce n'était rien qu'une crise nerveuse produite par la surexcitation de la course, dès le lendemain je pus revenir à Méridor. Cependant, durant trois ou quatre jours, je gardai la chambre.

Le quatrième, mon père me dit que, pendant tout le temps que j'avais été souffrante, M. de Monsoreau, qui m'avait vue au moment où l'on m'emportait évanouie, était venu prendre de mes nouvelles; il avait été désespéré lorsqu'il avait appris qu'il était la cause involontaire de cet accident, et avait demandé à me présenter ses excuses, disant qu'il ne serait heureux que lorsqu'il entendrait sortir le pardon de ma bouche.

Il eût été ridicule de refuser de le voir; aussi, malgré ma répugnance, je cédai.

Le lendemain, il se présenta; j'avais compris le ridicule de ma position: la chasse est un plaisir que partagent souvent les femmes elles-mêmes; ce fut donc moi, en quelque sorte, qui me défendis de cette ridicule émotion, et qui la rejetai sur la tendresse que je portais à Daphné.

Ce fut alors le comte qui joua l'homme désespéré, et qui vingt fois me jura sur l'honneur que, s'il eût pu deviner que je portais quelque intérêt à sa victime, il eût eu grand bonheur à l'épargner; cependant ses protestations ne me convainquirent point, et le comte s'éloigna sans avoir pu effacer de mon cœur la douloureuse impression qu'il y avait faite.

En se retirant, le comte demanda à mon père la permission de revenir. Il était né en Espagne, il avait été élevé à Madrid: c'était pour le baron un attrait que de parler d'un pays où il était resté si longtemps. D'ailleurs, le comte était de bonne naissance, sous-gouverneur de la province, favori, disait-on, de M. le duc d'Anjou; mon père n'avait aucun motif pour lui refuser cette demande, qui lui fut accordée.

Hélas! à partir de ce moment cessa, sinon mon bonheur, du moins ma tranquillité. Bientôt je m'aperçus de l'impression que j'avais faite sur le comte. D'abord il n'était venu qu'une fois la semaine, puis deux, puis enfin tous les jours. Plein d'attentions pour mon père, le comte lui

avait plu. Je voyais le plaisir que le baron éprouvait dans sa conversation, qui était toujours
celle d'un homme supérieur. Je n'osais me
plaindre; car de quoi me serais-je plainte? Le
comte était galant avec moi comme avec une
maîtresse, respectueux comme avec une sœur.

Un matin, mon père entra dans ma chambre
avec un air plus grave que d'habitude, et cependant sa gravité avait quelque chose de joyeux.

— Mon enfant, me dit-il, tu m'as toujours
assuré que tu serais heureuse de ne pas me
quitter.

— Oh! mon père, m'écriai-je, vous le savez,
c'est mon vœu le plus cher.

— Eh bien, ma Diane, continua-t il en se
baissant pour m'embrasser au front, il ne tient
qu'à toi de voir ton vœu se réaliser.

Je me doutais de ce qu'il allait me dire, et
je pâlis si affreusement, qu'il s'arrêta avant que
d'avoir touché mon front de ses lèvres.

— Diane! mon enfant! s'écria-t-il, oh! mon
Dieu! qu'as-tu donc?

— M. de Monsoreau, n'est-ce pas? balbutiai-je.

— Eh bien? demanda-t-il étonné.

— Oh! jamais, mon père, si vous avez quelque pitié pour votre fille, jamais!

— Diane, mon amour, dit-il, ce n'est pas de
la pitié que j'ai pour toi, c'est de l'idolâtrie, tu
le sais; prends huit jours pour réfléchir, et si,
dans huit jours...

— Oh! non, non, m'écriai-je, c'est inutile,
pas huit jours, pas vingt-quatre heures, pas une
minute. Non, non, oh! non!

Et je fondis en larmes.

Mon père m'adorait; jamais il ne m'avait vue
pleurer; il me prit dans ses bras et me rassura
en deux mots; il venait de me donner sa parole
de gentilhomme qu'il ne me parlerait plus de ce
mariage.

Effectivement, un mois se passa sans que je
visse M. de Monsoreau et sans que j'entendisse
parler de lui. Un matin nous reçûmes, mon père
et moi, une invitation de nous trouver à une
grande fête que M. de Monsoreau devait donner
au frère du roi qui venait visiter la province
dont il portait le nom. Cette fête avait lieu à
l'hôtel de ville d'Angers.

A cette lettre était jointe une invitation personnelle du prince, lequel écrivait à mon père
qu'il se rappelait l'avoir vu autrefois à la cour
du roi Henri, et qu'il le reverrait avec plaisir.

Mon premier mouvement fut de prier mon

père de refuser, et certes j'eusse insisté si l'invitation eût été faite au nom seul de M. de Monsoreau; mais le prince était de moitié dans l'invitation, et mon père craignit par un refus de
blesser Son Altesse.

Nous nous rendîmes donc à cette fête. M. de
Monsoreau nous reçut comme si rien ne s'était
passé entre nous; sa conduite vis-à-vis de moi
ne fut ni indifférente ni affectée; il me traita
comme toutes les autres dames, et je fus heureuse de n'avoir été, de son côté, l'objet d'aucune distinction, soit en bonne, soit en mauvaise part.

Il n'en fut pas de même du duc d'Anjou. Dès
qu'il m'aperçut, son regard se fixa sur moi pour
ne plus me quitter. Je me sentais mal à l'aise
sous le poids de ce regard, et sans dire à mon
père ce qui me faisait désirer de quitter le bal,
j'insistai de telle façon, que nous nous retirâmes
des premiers.

Trois jours après, M. de Monsoreau se présenta à Méridor; je l'aperçus de loin dans l'ave-
nue du château, et je me retirai dans ma chambre.

J'avais peur que mon père ne me fît appeler;
mais il n'en fut rien. Au bout d'une demi-heure,
je vis sortir M. de Monsoreau, sans que personne
m'eût prévenue de sa visite. Il y eut plus, mon
père ne m'en parla point; seulement je crus remarquer qu'après cette visite du sous-gouverneur il était plus sombre que d'habitude.

Quelques jours s'écoulèrent encore. Je revenais de faire une promenade dans les environs,
lorsqu'on me dit en rentrant que M. de Monsoreau était avec mon père. Le baron avait demandé deux ou trois fois de mes nouvelles, et
deux autres fois aussi s'était informé avec inquiétude du lieu où je pouvais être allée. Il
avait donné ordre qu'on le prévînt de mon retour.

En effet, à peine étais-je rentrée dans ma
chambre, que mon père accourut.

— Mon enfant, me dit-il, un motif dont il est
inutile que tu connaisses la cause me force à me
séparer de toi pendant quelques jours; ne m'interroge pas, seulement songe que ce motif doit
être bien urgent puisqu'il me détermine à être
une semaine, quinze jours, un mois peut-être
sans te voir.

Je frissonnai, quoique je ne pusse deviner à
quel danger j'étais exposée. Mais cette double
visite de M. de Monsoreau ne me présageait rien
de bon

— Et où dois-je aller, mon père? demandai-je.

— Au château de Lude, chez ma sœur, où tu resteras cachée à tous les yeux. Quant à ton arrivée, on veillera à ce qu'elle ait lieu pendant la nuit.

— Ne m'accompagnez-vous pas?

— Non, je dois rester ici pour détourner les soupçons; les gens de la maison eux-mêmes ignoreront où tu vas.

— Mais qui me conduira donc?

— Deux hommes dont je suis sûr.

— O mon Dieu! mon père!

Le baron m'embrassa.

— Mon enfant, dit-il, il le faut.

Je connaissais tellement l'amour de mon père pour moi, que je n'insistai pas davantage, et ne lui demandai point d'autre explication. Il fut convenu seulement que Gertrude, la fille de ma nourrice, m'accompagnerait.

Mon père me quitta en me disant de me tenir prête.

Le soir, à huit heures, il faisait très-sombre et très-froid, car on était dans les plus longs jours de l'hiver; le soir, à huit heures, mon père me vint chercher. J'étais prête comme il me l'avait recommandé; nous descendîmes sans bruit, nous traversâmes le jardin; il ouvrit lui-même une petite porte qui donnait sur la forêt, et là nous trouvâmes une litière tout attelée et deux hommes : mon père leur parla longtemps, me recommandant à eux, à ce qu'il me parut; puis je pris ma place dans la litière; Gertrude s'assit près de moi. Le baron m'embrassa une dernière fois, et nous nous mîmes en marche.

J'ignorais quelle sorte de danger me menaçait et me forçait de quitter le château de Méridor. J'interrogeai Gertrude, mais elle était aussi ignorante que moi. Je n'osais adresser la parole à nos conducteurs, que je ne connaissais pas. Nous marchions donc silencieusement et par des chemins détournés, lorsque après deux heures de marche environ, au moment où, malgré mes inquiétudes, le mouvement égal et monotone de la litière commençait à m'endormir, je me sentis réveillée par Gertrude, qui me saisissait le bras, et plus encore par le mouvement de la litière qui s'arrêtait.

— Oh! mademoiselle, dit la pauvre fille, que nous arrive-t-il donc?

Je passai ma tête par les rideaux : nous étions entourés par six cavaliers masqués; nos hommes,

qui avaient voulu se défendre, étaient désarmés et maintenus.

J'étais trop épouvantée pour appeler du secours; d'ailleurs, qui serait venu à nos cris?

Celui qui paraissait le chef des hommes masqués s'avança vers la portière :

— Rassurez-vous, mademoiselle, dit-il, il ne vous sera fait aucun mal, mais il faut nous suivre.

— Où cela? demandai-je.

— Dans un lieu où, bien loin d'avoir rien à craindre, vous serez traitée comme une reine.

Cette promesse m'épouvanta plus que n'eût fait une menace.

— Oh! mon père! mon père! murmurai-je.

— Écoutez, mademoiselle, me dit Gertrude, je connais les environs : je vous suis dévouée, je suis forte, nous aurons bien du malheur si nous ne parvenons pas à fuir.

Cette assurance que me donnait une pauvre suivante était loin de me tranquilliser. Cependant c'est une si douce chose que de se sentir soutenue, que je repris un peu de force.

— Faites de nous ce que vous voudrez, messieurs, répondis-je, nous sommes deux pauvres femmes, et nous ne pouvons nous défendre.

Un des hommes descendit, prit la place de notre conducteur et changea la direction de notre litière.

Bussy, comme on le comprend bien, écoutait le récit de Diane avec l'attention la plus profonde. Il y a dans les premières émotions d'un grand amour naissant un sentiment presque religieux pour la personne que l'on commence à aimer. La femme que le cœur vient de choisir est élevée, par ce choix, au-dessus des autres femmes; elle grandit, s'épure, se divinise; chacun de ses gestes est une faveur qu'elle vous accorde, chacune de ses paroles est une grâce qu'elle vous fait; si elle vous regarde, elle vous réjouit; si elle vous sourit, elle vous comble.

Le jeune homme avait donc laissé la belle narratrice dérouler le récit de toute sa vie sans oser l'arrêter, sans avoir l'idée de l'interrompre; chacun des détails de cette vie, sur laquelle il sentait qu'il allait être appelé à veiller, avait pour lui un puissant intérêt, et il écoutait les paroles de Diane muet et haletant, comme si son existence eût dépendu de chacune de ces paroles.

Aussi, comme la jeune femme, sans doute trop faible pour la double émotion qu'elle éprouvait à son tour, émotion dans laquelle le présent réunissait tous les souvenirs du passé, s'était ar-

rêtée un instant, Bussy n'eut point la force de
demeurer sous le poids de son inquiétude, et,
joignant les mains :

— Oh! continuez, madame, dit-il, continuez!

Il était impossible que Diane pût se tromper à
l'intérêt qu'elle inspirait; tout dans la voix, dans
le geste, dans l'expression de la physionomie du
jeune homme, était en harmonie avec la prière
que contenaient ses paroles. Diane sourit tristement et reprit :

— Nous marchâmes trois heures à peu près;
puis la litière s'arrêta. J'entendis crier une
porte; on échangea quelques paroles; la litière
reprit sa marche, et je sentis qu'elle roulait sur
un terrain retentissant comme est un pont-levis.
Je ne me trompais pas; je jetai un coup d'œil
hors de la litière : nous étions dans la cour d'un
château.

Quel était ce château? Ni Gertrude ni moi n'en
savions rien. Souvent, pendant la route, nous
avions tenté de nous orienter, mais nous n'a-
vions vu qu'une forêt sans fin. Il est vrai que
l'idée était venue à chacune de nous qu'on nous
faisait, pour nous ôter toute idée du lieu où nous
étions, faire dans cette forêt un chemin inutile
et calculé.

La porte de notre litière s'ouvrit, et le même
homme qui nous avait déjà parlé nous invita à
descendre.

J'obéis en silence. Deux hommes qui appartenaient sans doute au château nous étaient venus recevoir avec des flambeaux. Comme on
m'en avait fait la terrible promesse, notre captivité s'annonçait accompagnée des plus grands
égards. Nous suivîmes les hommes aux flambeaux; ils nous conduisirent dans une chambre
à coucher richement ornée, et qui paraissait
avoir été décorée à l'époque la plus brillante,
comme élégance et comme style, du temps de
François Ier.

Une collation nous attendait sur une table
somptueusement servie.

— Vous êtes chez vous, madame, me dit
l'homme qui déjà deux fois nous avait adressé
la parole, et, comme les soins d'une femme de
chambre vous sont nécessaires, la vôtre ne vous
quittera point; sa chambre est voisine de la
vôtre.

Gertrude et moi échangeâmes un regard
joyeux.

— Toutes les fois que vous voudrez appeler,
continua l'homme masqué, vous n'aurez qu'à

frapper avec le marteau de cette porte, et quelqu'un, qui veillera constamment dans l'antichambre, se rendra aussitôt à vos ordres.

Cette apparente attention indiquait que nous
étions gardées à vue.

L'homme masqué s'inclina et sortit; nous entendîmes la porte se refermer à double tour.

Nous nous trouvâmes seules, Gertrude et
moi.

Nous restâmes un instant immobiles, nous regardant à la lueur des deux candélabres qui
éclairaient la table où était servi le souper. Gertrude voulut ouvrir la bouche; je lui fis signe du
doigt de se taire; quelqu'un nous écoutait peut-
être.

La porte de la chambre qu'on nous avait désignée comme devant être celle de Gertrude était
ouverte; la même idée nous vint en même temps
de la visiter; elle prit un candélabre, et, sur la
pointe du pied, nous y entrâmes toutes deux.

C'était un grand cabinet destiné à faire,
comme chambre de toilette, le complément de
la chambre à coucher. Il avait une porte parallèle à la porte de l'autre pièce par laquelle nous
étions entrées : cette deuxième porte, comme la
première, était ornée d'un petit marteau de
cuivre ciselé, qui retombait sur un clou de même
métal. Clous et marteaux, on eût dit que le tout
était l'ouvrage de Benvenuto Cellini.

Il était évident que les deux portes donnaient
dans la même antichambre.

Gertrude approcha la lumière de la serrure,
le pêne était fermé à double tour.

Nous étions prisonnières.

Il est incroyable combien, quand deux personnes, même de condition différente, sont dans
une même situation et partagent un même danger;
il est incroyable, dis-je, combien les pensées
sont analogues, et combien elles passent facilement par-dessus les éclaircissements intermé-
diaires et les paroles inutiles.

Gertrude s'approcha de moi.

— Mademoiselle a-t-elle remarqué, dit-elle à
voix basse, que nous n'avons monté que cinq
marches en quittant la cour?

— Oui, répondis-je.

— Nous sommes donc au rez-de-chaussée?

— Sans aucun doute.

— De sorte que, ajouta-t-elle plus bas, en
fixant les yeux sur les volets extérieurs, de sorte
que...

— Si ces fenêtres n'étaient pas grillées... in-
terrompis-je.

— Oui, et si mademoiselle avait du courage...

— Du courage, m'écriai-je, oh ! sois tranquille, j'en aurai, mon enfant.

Ce fut Gertrude qui, à son tour, mit son doigt sur sa bouche.

— Oui, oui, je comprends, lui dis-je.

Gertrude me fit signe de rester où j'étais, et alla reporter le candélabre sur la table de la chambre à coucher.

J'avais déjà compris son intention et je m'étais rapprochée de la fenêtre, dont je cherchais les ressorts.

Je les trouvai, ou plutôt Gertrude, qui était venue me rejoindre, les trouva. Le volet s'ouvrit.

Je poussai un cri de joie ; la fenêtre n'était pas grillée.

Mais Gertrude avait déjà remarqué la cause de cette prétendue négligence de nos gardiens : un large étang baignait le pied de la muraille ; nous étions gardées par dix pieds d'eau, bien mieux que nous ne l'eussions été certainement par les grilles de nos fenêtres.

Mais, en se reportant de l'eau à ses rives, mes yeux reconnurent un paysage qui leur était familier ; nous étions prisonnières au château de Beaugé, où plusieurs fois, comme je l'ai déjà dit, j'étais venue avec mon père, et où, un mois auparavant, on m'avait recueillie le jour de la mort de ma pauvre Daphné.

Le château de Beaugé appartenait à M. le duc d'Anjou.

Ce fut alors qu'éclairée comme par la lueur d'un coup de foudre je compris tout.

Je regardai l'étang avec une sombre satisfaction ; c'était une dernière ressource contre la violence, un suprême refuge contre le déshonneur.

Nous refermâmes les volets. Je me jetai tout habillée sur mon lit, Gertrude se coucha dans un fauteuil et dormit à mes pieds.

Vingt fois pendant cette nuit je me réveillai en sursaut, en proie à des terreurs inouïes ; mais rien ne justifiait ces terreurs que la situation dans laquelle je me trouvais ; rien n'indiquait de mauvaises intentions contre moi : on dormait, au contraire, tout semblait dormir au château, et nul autre bruit que le cri des oiseaux de marais n'interrompait le silence de la nuit.

Le jour parut ; le jour, tout en enlevant au paysage ce caractère effrayant que lui donne l'obscurité, me confirma dans mes craintes de la nuit : toute fuite était impossible sans un secours extérieur, et d'où nous pouvait venir ce secours ?

Vers les neuf heures, on frappa à notre porte : je passai dans la chambre de Gertrude, en lui disant qu'elle pouvait permettre d'ouvrir.

Ceux qui frappaient et que je pouvais voir par l'ouverture de la porte de communication étaient nos serviteurs de la veille ; ils venaient enlever le souper, auquel nous n'avions pas touché, et et apporter le déjeuner.

Gertrude leur fit quelques questions, auxquelles ils sortirent sans avoir répondu.

Je rentrai alors ; tout m'était expliqué par notre séjour au château de Beaugé et par le prétendu respect qui nous entourait. M. le duc d'Anjou m'avait vue à la fête donnée par M. de Monsoreau ; M. le duc d'Anjou était devenu amoureux de moi ; mon père avait été prévenu, et avait voulu me soustraire aux poursuites dont j'allais sans doute être l'objet ; il m'avait éloignée de Méridor ; mais, trahi, soit par un serviteur infidèle, soit par un hasard malheureux, sa précaution avait été inutile, et j'étais tombée aux mains de l'homme auquel il avait tenté vainement de me soustraire.

Je m'arrêtai à cette idée, la seule qui fût vraisemblable, et en réalité la seule qui fût vraie.

Sur les prières de Gertrude, je bus une tasse de lait et mangeai un peu de pain.

La matinée s'écoula à faire des plans de fuite insensés. Et cependant, à cent pas devant nous, amarrée dans les roseaux, nous pouvions voir une barque toute garnie de ses avirons. Certes, si cette barque eût été à notre portée, mes forces, exaltées par la terreur, jointes aux forces naturelles de Gertrude, eussent suffi pour nous tirer de captivité.

Pendant cette matinée, rien ne nous troubla. On nous servit le dîner comme on nous avait servi le déjeuner ; je tombais de faiblesse. Je me mis à table, servie par Gertrude seulement ; car, dès que nos gardiens avaient déposé nos repas, ils se retiraient. Mais tout à coup, en brisant mon pain, je mis à jour un petit billet.

Je l'ouvris précipitamment ; il contenait cette seule ligne :

« Un ami veille sur vous. Demain vous aurez de ses nouvelles et de celles de votre père. »

On comprend quelle fut ma joie : mon cœur battait à rompre ma poitrine. Je montrai le billet à Gertrude. Le reste de la journée se passa à attendre et à espérer.

La seconde nuit s'écoula aussi tranquille que la première ; puis vint l'heure du déjeuner, attendue avec tant d'impatience ; car je ne doutais point que je ne trouvasse dans mon pain un nouveau billet. Je ne me trompais pas; le billet était conçu en ses termes :

« La personne qui vous a enlevée arrive au château de Beaugé ce soir à dix heures; mais, à neuf, l'ami qui veille sur vous sera sous vos fenêtres avec une lettre de votre père, qui vous commandera la confiance, que sans cette lettre vous ne lui accorderiez peut-être pas.

« Brûlez ce billet.»

Je lus et relus cette lettre, puis je la jetai au feu, selon la recommandation qu'elle contenait. L'écriture m'était complétement inconnue, et, je l'avoue, j'ignorais d'où elle pouvait venir.

Nous nous perdîmes en conjectures, Gertrude et moi; cent fois pendant la matinée nous allâmes à la fenêtre pour regarder si nous n'apercevions personne sur les rives de l'étang et dans les profondeurs de la forêt; tout était solitaire.

Une heure après le dîner, on frappa à notre porte; c'était la première fois qu'il arrivait que l'on tentât d'entrer chez nous à d'autres heures qu'à celles de nos repas; cependant, comme nous n'avions aucun moyen de nous enfermer en dedans, force nous fut de laisser entrer.

C'était l'homme qui nous avait parlé à la porte de la litière et dans la cour du château. Je ne pus le reconnaître au visage, puisqu'il était masqué lorsqu'il nous parla; mais, aux premières paroles qu'il prononça, je le reconnus à la voix.

Il me présenta une lettre.

— De quelle part venez-vous, monsieur? lui demandai-je.

— Que mademoiselle se donne la peine de lire, me répondit-il, et elle verra.

— Mais je ne veux pas lire cette lettre, ne sachant pas de qui elle vient.

— Mademoiselle est la maîtresse de faire ce qu'elle voudra. J'avais ordre de lui remettre cette lettre; je dépose cette lettre à ses pieds; si elle daigne la ramasser, elle la ramassera.

Et, en effet, le serviteur, qui paraissait un écuyer, plaça la lettre sur le tabouret où je reposais mes pieds et sortit.

— Que faire? demandai-je à Gertrude.

— Si j'osais donner un conseil à mademoiselle, ce serait de lire cette lettre. Peut-être contient-elle l'annonce de quelque danger auquel, prévenues par elle, nous pourrons nous soustraire.

Le conseil était si raisonnable, que je revins

sur la résolution prise d'abord et que j'ouvris la lettre.

Diane, à ce moment, interrompit son récit, se leva, ouvrit un petit meuble du genre de ceux auquel nous avons conservé le nom italien de stippo, et d'un portefeuille de soie tira une lettre.

Bussy jeta un coup d'œil sur l'adresse.

« A la belle Diane de Méridor,» lut-il.

Puis, regardant la jeune femme :

— Cette adresse, dit-il, est de la main du duc d'Anjou.

— Ah! répondit-elle avec un soupir; il ne m'avait donc pas trompée!

Puis, comme Bussy hésitait à ouvrir la lettre :

— Lisez, dit-elle, le hasard vous a poussé du premier coup au plus intime de ma vie, je ne dois plus avoir de secrets pour vous.

Bussy obéit et lut :

« Un malheureux prince, que votre beauté divine a frappé au cœur, viendra vous faire ce soir, à dix heures, ses excuses de sa conduite à votre égard, conduite qui, lui-même le sent bien, n'a d'autre excuse que l'amour invincible qu'il éprouve pour vous.

« FRANÇOIS.»

— Ainsi cette lettre était bien du duc d'Anjou? demanda Diane.

— Hélas! oui, répondit Bussy, c'est son écriture et son seing.

Diane soupira.

— Serait-il moins coupable que je ne le croyais? murmura-t-elle.

— Qui, le prince? demanda Bussy.

— Non, lui, le comte de Monsoreau.

Ce fut Bussy qui soupira à son tour.

— Continuez, madame, dit-il, et nous jugerons le prince et le comte.

— Cette lettre, que je n'avais alors aucun motif de ne pas croire réelle, puisqu'elle s'accordait si bien avec mes propres craintes, m'indiquait, comme l'avait prévu Gertrude, le danger auquel j'étais exposée, et me rendait d'autant plus précieuse l'intervention de cet ami inconnu qui m'offrait son secours au nom de mon père. Je n'eus donc plus d'espoir qu'en lui.

Nos investigations recommençaient; mes regards et ceux de Gertrude, plongeant à travers les vitres, ne quittaient point l'étang et cette partie de la forêt qui faisait face à nos fenêtres. Dans toute l'étendue que nos regards pouvaient embrasser, nous ne vîmes rien qui parût se rapporter à nos espérances et les seconder.

La nuit arriva ; mais, comme nous étions au mois de janvier, la nuit venait vite; quatre ou cinq heures nous séparaient donc encore du moment décisif : nous attendîmes avec anxiété.

Il faisait une de ces belles gelées d'hiver pendant lesquelles, si ce n'était le froid, on se croirait ou vers la fin du printemps ou vers le commencement de l'automne : le ciel brillait, tout parsemé de mille étoiles, et, dans un coin de ce ciel, la lune, pareille à un croissant, éclairait le paysage de sa lueur argentée ; nous ouvrîmes la fenêtre de la chambre de Gertrude, qui devait, dans tous les cas, être moins rigoureusement observée que la mienne.

Vers sept heures, une légère vapeur monta de l'étang ; mais, pareille à un voile de gaze transparente, cette vapeur n'empêchait pas de voir, ou plutôt nos yeux, s'habituant à l'obscurité, étaient parvenus à percer cette vapeur.

Comme rien ne nous aidait à mesurer le temps, nous n'aurions pas pu dire quelle heure il était, lorsqu'il nous sembla, sur la lisière du bois, voir à travers cette transparente obscurité se mouvoir des ombres. Ces ombres paraissaient s'approcher avec précaution, gagnant les arbres, qui, rendant les ténèbres plus épaisses, semblaient les protéger. Peut-être eussions-nous cru, au reste, que ces ombres n'étaient qu'un jeu de notre vue fatiguée, lorsque le hennissement d'un cheval traversa l'espace et arriva jusqu'à nous.

— Ce sont nos amis, murmura Gertrude.

— Ou le prince ! répondis-je.

— Oh! le prince, dit-elle, le prince ne se cacherait pas,

Cette réflexion si simple dissipa mes soupçons et me rassura.

Nous redoublâmes d'attention.

Un homme s'avança seul ; il me semblait qu'il quittait un autre groupe d'hommes, lequel était resté à l'abri sous un bouquet d'arbres.

Cet homme marcha droit à la barque, la détacha du pieu où elle était amarrée, descendit dedans, et la barque, glissant sur l'eau, s'avança silencieusement de notre côté.

A mesure qu'elle s'avançait, mes yeux faisaient des efforts plus violents pour percer l'obscurité.

Il me sembla d'abord reconnaître la grande taille, puis les traits sombres et fortement accusés du comte de Monsoreau ; enfin, lorsqu'il fut à dix pas de nous, je ne conservai plus aucun doute.

Je craignais maintenant presque autant le secours que le danger.

Je restai muette et immobile, rangée dans l'angle de la fenêtre, de sorte qu'il ne pouvait me voir. Arrivé au pied du mur, il arrêta sa barque à un anneau, et je vis apparaître sa tête à la hauteur de l'appui de la croisée.

Je ne pus retenir un léger cri.

— Ah ! pardon ; dit le comte de Monsoreau, je croyais que vous m'attendiez.

— C'est-à-dire que j'attendais quelqu'un, monsieur, répondis-je, mais j'ignorais que ce quelqu'un fût vous.

Un sourire amer passa sur le visage du comte.

— Qui donc, excepté moi et son père, veille sur l'honneur de Diane de Méridor ?

— Vous m'avez dit, monsieur, dans la lettre que vous m'avez écrite, que vous veniez au nom de mon père.

— Oui, mademoiselle ; et, comme j'ai prévu que vous douteriez de la mission que j'ai reçue, voici un billet du baron.

Et le comte me tendit un papier.

Nous n'avions allumé ni bougies ni candélabres, pour être plus libres de faire dans l'obscurité tout ce que commanderaient les circonstances. Je passai de la chambre de Gertrude dans la mienne. Je m'agenouillai devant le feu, et, à la lueur de la flamme du foyer, je lus:

« Ma chère Diane, M. le comte de Monsoreau peut seul t'arracher au danger que tu cours, et ce danger est immense. Fie-toi donc entièrement à lui comme au meilleur ami que le ciel nous puisse envoyer.

« Il te dira plus tard ce que du fond de mon cœur je désirerais que tu fisses pour acquitter la dette que nous allons contracter envers lui.

« Ton père, qui te supplie de le croire, et d'avoir pitié de toi et de lui,

« BARON DE MÉRIDOR. »

Rien de positif n'existait dans mon esprit contre M. de Monsoreau ; la répulsion qu'il m'inspirait était bien plutôt instinctive que raisonnée. Je n'avais à lui reprocher que la mort d'une biche, et c'était un crime bien léger pour un chasseur.

J'allai donc à lui.

— Eh bien ? demanda-t-il.

— Monsieur, j'ai lu la lettre de mon père ; il me dit que vous êtes prêt à me conduire hors d'ici, mais il ne me dit pas où vous me conduisez.

— Je vous conduis où le baron vous attend, mademoiselle.

— Et où m'attend-il?

—- Au château de Méridor.

— Ainsi je vais revoir mon père?

— Dans deux heures.

— Oh! monsieur, si vous dites vrai...

Je m'arrêtai; le comte attendait visiblement la fin de ma phrase.

— Comptez sur toute ma reconnaissance, ajoutai-je d'une voix tremblante et affaiblie, car je devinais quelle chose il pouvait attendre de cette reconnaissance que je n'avais pas la force de lui exprimer.

— Alors, mademoiselle, dit le comte, vous êtes prête à me suivre?

Je regardai Gertrude avec inquiétude; il était facile de voir que cette sombre figure du comte ne la rassurait pas plus que moi.

— Réfléchissez que chaque minute qui s'envole est précieuse pour vous au delà de ce que vous pouvez imaginer, dit-il. Je suis en retard d'une demi-heure à peu près; il va être dix heures bientôt, et n'avez-vous point reçu l'avis qu'à dix heures le prince serait au château de Beaugé?

— Hélas! oui, répondis-je.

— Le prince une fois ici, je ne puis plus rien pour vous que risquer sans espoir ma vie, que je risque en ce moment avec la certitude de vous sauver.

— Pourquoi mon père n'est-il donc pas venu?

— Pensez-vous que votre père ne soit pas entouré? Pensez-vous qu'il puisse faire un pas sans qu'on sache où il va?

— Mais vous? demandai-je.

— Moi, c'est autre chose; moi, je suis l'ami, le confident du prince.

— Mais monsieur, m'écriai-je, si vous êtes l'ami, si vous êtes le confident du prince, alors...

— Alors je le trahis pour vous; oui, c'est bien cela. Aussi vous disais-je tout à l'heure que je risquais ma vie pour sauver votre honneur.

Il y avait un tel accent de conviction dans cette réponse du comte, et elle était si visiblement d'accord avec la vérité, que, tout en éprouvant un reste de répugnance à me confier à lui, je ne trouvais pas de mots pour exprimer cette répugnance.

— J'attends, dit le comte.

Je regardai Gertrude, aussi indécise que moi.

— Tenez, me dit M. de Monsoreau, si vous doutez encore, regardez de ce côté.

Et, du côté opposé à celui par lequel il était venu, longeant l'autre rive de l'étang, il me montra une troupe de cavaliers qui s'avançaient vers le château.

— Quels sont ces hommes? demandai-je.

— C'est le duc d'Anjou et sa suite, répondit le comte.

— Mademoiselle, mademoiselle, dit Gertrude, il n'y a pas de temps à perdre.

— Il n'y en a déjà que trop de perdu, dit le comte : au nom du ciel, décidez-vous donc!

Je tombai sur une chaise, les forces me manquaient.

— Oh! mon Dieu! mon Dieu! que faire? murmurai-je.

— Écoutez, dit le comte, écoutez, ils frappent à la porte.

En effet, on entendit retentir le marteau sous la main de deux hommes que nous avions vus se détacher du groupe pour prendre les devants.

— Dans cinq minutes, dit le comte, il ne sera plus temps.

J'essayai de me lever; mes jambes faiblirent.

— A moi, Gertrude! balbutiai-je, à moi!

— Mademoiselle, dit la pauvre fille, entendez-vous la porte qui s'ouvre? Entendez-vous les chevaux qui piétinent dans la cour?

— Oui! oui! répondis-je en faisant un effort, mais les forces me manquent.

— Oh! n'est-ce que cela? dit-elle.

Et elle me prit dans ses bras, me souleva comme elle eût fait d'un enfant, et me remit dans les bras du comte.

En sentant l'attouchement de cet homme, je frissonnai si violemment, que je faillis lui échapper et tomber dans le lac.

Mais il me serra contre sa poitrine et me déposa dans le bateau.

Gertrude m'avait suivie et était descendue sans avoir besoin d'aide.

Alors je m'aperçus que mon voile s'était détaché et flottait sur l'eau.

L'idée me vint qu'il indiquerait notre trace.

— Mon voile! mon voile! dis-je au comte; rattrapez donc mon voile!

Le comte jeta un coup d'œil vers l'objet que je lui montrais du doigt.

— Non, dit-il, mieux vaut que cela soit ainsi.

Et, saisissant les avirons, il donna une si violente impulsion à la barque, qu'en quelques coups de rames nous nous trouvâmes près d'atteindre la rive de l'étang.

Il me serra contre sa poitrine et me déposa dans le bateau. — Page 80.

En ce moment, nous vîmes les fenêtres de ma chambre s'éclairer : des serviteurs entraient avec des lumières.

— Vous ai-je trompée? dit M. de Monsoreau, et était-il temps ?

— Oh! oui, oui, monsieur, lui dis-je, vous êtes bien véritablement mon sauveur.

Cependant les lumières couraient avec agitation, tantôt dans ma chambre, tantôt dans celle de Gertrude. Nous entendîmes des cris; un homme entra, devant lequel s'écartèrent tous les autres. Cet homme s'approcha de la fenêtre ouverte, se pencha en dehors, aperçut le voile flottant sur l'eau, et poussa un cri.

— Voyez-vous que j'ai bien fait de laisser là ce voile? dit le comte; le prince croira que, pour lui échapper, vous vous êtes jetée dans le lac, et, tandis qu'il vous fera chercher, nous fuirons.

C'est alors que je tremblai réellement devant les sombres profondeurs de cet esprit qui, d'avance, avait compté sur un pareil moyen.

En ce moment nous abordâmes.

11

CHAPITRE XIV

CE QUE C'ÉTAIT QUE DIANE DE MÉRIDOR. — LE TRAITÉ.

l se fit encore un instant de silence. Diane, presque aussi émue à ce souvenir qu'elle l'avait été à la réalité, sentait sa voix prête à lui manquer. Bussy l'écoutait avec toutes les facultés de son âme, et il vouait d'avance une haine éternelle à ses ennemis, quels qu'ils fussent.

Enfin, après avoir respiré un flacon qu'elle tira de sa poche, Diane reprit :

— A peine eûmes-nous mis pied à terre, que sept ou huit hommes accoururent à nous. C'étaient des gens au comte, parmi lesquels il me sembla reconnaître les deux serviteurs qui accompagnaient notre litière quand nous avions été attaqués par ceux-là qui m'avaient conduite au château de Beaugé. Un écuyer tenait en main deux chevaux ; l'un des deux était le cheval noir du comte ; l'autre était une haquenée blanche qui m'était destinée. Le comte m'aida à monter la haquenée, et quand je fus en selle il s'élança sur son cheval.

Gertrude monta en croupe d'un des serviteurs du comte.

Ces dispositions furent à peines faites, que nous nous éloignâmes au galop.

J'avais remarqué que le comte avait pris ma haquenée par la bride, et je lui avais fait observer que je montais assez bien à cheval pour qu'il se dispensât de cette précaution ; mais il me répondit que ma monture était ombrageuse et pourrait faire quelque écart qui me séparerait de lui.

Nous courions depuis dix minutes, quand j'entendis la voix de Gertrude qui m'appelait. Je me retournai, et je m'aperçus que notre troupe s'était dédoublée ; quatre hommes avaient pris un sentier latéral et l'entraînaient dans la forêt, tandis que le comte de Monsoreau et les quatre autres suivaient avec moi le même chemin.

— Gertrude ! m'écriai-je. Monsieur, pourquoi Gertrude ne vient-elle pas avec nous ?

C'est une précaution indispensable, me dit le comte ; si nous sommes poursuivis, il faut que nous laissions deux traces ; il faut que de deux côtés on puisse dire qu'on a vu une femme enlevée par des hommes. Nous aurons alors la chance que M. le duc d'Anjou fasse fausse route, et coure après votre suivante au lieu de courir après vous.

Quoique spécieuse, la réponse ne me satisfit point ; mais que dire, mais que faire ? je soupirai et j'attendis.

D'ailleurs, le chemin que suivait le comte était bien celui qui me ramenait au château de Méridor. Dans un quart d'heure, au train dont nous marchions, nous devions être arrivés au château ; quand tout à coup, parvenu à un carrefour de la forêt qui m'était bien connu, le comte, au lieu de continuer à suivre le chemin qui me ramenait chez mon père, se jeta à gauche et suivit une route qui s'en écartait visiblement. Je m'écriai aussitôt, et, malgré la marche rapide de ma haquenée, j'appuyais déjà la main sur le pommeau de la selle pour sauter à terre, quand le comte, qui sans doute épiait tous mes mouvements, se pencha de mon côté, m'enlaça de son bras, et, m'enlevant de ma monture, me plaça sur l'arçon de son cheval. La haquenée, se sentant libre, s'enfuit en hennissant à travers la forêt.

Cette action s'était exécutée si rapidement de la part du comte, que je n'avais eu que le temps de pousser un cri.

M. de Monsoreau me mit rapidement la main sur la bouche.

— Mademoiselle, me dit-il, je vous jure, sur
mon honneur, que je ne fais rien que par ordre
de votre père, comme je vous en donnerai la
preuve à la première halte que nous ferons; si
cette preuve ne vous suffit point ou vous paraît
douteuse, sur mon honneur encore, mademoiselle, vous serez libre.

— Mais, monsieur, vous m'aviez dit que vous
me conduisiez chez mon père! m'écriai-je en repoussant sa main et en rejetant ma tête en arrière.

— Oui, je vous l'avais dit, car je voyais que
vous hésitiez à me suivre, et un instant de plus
de cette hésitation nous perdait, lui, vous et moi,
comme vous avez pu le voir. Maintenant, voyons,
dit le comte en s'arrêtant, voulez-vous tuer le
baron? voulez-vous marcher droit à votre déshonneur? Dites un mot, et je vous ramène au
château de Méridor.

— Vous m'avez parlé d'une preuve que vous
agissiez au nom de mon père?

— Cette preuve, la voilà, dit le comte; prenez
cette lettre, et, dans le premier gîte où nous nous
arrêterons, lisez-la. Si, quand vous l'aurez lue,
vous voulez revenir au château, je vous le répète,
sur mon honneur, vous serez libre. Mais, s'il vous
reste quelque respect pour les ordres du baron,
vous n'y retournerez pas, j'en suis bien certain.

— Allons donc, monsieur, et gagnons promptement ce premier gîte, car j'ai hâte de m'assurer
si vous dites la vérité.

— Souvenez-vous que vous me suivez librement.

— Oui, librement, autant toutefois qu'une
jeune fille est libre dans cette situation où elle
voit d'un côté la mort de son père et son déshonneur, et, de l'autre, l'obligation de se fier à
la parole d'un homme qu'elle connaît à peine;
n'importe, je vous suis librement, monsieur; et
c'est ce dont vous pourrez vous assurer, si vous
voulez bien me faire donner un cheval.

Le comte fit signe à un de ses hommes de
mettre pied à terre. Je sautai à bas du sien, et,
un instant après, je me retrouvai en selle près
de lui.

— La haquenée ne peut être loin, dit-il à
l'homme démonté; cherchez-la dans la forêt,
appelez-la; vous savez qu'elle vient comme un
chien à son nom ou au sifflet. Vous nous rejoindrez à la Châtre.

Je frissonnai malgré moi. La Châtre était à dix
lieues déjà du château de Méridor, sur la route
de Paris.

— Monsieur, lui dis-je, je vous accompagne;
mais, à la Châtre, nous ferons nos conditions.

— C'est-à-dire, mademoiselle, répondit le
comte, qu'à la Châtre vous me donnerez vos
ordres.

Cette prétendue obéissance ne me rassurait
point; cependant, comme je n'avais pas le choix
des moyens, et que celui qui se présentait pour
échapper au duc d'Anjou était le seul, je conti-
nuai silencieusement ma route. Au point du
jour, nous arrivâmes à la Châtre. Mais, au lieu
d'entrer dans le village, à cent pas des premiers
jardins, nous prîmes à travers terres, et nous
nous dirigeâmes vers une maison écartée.

J'arrêtai mon cheval.

— Où allons-nous? demandai-je.

— Écoutez, mademoiselle, me dit le comte,
j'ai déjà remarqué l'extrême justesse de votre
esprit, et c'est à votre esprit même que j'en
appelle. Pouvons-nous, fuyant les recherches du
prince le plus puissant après le roi, nous arrêter
dans une hôtellerie ordinaire, et au milieu d'un
village dont le premier paysan qui nous aura vus
nous dénoncera? On peut acheter un homme, on
ne peut pas acheter tout un village.

Il y avait dans toutes les réponses du comte
une logique ou tout au moins une spéciosité qui
me frappait.

— Bien, lui dis-je. Allons.

Et nous nous remîmes en marche.

Nous étions attendus; un homme, sans que je
m'en fusse aperçue, s'était détaché de notre
escorte et avait pris les devants. Un bon feu brillait
dans la cheminée d'une chambre à peu près propre, et un lit était préparé.

— Voici votre chambre, mademoiselle, dit le
comte; j'attendrai vos ordres.

Il salua, se retira et me laissa seule.

Mon premier soin fut de m'approcher de la
lampe et de tirer de ma poitrine la lettre de mon
père... La voici, monsieur de Bussy: je vous fais
mon juge, lisez.

Bussy prit la lettre et lut:

« Ma Diane bien-aimée, si, comme je n'en
doute pas, te rendant à ma prière, tu as suivi
M. le comte de Monsoreau, il a dû te dire que tu
avais eu le malheur de plaire au duc d'Anjou, et
que c'était ce prince qui t'avait fait enlever et
conduire au château de Beaugé; juge par cette
violence ce dont le duc est capable, et quelle est
la honte qui te menace. Eh bien, cette honte, à
laquelle je ne survivrais pas, il y a un moyen d'y

échapper : c'est d'épouser notre noble ami ; une fois comtesse de Monsoreau, c'est sa femme que le comte défendra, et, par tous les moyens, il m'a juré de te défendre. Mon désir est donc, ma fille chérie, que ce mariage ait lieu le plus tôt possible, et, si tu accèdes à mes désirs, à mon consentement bien positif, je joins ma bénédiction paternelle, et prie Dieu qu'il veuille bien t'accorder tous les trésors de bonheur que son amour tient en réserve pour les cœurs pareils au tien.

« Ton père, qui n'ordonne pas, mais qui supplie ,

« Baron DE MÉRIDOR.»

— Hélas ! dit Bussy, si cette lettre est bien de votre père, madame, elle n'est que trop positive.

— Elle est de lui, et je n'ai aucun doute à en faire ; néanmoins je la relus trois fois avant de prendre aucune décision. Enfin j'appelai le comte.

Il entra aussitôt : ce qui me prouva qu'il attendait à la porte.

Je tenais la lettre à la main.

— Eh bien, me dit-il, vous avez lu ?

— Oui, répondis-je.

— Doutez-vous toujours de mon dévouement et de mon respect ?

—J'en eusse douté, monsieur, répondis-je, que cette lettre m'eût imposé la croyance qui me manquait. Maintenant , voyons , monsieur : en supposant que je sois disposée à céder aux conseils de mon père, que comptez-vous faire ?

— Je compte vous mener à Paris , mademoiselle ; c'est encore là qu'il est le plus facile de vous cacher.

— Et mon père ?

— Partout où vous serez, vous le savez bien, et dès qu'il n'y aura plus de danger de vous compromettre, le baron viendra me rejoindre.

—Eh bien, monsieur, je suis prête à accepter votre protection aux conditions que vous imposez.

— Je n'impose rien, mademoiselle, répondit le comte, j'offre un moyen de vous sauver, voilà tout.

—Eh bien , je me reprends , et je dis avec vous : Je suis prête à accepter le moyen de salut que vous m'offrez, à trois conditions.

— Parlez, mademoiselle.

— La première, c'est que Gertrude me sera rendue.

— Elle est là, dit le comte.

— La seconde est que nous voyagerons séparés jusqu'à Paris.

— J'allais vous offrir cette séparation pour rassurer votre susceptibilité.

— Et la troisième, c'est que notre mariage, à moins d'urgence reconnue de ma part, n'aura lieu qu'en présence de mon père.

— C'est mon plus vif désir, et je compte sur sa bénédiction pour appeler sur nous celle du ciel.

Je demeurai stupéfaite. J'avais cru trouver dans le comte quelque opposition à cette triple expression de ma volonté, et, tout au contraire, il abondait dans mon sens.

— Maintenant, mademoiselle, dit M. de Monsoreau, me permettez-vous, à mon tour, de vous donner quelques conseils ?

— J'écoute, monsieur.

— C'est de ne voyager que la nuit.

— J'y suis décidée.

— C'est de me laisser le choix des gîtes que vous occuperez et le choix de la route ; toutes mes précautions seront prises dans un seul but, celui de vous faire échapper au duc d'Anjou.

— Si vous m'aimez comme vous le dites, monsieur, nos intérêts sont les mêmes ; je n'ai donc aucune objection à faire contre ce que vous demandez.

— Enfin, à Paris, c'est d'adopter le logement que je vous aurai préparé, si simple et si écarté qu'il soit.

—Je ne demande qu'à vivre cachée, monsieur ; et, plus le logement sera simple et écarté, mieux il conviendra à une fugitive.

— Alors nous nous entendons en tout point, mademoiselle, et il ne me reste plus, pour me conformer à ce plan tracé par vous, qu'à vous présenter mes très-humbles respects, à vous envoyer votre femme de chambre et à m'occuper de la route que vous devez suivre de votre côté.

— De mon côté, monsieur, répondis-je ; je suis gentilefemme comme vous êtes gentilhomme ; tenez toutes vos promesses, et je tiendrai toutes les miennes.

— Voilà tout ce que je demande, dit le comte ; et cette promesse m'assure que je serai bientôt le plus heureux des hommes.

A ces mots, il s'inclina et sortit.

Cinq minutes après, Gertrude entra.

La joie de cette bonne fille fut grande ; elle avait cru qu'on la voulait séparer de moi pour toujours. Je lui racontai ce qui venait de se passer ; il me fallait quelqu'un qui pût entrer dans toutes

Diane de Meridor. — Page 85.

mes vues, seconder tous mes désirs, comprendre, dans l'occasion, à demi-mot, obéir sur un signe et sur un geste. Cette facilité de M. de Monsoreau m'étonnait, et je craignais quelque infraction au traité qui venait d'être arrêté entre nous.

Comme j'achevais, nous entendîmes le bruit d'un cheval qui s'éloignait. Je courus à la fenêtre : c'était le comte qui reprenait au galop la route que nous venions de suivre. Pourquoi reprenait-il cette route au lieu de marcher en avant ? c'est ce que je ne pouvais comprendre. Mais il avait accompli le premier article du traité en me rendant Gertrude, il accomplissait le second en s'éloignant ; il n'y avait rien à dire. D'ailleurs, vers quelque but qu'il se dirigeât, ce départ du comte me rassurait.

Nous passâmes toute la journée dans la petite maison, servies par notre hôtesse : le soir seulement, celui qui m'avait paru le chef de notre escorte entra dans ma chambre et me demanda mes ordres ; comme le danger me paraissait d'autant plus grand, que j'étais près du château de Beaugé, je lui répondis que j'étais prête; cinq minutes après il rentra et m'indiqua en s'inclinant qu'on n'attendait plus que moi. A la porte je trouvai ma haquenée blanche; comme l'avait prévu le comte de Monsoreau, elle était revenue au premier appel.

Nous marchâmes toute la nuit et nous nous arrêtâmes, comme la veille, au point du jour. Je calculai que nous devions avoir fait quinze lieues à peu près; au reste, toutes les précautions avaient été prises par M. de Monsoreau pour que je ne souffrisse ni de la fatigue ni du froid; la haquenée qu'il m'avait choisie avait le trot d'une douceur particulière, et, en sortant de la maison, on m'avait jeté sur les épaules un manteau de fourrure.

Cette halte ressembla à la première, et toutes nos courses nocturnes à celle que nous venions de faire : toujours les mêmes égards et les mêmes respects; partout les mêmes soins; il était évident que nous étions précédés par quelqu'un qui se chargeait de faire préparer les logis : était-ce le comte? je n'en sus rien, car, accomplissant cette partie de nos conventions avec la même régularité que les autres, pas une seule fois pendant la route je ne l'aperçus.

Vers le soir du septième jour, j'aperçus, du haut d'une colline, un grand amas de maisons. C'était Paris.

Nous fîmes halte pour attendre la nuit; puis, l'obscurité venue, nous nous remîmes en route; bientôt nous passâmes sous une porte au delà de laquelle le premier objet qui me frappa fut un immense édifice, qu'à ses hautes murailles je reconnus pour quelque monastère, puis nous traversâmes deux fois la rivière. Nous prîmes à droite, et, après dix minutes de marche, nous nous trouvâmes sur la place de la Bastille. Alors un homme qui semblait nous attendre se détacha d'une porte, et, s'approchant du chef de l'escorte :

— C'est ici, dit-il.

Le chef de l'escorte se retourna vers moi.

— Vous entendez, madame, nous sommes arrivés.

Et, sautant à bas de son cheval, il me présenta la main pour descendre de ma haquenée, comme il avait l'habitude de le faire à chaque station.

La porte était ouverte; une lampe éclairait l'escalier, posée sur les degrés.

— Madame, dit le chef de l'escorte, vous êtes ici chez vous; à cette porte finit la mission que nous avons reçue de vous accompagner; puis-je me flatter que cette mission a été accomplie selon vos désirs et avec le respect qui nous avait été recommandé?

— Oui, monsieur, lui dis-je, et je n'ai que des remercîments à vous faire. Offrez-les en mon nom aux braves gens qui m'ont accompagnée. Je voudrais les rémunérer d'une façon plus efficace; mais je ne possède rien.

— Ne vous inquiétez point de cela, madame, répondit celui auquel je présentais mes excuses; ils sont récompensés largement.

Et, remontant à cheval après m'avoir saluée :

— Venez, vous autres, dit-il, et que pas un de vous, demain matin, ne se souvienne assez de cette porte pour la reconnaître!

A ces mots, la petite troupe s'éloigna au galop et se perdit dans la rue Saint-Antoine.

Le premier soin de Gertrude fut de refermer la porte, et ce fut à travers le guichet que nous les vîmes s'éloigner.

Puis nous nous avançâmes vers l'escalier, éclairé par la lampe; Gertrude la prit et marcha devant.

Nous montâmes les degrés et nous nous trouvâmes dans le corridor; les trois portes en étaient ouvertes.

Nous prîmes celle du milieu et nous nous trouvâmes dans le salon où nous sommes. Il était tout éclairé comme en ce moment.

J'ouvris cette porte, et je reconnus un grand cabinet de toilette, puis cette autre, qui était celle de ma chambre à coucher, et, à mon grand étonnement, je me trouvai en face de mon portrait.

Je reconnus celui qui était dans la chambre de mon père, à Méridor; le comte l'avait sans doute demandé au baron et obtenu de lui.

Je frissonnai à cette nouvelle preuve que mon père me regardait déjà comme la femme de M. de Monsoreau.

Nous parcourûmes l'appartement, il était solitaire; mais rien n'y manquait : il y avait du feu dans toutes les cheminées, et, dans la salle à manger, une table toute servie m'attendait.

Je jetai rapidement les yeux sur cette table : il n'y avait qu'un seul couvert; je me rassurai.

— Eh bien, mademoiselle, me dit Gertrude, vous le voyez, le comte tient jusqu'au bout sa promesse.

— Hélas, oui, répondis-je avec un soupir, car j'eusse mieux aimé qu'en manquant à quelqu'une de ses promesses il m'eût dégagée des miennes.

Je soupai; puis une seconde fois nous fîmes la

visite de toute la maison, mais sans y rencontrer âme vivante plus que la première fois ; elle était bien à nous, et à nous seules.

Gertrude coucha dans ma chambre.

Le lendemain, elle sortit et s'orienta. Ce fut alors seulement que j'appris d'elle que nous étions au bout de la rue Saint-Antoine, en face l'hôtel des Tournelles, et que la forteresse qui s'élevait à ma droite était la Bastille.

Au reste, ces renseignements ne m'apprenaient pas grand'chose. Je ne connaissais point Paris, n'y étant jamais venue.

La journée s'écoula sans rien amener de nouveau : le soir, comme je venais de me mettre à table pour souper, on frappa à la porte.

Nous nous regardâmes, Gertrude et moi.

On frappa une seconde fois.

—Va voir qui frappe, lui dis-je.

— Si c'est le comte? demanda-t-elle en me voyant pâlir.

—Si c'est le comte, répondis-je en faisant un effort sur moi-même, ouvre-lui, Gertrude ; il a fidèlement tenu ses promesses ; il verra que, comme lui, je n'ai qu'une parole.

Un instant après Gertrude reparut.

—C'est M. le comte, madame, dit-elle.

—Qu'il entre, répondis-je.

Gertrude s'effaça et fit place au comte, qui parut sur le seuil.

— Eh bien, madame, me demanda-t-il, ai-je fidèlement accompli le traité?

— Oui, monsieur, répondis-je, et je vous en remercie.

— Vous voulez bien alors me recevoir chez vous, ajouta-t-il avec un sourire dont tous ses efforts ne pouvaient effacer l'ironie.

—Entrez, monsieur.

Le comte s'approcha et demeura debout. Je lui fis signe de s'asseoir.

— Avez-vous quelques nouvelles, monsieur? lui demandai-je.

— D'où et de qui, madame?

— De mon père et de Méridor avant tout.

— Je ne suis point retourné au château de Méridor, et n'ai pas revu le baron.

— Alors, de Beaugé et du duc d'Anjou?

— Ceci, c'est autre chose : je suis allé à Beaugé et j'ai parlé au duc.

—Comment l'avez-vous trouvé?

— Essayant de douter.

— De quoi?

— De votre mort.

— Mais vous la lui avez confirmée?

—J'ai fait ce que j'ai pu pour cela.

—Et où est le duc?

— De retour à Paris depuis hier soir.

— Pourquoi est-il revenu si rapidement?

— Parce qu'on ne reste pas de bon cœur en un lieu où l'on croit avoir la mort d'une femme à se reprocher.

— L'avez-vous vu depuis son retour à Paris?

— Je le quitte.

— Vous a-t-il parlé de moi?

— Je ne lui en ai pas laissé le temps.

— De quoi lui avez-vous parlé alors?

—D'une promesse qu'il m'a faite et que je l'ai poussé à mettre à exécution.

— Laquelle?

— Il s'est engagé, pour services à lui rendus par moi, de me faire nommer grand veneur.

—Ah ! oui, lui dis-je avec un triste sourire, car je me rappelais la mort de ma pauvre Daphné, vous êtes un terrible chasseur, je me le rappelle, et vous avez, comme tel, des droits à cette place.

—Ce n'est point comme chasseur que je l'obtiens, madame, c'est comme serviteur du prince ; ce n'est point parce que j'y ai des droits qu'on me la donnera, c'est parce que M. le duc d'Anjou n'osera point être ingrat envers moi.

Il y avait dans toutes ces réponses, malgré le ton respectueux avec lequel elles étaient faites, quelque chose qui m'effrayait : c'était l'expression d'une sombre et implacable volonté.

Je restai un instant muette.

— Me sera-t-il permis d'écrire à mon père? demandai-je.

—Sans doute; mais songez que vos lettres peuvent être interceptées.

—M'est-il défendu de sortir?

— Rien ne vous est défendu, madame ; mais seulement je vous ferai observer que vous pouvez être suivie.

—Mais, au moins, dois-je, le dimanche, entendre la messe?

— Mieux vaudrait, je crois, pour votre sûreté, que vous ne l'entendissiez pas ; mais, si vous tenez à l'entendre, entendez-la, du moins c'est un simple conseil que je vous donne, remarquez-le bien, à l'église Sainte-Catherine.

— Et où est cette église?

—En face de votre maison, de l'autre côté de la rue.

—Merci, monsieur.

Il se fit un nouveau silence.

— Quand vous reverrai-je, monsieur?

—J'attends votre permission pour revenir.

Je sais que vous ne m'aimez point, et je ne veux point abuser de la situation
où vous êtes. — PAGE 88.

— En avez-vous besoin ?

— Sans doute, jusqu'à présent je suis un étranger pour vous.

— Vous n'avez point de clef de cette maison ?

— Votre mari seul a le droit d'en avoir une.

— Monsieur, répondis-je, effrayée de ces réponses si singulièrement soumises plus que je ne l'eusse été de réponses absolues, monsieur, vous reviendrez quand vous voudrez, ou quand vous croirez avoir quelque chose d'important à me dire.

— Merci, madame, j'userai de la permission, mais n'en abuserai pas... et la première preuve que je vous en donne, c'est que je vous prie de recevoir mes respects.

Et, à ces mots, le comte se leva.

— Vous me quittez? demandai-je, de plus en plus étonnée de cette façon d'agir à laquelle j'étais loin de m'attendre.

— Madame, répondit le comte, je sais que vous ne m'aimez point, et je ne veux point abuser de la situation où vous êtes, et qui vous force à recevoir mes soins. En ne demeurant que discrètement près de vous, j'espère que peu à peu vous vous habituerez à ma présence ; de cette façon le sacrifice vous coûtera moins quand le moment sera arrivé de devenir ma femme.

— Monsieur, lui dis-je en me levant à mon tour, je reconnais toute la délicatesse de vos procédés, et, malgré l'espèce de rudesse qui accompagne chacune de vos paroles, je les apprécie. Vous avez raison, et je vous parlerai avec la même franchise que vous m'avez parlé : j'avais contre vous quelques préventions que le temps guérira, je l'espère.

— Permettez-moi, madame, me dit le comte, de partager cette espérance et de vivre dans l'attente de cet heureux moment.

Puis, me saluant avec tout le respect que j'aurais pu attendre du plus humble de mes serviteurs, il fit signe à Gertrude, devant laquelle toute cette conversation avait eu lieu, de l'éclairer, et sortit.

CHAPITRE XV

CE QUE C'ÉTAIT QUE DIANE DE MÉRIDOR. — LE MARIAGE.

oilà, sur mon âme, un homme bien étrange ! dit Bussy.

— Oh ! oui, bien étrange, n'est-ce pas, monsieur ? Car son amour se formulait vis-à-vis de moi avec toute l'âpreté de la haine. Gertrude, en revenant, me retrouva donc plus triste et plus épouvantée que jamais.

Elle essaya de me rassurer ; mais il était visible que la pauvre fille était aussi inquiète que moi-même. Ce respect glacé, cette ironique obéissance, cette passion contenue, et qui vibrait en notes stridentes dans chacune de ses paroles, était plus effrayante que ne l'eût été une volonté nettement exprimée, et que j'eusse pu combattre.

Le lendemain était un dimanche : depuis que je me connaissais, je n'avais jamais manqué d'assister à l'office divin. J'entendis la cloche de l'église Sainte-Catherine qui semblait m'appeler. Je vis tout le monde s'acheminer vers la maison de Dieu ; je m'enveloppai d'un voile épais, et, suivie de Gertrude, je me mêlai à la foule des fidèles qui accouraient à l'appel de la cloche.

Je cherchai le coin le plus obscur, et j'allai m'y agenouiller contre la muraille. Gertrude se plaça, comme une sentinelle, entre le monde et moi. Pour cette fois-là, ce fut inutile ; personne ne fit ou ne parut faire attention à nous.

Le surlendemain, le comte revint et m'annonça qu'il était nommé grand veneur ; l'influence de M. le duc d'Anjou lui avait fait donner cette place, presque promise à un des favoris du roi, nommé M. de Saint-Luc. C'était un triomphe auquel il s'attendait à peine lui-même.

— En effet, dit Bussy, cela nous étonna tous.

— Il venait m'annoncer cette nouvelle, espérant que cette dignité hâterait mon consentement ; seulement, il ne pressait pas, il n'insistait pas, il attendait tout de ma promesse et des événements.

Quant à moi, je commençais d'espérer que, le duc d'Anjou me croyant morte, et le danger n'existant plus, je cesserais d'être engagée au comte.

Sept autres jours s'écoulèrent sans rien amener de nouveau que deux visites du comte. Ces visites, comme les précédentes, furent froides et respectueuses ; mais je vous ai expliqué ce qu'avaient de singulier, et je dirai presque de menaçant, cette froideur et ce respect.

Le dimanche suivant, j'allai à l'église comme j'avais déjà fait, et repris la même place que j'avais occupée huit jours auparavant. La sécurité rend imprudente : au milieu de mes prières, mon voile s'écarta..... Dans la maison de Dieu, d'ailleurs, je ne pensais qu'à Dieu..... Je priais ardemment pour mon père, quand tout à coup je sentis que Gertrude me touchait le bras; il me fallut un second appel pour me tirer de l'espèce d'extase religieuse dans laquelle j'étais plongée. Je levai la tête, je regardai machinalement autour de moi, et j'aperçus avec terreur, appuyé contre une colonne, le duc d'Anjou qui me dévorait des yeux.

Un homme, qui semblait son confident plutôt que son serviteur, était près de lui.

— C'était Aurilly, dit Bussy, son joueur de luth.

— En effet, répondit Diane, je crois que c'est ce nom que Gertrude me dit plus tard.

— Continuez, madame, dit Bussy, continuez, par grâce, je commence à tout comprendre.

— Je ramenai vivement mon voile sur mon visage, il était trop tard : il m'avait vue, et, s'il ne m'avait point reconnue, ma ressemblance, du moins, avec cette femme qu'il avait aimée et qu'il croyait avoir perdue, venait de le frapper profondément. Mal à l'aise sous son regard que je sentais peser sur moi, je me levai et m'avançai vers la porte; mais, à la porte, je le retrouvai, il avait trempé ses doigts dans le bénitier, et me présentait l'eau bénite.

Je fis semblant de ne pas le voir, et passai sans accepter ce qu'il m'offrait.

Mais, sans que je me retournasse, je compris que nous étions suivies; si j'eusse connu Paris, j'eusse essayé de tromper le duc sur ma véritable demeure, mais je n'avais jamais parcouru d'autre chemin que celui qui conduisait de la maison que j'habitais à l'église; je ne connaissais personne à qui je pusse demander une hospitalité d'un quart d'heure, pas d'amie, un seul défenseur que je craignais plus qu'un ennemi, voilà tout.

— Oh! mon Dieu! murmura Bussy, pourquoi le ciel, la Providence ou le hasard ne m'ont-ils pas conduit plus tôt sur votre chemin?

Diane remercia le jeune homme d'un regard.

— Mais pardon, reprit Bussy : je vous interromps toujours, et cependant je meurs de curiosité. Continuez, je vous en supplie.

— Le même soir, M. de Monsoreau vint. Je ne savais point si je devais lui parler de mon aventure, lorsque lui-même fit cesser mon hésitation.

— Vous m'avez demandé, dit-il, s'il vous était défendu d'aller à la messe; et je vous ai répondu que vous étiez maîtresse souveraine de vos actions et que vous feriez mieux de ne pas sortir. Vous n'avez pas voulu m'en croire; vous êtes sortie ce matin pour aller entendre l'office divin à l'église de Sainte-Catherine; le prince s'y trouvait par hasard, ou plutôt par fatalité, et vous y a vue.

— C'est vrai, monsieur, et j'hésitais à vous faire part de cette circonstance, car j'ignorais que le prince m'avait reconnue pour celle que je suis, ou si ma vue l'avait simplement frappé.

— Votre vue l'a frappé, votre ressemblance avec la femme qu'il regrette lui a paru extraordinaire : il vous a suivie et a pris des informations; mais personne n'a rien pu lui dire, car personne ne sait rien.

— Mon Dieu! monsieur! m'écriai-je.

— Le duc est un cœur sombre et persévérant, dit M. de Monsoreau.

— Oh! il m'oubliera, je l'espère!

— Je n'en crois rien : on ne vous oublie pas quand on vous a vue. J'ai fait tout ce que j'ai pu pour vous oublier, moi, et je n'ai pas pu.

Et le premier éclair de passion que j'aie remarqué chez M. de Monsoreau passa en ce moment dans les yeux du comte.

Je fus plus effrayée de cette flamme, qui venait de jaillir de ce foyer qu'on eût cru éteint, que je ne l'avais été le matin à la vue du prince.

Je demeurai muette.

— Que comptez-vous faire? me demanda le comte.

— Monsieur, ne pourrai-je changer de maison, de quartier, de rue; aller demeurer à l'autre bout de Paris, ou, mieux encore, retourner dans l'Anjou?

— Tout cela serait inutile, dit M. de Monsoreau en secouant la tête : c'est un terrible limier que M. le duc d'Anjou; il est sur votre trace; maintenant, allez où vous voudrez, il la suivra jusqu'à ce qu'il vous joigne.

— Oh! mon Dieu! vous m'effrayez.

— Ce n'est point mon intention; je vous dis ce qui est, et pas autre chose.

— Alors c'est moi qui vous ferai à mon tour la question que vous m'adressiez tout à l'heure. Que comptez-vous faire, monsieur?

— Hélas! reprit le comte de Monsoreau avec une amère ironie, je suis un homme de pauvre imagination, moi. J'avais trouvé un moyen; ce moyen ne vous convient pas; j'y renonce; mais ne me dites pas d'en chercher d'autres.

— Mais, mon Dieu! repris-je, le danger est

peut-être moins pressant que vous ne le croyez.

— C'est ce que l'avenir nous apprendra, madame, dit le comte en se levant. En tout cas, je vous le répète, madame de Monsoreau aura d'autant moins à craindre du prince, que la nouvelle charge que j'occupe me fait relever directement du roi, et que moi et ma femme nous trouverons naturellement protection près du roi.

Je ne répliquai que par un soupir. Ce que disait là le comte était plein de raison et de vraisemblance.

M. de Monsoreau attendit un instant, comme pour me laisser tout le loisir de lui répondre; mais je n'en eus pas la force. Il était debout, tout prêt à se retirer. Un sourire amer passa sur ses lèvres; il s'inclina et sortit.

Je crus entendre quelques imprécations s'échapper de sa bouche dans l'escalier.

J'appelai Gertrude.

Gertrude avait l'habitude de se tenir, ou dans le cabinet, ou dans la chambre à coucher quand venait le comte; elle accourut.

J'étais à la fenêtre, enveloppée dans les rideaux de façon que, sans être aperçue, je pusse voir ce qui se passait dans la rue.

Le comte sortit et s'éloigna.

Nous restâmes une heure à peu près, attentives à tout examiner, mais personne ne vint.

La nuit s'écoula sans rien amener de nouveau.

Le lendemain Gertrude, en sortant, fut accostée par un jeune homme, qu'elle reconnut pour être celui qui, la veille, accompagnait le prince; mais, à toutes ses instances, elle refusa de répondre; à toutes ses questions, elle resta muette.

Le jeune homme, lassé, se retira.

Cette rencontre m'inspira une profonde terreur; c'était le commencement d'une investigation qui, certes, ne devait point s'arrêter là. J'eus peur que M. de Monsoreau ne vînt pas le soir, et que quelque tentative ne fût faite contre moi dans la nuit; je l'envoyai chercher; il vint aussitôt.

Je lui racontai tout et lui fis le portrait du jeune homme d'après ce que Gertrude m'en avait rapporté.

— C'est Aurilly, dit-il; qu'a répondu Gertrude?

— Gertrude n'a rien répondu.

M. de Monsoreau réfléchit un instant.

— Elle a eu tort, dit-il.

— Comment cela?

— Oui, il s'agit de gagner du temps.

— Du temps?

— Aujourd'hui, je suis encore dans la dépendance de M. le duc d'Anjou; mais, dans quinze jours, dans douze jours, dans huit jours peut-être, c'est le duc d'Anjou qui sera dans la mienne. Il s'agit donc de le tromper pour qu'il attende.

— Mon Dieu!

— Sans doute, l'espoir le rendra patient. Un refus complet le poussera vers quelque parti désespéré.

— Monsieur, écrivez à mon père, m'écriai-je; mon père accourra et ira se jeter aux pieds du roi. Le roi aura pitié d'un vieillard.

— C'est selon la disposition d'esprit où sera le roi, et selon qu'il sera dans sa politique d'être pour le moment l'ami ou l'ennemi de M. le duc d'Anjou. D'ailleurs, il faut six jours à un messager pour aller trouver votre père; il faut six jours à votre père pour venir. Dans douze jours M. le duc d'Anjou aura fait, si nous ne l'arrêtons pas, tout le chemin qu'il peut faire.

— Et comment l'arrêter?

M. de Monsoreau ne répondit point. Je compris sa pensée et je baissai les yeux.

— Monsieur, dis-je après un moment de silence, donnez vos ordres à Gertrude, et elle suivra vos instructions.

Un sourire imperceptible passa sur les lèvres de M. de Monsoreau, à ce premier appel de ma part à sa protection.

Il causa quelques instants avec Gertrude.

— Madame, me dit-il, je pourrais être vu sortant de chez vous : deux ou trois heures nous manquent seulement pour attendre la nuit; me permettez-vous de passer ces deux ou trois heures dans votre appartement?

M. de Monsoreau avait presque le droit d'exiger; il se contentait de demander : je lui fis signe de s'asseoir.

C'est alors que je remarquai la suprême puissance que le comte avait sur lui-même : à l'instant même, il surmonta la gêne qui résultait de notre situation respective, et sa conversation, à laquelle cette espèce d'âpreté que j'ai déjà signalée donnait un puissant caractère, commença variée et attachante. Le comte avait beaucoup voyagé, beaucoup vu, beaucoup pensé, et j'avais, au bout de deux heures, compris toute l'influence que cet homme étrange avait prise sur mon père.

Bussy poussa un soupir.

La nuit venue, sans insister, sans demander davantage, et comme satisfait de ce qu'il avait obtenu, il se leva et sortit.

Pendant la soirée, nous nous remîmes, Gertrude et moi, à notre observatoire. Cette fois, nous vîmes distinctement deux hommes qui examinaient la maison. Plusieurs fois ils s'approchèrent de la porte; toute lumière intérieure était éteinte; ils ne purent nous voir.

Vers onze heures ils s'éloignèrent.

Le lendemain, Gertrude, en sortant, retrouva le même jeune homme à la même place; il vint de nouveau à elle, et l'interrogea comme il avait fait la veille. Ce jour-là Gertrude fut moins sévère et échangea quelques mots avec lui.

Le jour suivant, Gertrude fut plus communicative; elle lui dit que j'étais la veuve d'un conseiller, qui, restée sans fortune, vivait fort retirée; il voulut insister pour en savoir davantage, mais il fallut qu'il se contentât, pour l'heure, de ces renseignements.

Le jour d'après Aurilly parut avoir conçu quelques doutes sur la véracité du récit de la veille; il parla de l'Anjou, de Beaugé, et prononça le mot de Méridor.

Gertrude répondit que tous ces noms lui étaient parfaitement inconnus.

Alors il avoua qu'il était au duc d'Anjou, que le duc d'Anjou m'avait vue et était amoureux de moi; puis, à la suite de cet aveu, vinrent des offres magnifiques pour elle et pour moi : pour elle, si elle voulait introduire le prince près de moi; pour moi, si je le voulais recevoir.

Chaque soir, M. de Monsoreau venait, et chaque soir je lui disais où nous en étions. Il restait alors depuis huit heures jusqu'à minuit; mais il était évident que son inquiétude était grande.

Le samedi soir je le vis arriver plus pâle et plus agité que de coutume.

— Écoutez, me dit-il, il faut tout promettre pour mardi ou mercredi.

— Tout promettre, et pourquoi? m'écriai-je.

— Parce que M. le duc d'Anjou est décidé à tout, qu'il est bien en ce moment avec le roi, et qu'il n'y a rien, par conséquent, à attendre du roi.

— Mais d'ici à mercredi doit-il donc se passer quelque événement qui viendra à notre aide?

— Peut-être. J'attends de jour en jour cette circonstance qui doit mettre le prince dans ma dépendance. Je la pousse, je la hâte, non-seulement de mes vœux, mais de mes actions. Demain il faut que je vous quitte, que j'aille à Montereau.

— Il le faut? répondis-je avec une espèce de terreur mêlée d'une certaine joie.

— Oui; j'ai là un rendez-vous indispensable pour hâter cette circonstance dont je vous parlais.

— Et si nous sommes dans la même situation, que faudra-t-il donc faire, mon Dieu?

— Que voulez-vous que je fasse contre un prince, madame, quand je n'ai aucun droit de vous protéger? Il faudra céder à la mauvaise fortune...

— Oh! mon père! mon père! m'écriai-je.

Le comte me regarda fixement.

— Oh! monsieur!

— Qu'avez-vous donc à me reprocher?

— Oh! rien : au contraire.

— Mais n'ai-je pas été dévoué comme un ami, respectueux comme un frère?

— Vous vous êtes en tout point conduit en galant homme.

— N'avais-je pas votre promesse?

— Oui.

— Vous l'ai-je une seule fois rappelée?

— Non.

— Et, cependant, quand les circonstances sont telles, que vous vous trouvez placée entre une position honorable et une position honteuse, vous préférez d'être la maîtresse du duc d'Anjou à être la femme du comte de Monsoreau.

— Je ne dis pas cela, monsieur.

— Mais, alors, décidez-vous donc.

— Je suis décidée.

— A être la comtesse de Monsoreau?

— Plutôt que la maîtresse du duc d'Anjou.

— Plutôt que la maîtresse du duc d'Anjou : l'alternative est flatteuse.

Je me tus.

— N'importe, dit le comte, vous entendez? Que Gertrude gagne jusqu'à mardi, et mardi nous verrons.

Le lendemain, Gertrude sortit comme d'habitude, mais elle ne vit point Aurilly. A son retour, nous fûmes plus inquiètes de son absence que nous ne l'eussions été de sa présence. Gertrude sortit de nouveau sans nécessité de sortir, pour le rencontrer seulement; mais elle ne le rencontra point. Une troisième sortie fut aussi inutile que les deux premières.

J'envoyai Gertrude chez M. de Monsoreau, il était parti, et on ne savait point où il était.

Nous étions seules et isolées; nous nous sentîmes faibles : pour la première fois je compris mon injustice envers le comte.

— Oh! madame, s'écria Bussy, ne vous hâtez donc pas de revenir ainsi à cet homme; il y a quelque chose dans toute sa conduite que nous ne savons pas, mais que nous saurons.

Le soir vint, accompagné de terreurs profondes; j'étais décidée à tout plutôt que de tomber vivante aux mains du duc d'Anjou. Je m'étais munie de ce poignard, et j'avais résolu de me frapper aux yeux du prince, au moment où lui ou de ses gens essayeraient de porter la main sur moi. Nous nous barricadâmes dans nos chambres. Par une négligence incroyable, la porte de la rue n'avait pas de verrou intérieur. Nous cachâmes la lampe et nous nous plaçâmes à notre observatoire.

Tout fut tranquille jusqu'à onze heures du soir; à onze heures, cinq hommes débouchèrent par la rue Saint-Antoine, parurent tenir conseil, et s'en allèrent s'embusquer dans l'angle du mur de l'hôtel des Tournelles.

Nous commençâmes à trembler; ces hommes étaient probablement là pour nous. Cependant ils se tinrent immobiles; un quart d'heure à peu près s'écoula.

Au bout d'un quart d'heure nous vîmes paraître deux autres hommes au coin de la rue Saint-Paul. La lune, qui glissait entre les nuages, permit à Gertrude de reconnaître Aurilly dans l'un de ces deux hommes.

— Hélas! mademoiselle, ce sont eux, murmura la pauvre fille.

— Oui, répondis-je toute frissonnante de terreur, et les cinq autres sont là pour leur prêter secours.

— Mais il faudra qu'ils enfoncent la porte, dit Gertrude, et, au bruit, les voisins accourront.

— Pourquoi veux-tu que les voisins accourent? Nous connaissent-ils et ont-ils quelque motif de se faire une mauvaise affaire pour nous défendre? Hélas! en réalité, Gertrude, nous n'avons de véritable défenseur que le comte.

— Eh bien, pourquoi refusez-vous donc toujours d'être comtesse?

Je poussai un soupir.

CHAPITRE XVI

CE QUE C'ÉTAIT QUE DIANE DE MÉRIDOR. — LE MARIAGE.

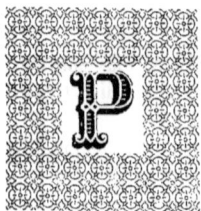

endant ce temps, les deux hommes qui avaient paru au coin de la rue Saint-Paul s'étaient glissés le long des maisons et se tenaient sous nos fenêtres. Nous entr'ouvrîmes doucement la croisée.

— Es-tu sûr que c'est ici? demanda une voix.

— Oui, monseigneur, parfaitement sûr. C'est la cinquième maison, à partir du coin de la rue Saint-Paul.

— Et la clef, penses-tu qu'elle ira?

— J'ai pris l'empreinte de la serrure.

Je saisis le bras de Gertrude et je le serrai avec violence.

— Et une fois entré?

— Une fois entré, c'est mon affaire. La suivante nous ouvrira. Votre Altesse possède dans sa poche une clef d'or qui vaut bien celle-ci.

— Ouvre donc alors.

Nous entendîmes le grincement de la clef dans la serrure. Mais, tout à coup, les hommes embusqués à l'angle de l'hôtel se détachèrent de la muraille, et s'élancèrent vers le prince et vers Aurilly, en criant : « A mort! à mort! »

Je n'y comprenais plus rien; ce que je devinais seulement, c'est qu'un secours inattendu, inespéré, inouï, nous arrivait. Je tombai à genoux et je remerciai le ciel.

Mais le prince n'eut qu'à se montrer, le prince n'eut qu'à dire son nom, toutes les voix se turent, toutes les épées rentrèrent au fourreau, et chaque agresseur fit un pas en arrière.

— Oui, oui, dit Bussy, ce n'était point au prince qu'ils en voulaient : c'était à moi.

— En tout cas, reprit Diane, cette attaque éloigna le prince. Nous le vîmes se retirer par la rue de Jouy, tandis que les cinq gentilshommes de l'embuscade allaient reprendre leur poste au coin de l'hôtel des Tournelles.

Il était évident que, pour cette nuit du moins, le danger venait de s'écarter de nous, car ce n'était point à moi qu'en voulaient les cinq gentilshommes. Mais nous étions trop inquiètes et trop émues pour ne point rester sur pied. Nous demeurâmes debout contre la fenêtre, et nous attendîmes quelque événement inconnu que nous sentions instinctivement s'avancer à notre rencontre.

L'attente fut courte. Un homme à cheval parut, tenant le milieu de la rue Saint-Antoine. C'était sans doute celui que les cinq gentilshommes embusqués attendaient, car, en l'apercevant, ils crièrent : *Aux épées! aux épées!* et s'élancèrent sur lui.

Vous savez tout ce qui a rapport à ce gentilhomme, dit Diane, puisque ce gentilhomme, c'était vous.

— Au contraire, madame, dit Bussy, qui, dans le récit de la jeune femme, espérait tirer quelque secret de son cœur; au contraire, je ne sais rien que le combat, puisque après le combat je m'évanouis.

— Il est inutile de vous dire, reprit Diane avec une légère rougeur, l'intérêt que nous prîmes à cette lutte si inégale et néanmoins si vaillamment soutenue. Chaque épisode du combat nous arrachait un frissonnement, un cri, une prière. Nous vîmes votre cheval faiblir et s'abattre. Nous vous crûmes perdu; mais il n'en était rien, le brave Bussy méritait sa réputation. Vous tombâtes debout et n'eûtes pas même besoin de vous relever pour frapper vos ennemis; enfin, entouré, menacé de toutes parts, vous fîtes retraite comme le lion, la face tournée à vos adversaires, et vous vîntes vous appuyer à la porte; alors, la même idée nous vint à Gertrude et à moi, c'était de descendre pour vous ouvrir; elle me regarda : « Oui, » lui dis-je; et toutes deux

nous nous élançâmes vers l'escalier. Mais, comme je vous l'ai dit, nous nous étions barricadées en dedans, il nous fallut quelques secondes pour écarter les meubles qui obstruaient le passage, et au moment où nous arrivions sur le palier, nous entendîmes la porte de la rue qui se refermait.

Nous restâmes toutes deux immobiles. Quelle était donc la personne qui venait d'entrer et comment était-elle entrée?

Je m'appuyai à Gertrude, et nous demeurâmes muettes et dans l'attente.

Bientôt des pas se firent entendre dans l'allée; ils se rapprochaient de l'escalier, un homme parut, chancelant, étendit les bras, et tomba sur les premières marches en poussant un sourd gémissement.

Il était évident que cet homme n'était point poursuivi; qu'il avait mis la porte, si heureusement laissée ouverte par le duc d'Anjou, entre lui et ses adversaires, et que, blessé dangereusement, à mort peut-être, il était venu s'abattre au pied de l'escalier.

En tout cas, nous n'avions rien à craindre, et c'était au contraire cet homme qui avait besoin de notre secours.

— La lampe! dis-je à Gertrude.

Elle courut et revint avec la lumière.

Nous ne nous étions pas trompées : vous étiez évanoui. Nous vous reconnûmes pour le brave gentilhomme qui s'était si vaillamment défendu, et, sans hésiter, nous nous décidâmes à vous porter secours.

En un instant, vous fûtes apporté dans ma chambre et déposé sur le lit.

Vous étiez toujours évanoui; les soins d'un chirurgien paraissaient urgents. Gertrude se rappela avoir entendu raconter une cure merveilleuse faite quelques jours auparavant par un jeune docteur de la rue... de la rue Beautreillis. Elle savait son adresse; elle m'offrit de l'aller quérir.

— Mais, lui dis-je, ce jeune homme peut nous trahir.

— Soyez tranquille, dit-elle, je prendrai mes précautions.

— C'est une fille vaillante et prudente à la fois, continua Diane. Je me fiai donc entièrement à elle. Elle prit de l'argent, une clef et mon poignard; et je restai seule près de vous... et priant pour vous.

— Hélas! dit Bussy, je ne connaissais pas tout mon bonheur, madame.

— Un quart d'heure après, Gertrude revint; elle ramenait le jeune docteur; il avait consenti à tout, et il la suivit les yeux bandés.

Je demeurai dans le salon tandis qu'on l'introduisait dans la chambre. Là, on lui permit d'ôter le bandeau qui lui couvrait les yeux.

— Oui, dit Bussy, c'est en ce moment que je repris connaissance, et que mes yeux se portèrent sur votre portrait et qu'il me sembla que je vous voyais entrer.

— J'entrai en effet; mon inquiétude l'emportait sur la prudence; j'échangeai quelques questions avec le jeune docteur; il examina votre blessure, me répondit de vous, et je fus soulagée.

— Tout cela était resté dans mon esprit, dit Bussy, mais comme un rêve reste dans la mémoire; et cependant quelque chose me disait là, ajouta le jeune homme en mettant la main sur son cœur, que je n'avais point rêvé.

— Lorsque le chirurgien eut pansé votre blessure, il tira de sa poche un petit flacon contenant une liqueur rouge, et versa quelques gouttes de cette liqueur sur vos lèvres. C'était, me dit-il, un élixir destiné à vous rendre le sommeil et à combattre la fièvre.

Effectivement, un instant après avoir avalé ce breuvage, vous fermâtes les yeux de nouveau et vous retombâtes dans l'espèce d'évanouissement dont un instant vous étiez sorti.

Je m'effrayai; mais le docteur me rassura. Tout était pour le mieux, me dit-il, et il n'y avait plus qu'à vous laisser dormir.

Gertrude lui couvrit de nouveau les yeux d'un mouchoir, et le reconduisit jusqu'à la porte de la rue Beautreillis.

Seulement elle crut s'apercevoir qu'il comptait les pas.

— En effet, madame, dit Bussy, il les avait comptés.

— Cette supposition nous effraya. Ce jeune homme pouvait nous trahir. Nous résolûmes de faire disparaître toute trace de l'hospitalité que nous vous avions donnée; mais d'abord l'important était de vous faire disparaître, vous.

Je rappelai tout mon courage; il était deux heures du matin, les rues étaient désertes. Gertrude répondit de vous soulever; elle y parvint, je l'aidai, et nous vous emportâmes jusque sur les talus des fossés du Temple. Puis nous revînmes tout épouvantées de cette hardiesse qui nous avait fait sortir, deux femmes seules, à une heure où les hommes eux-mêmes sortent accompagnés.

Dieu veillait sur nous. Nous ne rencontrâmes personne, et rentrâmes sans avoir été vues.

En rentrant, je succombai sous le poids de mon émotion, et je m'évanouis.

— Oh! madame! madame! dit Bussy en joignant les mains, comment reconnaîtrai-je jamais ce que vous avez fait pour moi?

Il se fit un instant de silence, pendant lequel Bussy regardait ardemment Diane. La jeune femme, le coude appuyé sur une table, avait laissé retomber sa tête dans sa main.

Au milieu de ce silence, on entendit vibrer l'horloge de l'église Sainte-Catherine.

— Deux heures! dit Diane en tressaillant. Deux heures, et vous ici!

— Oh! madame, supplia Bussy, ne me renvoyez pas sans m'avoir tout dit. Ne me renvoyez pas sans m'avoir indiqué par quels moyens je puis vous être utile. Supposez que Dieu vous ait donné un frère, et dites à ce frère ce qu'il peut faire pour sa sœur.

— Hélas! plus rien maintenant, dit la jeune femme, il est trop tard.

— Qu'arriva-t-il le lendemain? demanda Bussy; que fîtes-vous pendant cette journée où je ne pensai qu'à vous, sans être sûr cependant que vous n'étiez pas un rêve de mon délire, une vision de ma fièvre?

— Pendant cette journée, reprit Diane, Gertrude sortit et rencontra Aurilly. Aurilly était plus pressant que jamais : il ne dit pas un mot de ce qui s'était passé la veille; mais il demanda au nom de son maître une entrevue.

Gertrude parut consentir, mais elle demanda jusqu'au mercredi suivant, c'est-à-dire jusque aujourd'hui, pour me décider.

Aurilly promit que son maître se ferait violence jusque-là.

Nous avions donc trois jours devant nous.

Le soir M. de Monsoreau revint.

Nous lui racontâmes tout, excepté ce qui avait rapport à vous. Nous lui dîmes que la veille le duc avait ouvert la porte avec une fausse clef, mais qu'au moment même où il allait entrer il avait été chargé par cinq gentilshommes, au milieu desquels étaient MM. d'Epernon et de Quélus. J'avais entendu prononcer ces deux noms, et je les lui répétai.

— Oui, oui, dit le comte, j'ai déjà entendu parler de cela; ainsi il a une fausse clef. Je m'en doutais.

— Ne pourrait-on changer la serrure? demandai-je.

— Il en fera faire une autre, dit le comte.

— Poser des verrous à la porte?

— Il viendra avec dix hommes, et enfoncera portes et verrous.

— Mais cet événement qui devait vous donner, m'avez-vous dit, tout pouvoir sur le duc?

— Est retardé indéfiniment peut-être.

Je restai muette, et, la sueur au front, je ne me dissimulai plus qu'il n'y avait d'autre moyen d'échapper au duc d'Anjou que de devenir la femme du comte.

— Monsieur, lui dis-je, le duc, par l'organe de son confident, s'est engagé à attendre jusqu'à mercredi soir; moi, je vous demande jusqu'à mardi.

— Mardi soir, à la même heure, madame, dit le comte, je serai ici.

Et, sans ajouter une parole, il se leva et sortit.

Je le suivis des yeux; mais, au lieu de s'éloigner, il alla à son tour se placer dans cet angle sombre du mur des Tournelles et parut décidé à veiller sur moi toute la nuit.

Chaque preuve de dévouement que me donnait cet homme était comme un nouveau coup de poignard pour mon cœur.

Les deux jours s'écoulèrent avec la rapidité d'un instant ; rien ne troubla notre solitude. Maintenant, ce que je souffris pendant ces deux jours, en entendant se succéder le vol rapide des heures, est impossible à décrire.

Quand la nuit de la seconde journée vint, j'étais atterrée; tout sentiment semblait petit à petit se retirer de moi. J'étais froide, muette, insensible en apparence, comme une statue : mon cœur seul battait, le reste de mon corps semblait avoir cessé de vivre.

Gertrude se tenait à la fenêtre. Moi, assise où je suis, de temps en temps seulement je passais mon mouchoir sur mon front mouillé de sueur.

Tout à coup Gertrude étendit la main de mon côté; mais ce geste, qui autrefois m'eût fait bondir, me trouva impassible.

— Madame! dit-elle.

— Eh bien? demandai-je.

— Quatre hommes... je vois quatre hommes... Ils s'approchent de ce côté... ils ouvrent la porte... ils entrent.

— Qu'ils entrent! répondis-je sans faire un mouvement.

— Mais ces quatre hommes, c'est sans doute le duc d'Anjou, Aurilly et les deux hommes de leur suite.

Je tirai, pour toute réponse, mon poignard et le plaçai près de moi sur la table.

— Oh ! laissez-moi voir du moins, dit Gertrude, en s'élançant vers la porte.

— Vois, répondis-je.

Un instant après, Gertrude rentra.

— Mademoiselle, dit-elle, c'est M. le comte.

Je remis mon poignard dans ma poitrine sans prononcer une seule parole. Seulement je tournai la tête du côté du comte.

Sans doute il fut effrayé de ma pâleur.

— Que me dit Gertrude? s'écria-t-il, que vous m'avez pris pour le duc, et que, si c'eût été le duc, vous vous fussiez tuée?

C'était la première fois que je le voyais ému.

Cette émotion était-elle réelle ou factice?

— Gertrude a eu tort de vous dire cela, monsieur, répondis-je; du moment où ce n'est pas le duc, tout est bien.

Il se fit un instant de silence.

— Vous savez que je ne suis pas venu seul, dit le comte.

— Gertrude a vu quatre hommes.

— Vous doutez-vous qui ils sont?

— Je présume que l'un est prêtre, et que les deux autres sont nos témoins.

— Alors vous êtes prête à devenir ma femme?

— N'est-ce pas chose convenue? Seulement je me souviens du traité; il était convenu encore qu'à moins d'urgence reconnue de ma part, je ne me marierais pas hors de la présence de mon père.

— Je me rappelle parfaitement cette condition, mademoiselle; mais croyez vous qu'il y ait urgence?

— Oui, je le crois.

— Eh bien?

— Eh bien, je suis prête à vous épouser, monsieur. Mais rappelez-vous ceci : c'est que je ne serai réellement votre femme que lorsque j'aurai revu mon père.

Le comte fronça le sourcil et se mordit les lèvres.

— Mademoiselle, dit-il, mon intention n'est point de forcer votre volonté; si vous avez engagé votre parole, je vous rends votre parole : vous êtes libre ; seulement...

Il s'approcha de la fenêtre et jeta un coup d'œil dans la rue.

— Seulement, dit-il, regardez.

Je me levai, mue par cette puissante attraction

Je me fie à la parole du beau Bussy; tenez, monsieur. — PAGE 98.

qui nous pousse à nous assurer de notre malheur, et au-dessous de la fenêtre j'aperçus un homme enveloppé d'un manteau, qui semblait chercher un moyen de pénétrer dans la maison.

—Ô mon Dieu! dit Bussy, et vous dites que c'était hier?

—Oui, comte, hier vers les neuf heures du soir

—Continuez, dit Bussy.

Au bout d'un instant, un autre homme vint rejoindre le premier, celui-là tenait une lanterne à la main.

—Que pensez-vous de ces deux hommes? me demanda M. de Monsoreau.

—Je pense que c'est le duc et son affidé, répondis-je.

Bussy poussa un gémissement.

—Maintenant, continua le comte, ordonnez: faut-il que je reste, faut-il que je me retire?

Je balançai un instant: oui, malgré la lettre de mon père, malgré la promesse jurée, malgré le danger présent, palpable, menaçant, oui, je balançai! et si ces deux hommes n'eussent point été là...

— Oh! malheureux que je suis ! s'écria Bussy : l'homme au manteau, c'était moi, et celui qui portait la lanterne, c'était Remy le Haudouin, ce jeune docteur que vous avez envoyé chercher.

— C'était vous ! s'écria Diane avec stupeur.

— Oui, moi; moi, qui de plus en plus convaincu de la réalité de mes souvenirs, cherchais à retrouver la maison où j'avais été recueilli, la chambre où j'avais été transporté, la femme ou plutôt l'ange qui m'avait apparu. Oh! j'avais bien raison de m'écrier que j'étais un malheureux!

Et Bussy demeura comme écrasé sous le poids de cette fatalité qui s'était servie de lui pour déterminer Diane à donner sa main au comte.

— Ainsi, reprit-il au bout d'un instant, vous êtes sa femme?

— Depuis hier, répondit Diane.

Et il se fit un nouveau silence, qui n'était interrompu que par la respiration haletante des deux jeunes gens.

— Mais vous, demanda tout à coup Diane, comment êtes-vous entré dans cette maison, comment vous trouvez-vous ici?

Bussy lui montra silencieusement la clef.

— Une clef! s'écria Diane; d'où vous vient cette clef et qui vous l'a donnée?

— Gertrude n'avait-elle pas promis au prince de l'introduire près de vous ce soir? Le prince avait vu M. de Monsoreau et m'avait vu moi-même, comme M. de Monsoreau et moi l'avions vu; il a craint quelque piége et m'a envoyé à sa place.

— Et vous avez accepté cette mission? dit Diane avec le ton du reproche.

— C'était le seul moyen de pénétrer près de vous. Serez-vous assez injuste pour m'en vouloir d'être venu chercher une des plus grandes joies et une des plus grandes douleurs de ma vie?

— Oui, je vous en veux, dit Diane, car il eût mieux valu que vous ne me revissiez pas, et que, ne me revoyant pas, vous m'oubliassiez.

— Non, madame, dit Bussy, vous vous trompez. C'est Dieu au contraire qui m'a conduit près de vous pour pénétrer au plus profond de cette trame dont vous êtes victime. Écoutez : du moment où je vous ai vue, je vous ai voué ma vie. La mission que je me suis imposée va commencer. Vous avez demandé des nouvelles de votre père?

— Oh! oui, s'écria Diane, car, en vérité, je ne sais pas ce qu'il est devenu.

— Eh bien, dit Bussy, je me charge de vous en donner, moi; gardez seulement un bon souvenir à celui qui, à partir de ce moment, va vivre par vous et pour vous.

— Mais cette clef? dit Diane avec inquiétude.

— Cette clef, dit Bussy, je vous la rends, car je ne veux la tenir que de votre main; seulement je vous engage ma foi de gentilhomme que jamais sœur n'aura confié la clef de son appartement à un frère plus dévoué et plus respectueux.

— Je me fie à la parole du brave Bussy, dit Diane; tenez, monsieur.

Et elle rendit la clef au jeune homme.

— Madame, dit Bussy, dans quinze jours nous saurons ce qu'est véritablement M. de Monsoreau.

Et, saluant Diane avec un respect mêlé à la fois d'ardent amour et de profonde tristesse, Bussy disparut par les montées.

Diane inclina la tête vers la porte pour écouter le bruit des pas du jeune homme qui s'éloignait, et ce bruit avait déjà cessé depuis longtemps, que, le cœur bondissant et les yeux baignés de larmes, elle écoutait encore.

CHAPITRE XVII

COMMENT VOYAGEAIT LE ROI HENRI III, ET QUEL TEMPS IL LUI FALLAIT POUR ALLER DE PARIS
A FONTAINEBLEAU.

e jour qui se levait qua-
tre ou cinq heures après
les événements que nous
venons de raconter vit, à
à la lueur d'un soleil pâle
et qui argentait à peine
les franges d'un nuage
rougeâtre, le départ du
roi Henri III pour Fontainebleau, où, comme
nous l'avons dit, une grande chasse était pro-
jetée pour le surlendemain.

Ce départ, qui, chez un autre, fût resté inaperç-
çu, comme tous les actes de la vie de ce prince
étrange dont nous avons entrepris d'esquisser le
règne, faisait au contraire événement par le bruit
et le mouvement qu'il traînait avec lui.

En effet, sur le quai du Louvre, vers les huit
heures du matin, commençait à s'allonger, sortant par la grande porte située entre la tour du
Coin et la rue de l'Astruce, une foule de gentilshommes de service, montés sur de bons chevaux
et enveloppés de manteaux fourrés, puis les pages
en grand nombre, puis un monde de laquais, et
enfin une compagnie de Suisses, précédant immédiatement la litière royale.

Cette litière, traînée par huit mules richement
caparaçonnées, mérite une mention toute particulière.

C'était une machine formant un carré long,
supportée par quatre roues, toute garnie de
coussins à l'intérieur, toute drapée de rideaux
de brocart à l'extérieur; elle pouvait avoir quinze
pieds de long sur huit de large. Dans les endroits
difficiles, ou dans les montagnes trop rudes, on
substituait aux huit mules un nombre indéfini de
bœufs dont la lente mais vigoureuse opiniâtreté
n'ajoutait pas à la vitesse, sans doute, mais
donnait au moins l'assurance d'arriver au but,

sinon une heure, du moins deux ou trois heures
plus tard.

Cette machine contenait le roi Henri III et
toute sa cour, moins la reine, Louise de Vaudemont, qui, il faut le dire, faisait si peu partie de
la cour de son mari, si ce n'est dans les pèlerins-
nages et dans les processions, que ce n'est point
la peine d'en parler.

Laissons donc la pauvre reine de côté, et disons
de quoi se composait la cour de voyage du roi
Henri.

Elle se composait du roi Henri III d'abord, de
son médecin Marc Miron, de son chapelain, dont
le nom n'est point parvenu jusqu'à nous, de son
fou Chicot, notre vieille connaissance, des cinq
ou six mignons en faveur, et qui étaient, pour le
moment, Quélus, Schomberg, d'Épernon, d'O
et Maugiron, d'une paire de grands chiens
lévriers qui, au milieu de tout ce monde, assis,
couché, debout, agenouillé, accoudé, glissaient
leurs longues têtes de serpents, souvent de minute en minute, avec des bâillements démesurés,
et d'une corbeille de petits chiens anglais que le
roi portait tantôt sur ses genoux, tantôt suspendue à son cou par une chaîne ou par des
rubans.

De temps en temps on tirait d'une espèce de
niche pratiquée à cet effet une chienne aux ma-
melles gonflées de lait qui donnait à teter à tout
ce corbillon de petits chiens, que regardaient en
compassion et en collant leur museau pointu
contre le chapelet de têtes de mort qui cliquetait
au côté gauche du roi, les deux grands lévriers
qui, sûrs de la faveur toute particulière dont ils
jouissaient, ne se donnaient pas même la peine
d'être jaloux.

Au plafond de la litière se balançait une cage
en fils de cuivre doré, contenant les plus belles

tourterelles du monde, c'est-à-dire avec un plumage blanc comme la neige et un double collier noir.

Quand par hasard quelque femme entrait dans la litière royale, la ménagerie s'augmentait de deux ou trois singes de l'espèce des ouistitis ou des sapajous, le singe étant pour le moment l'animal en faveur près des élégantes de la cour du dernier Valois.

Une Notre-Dame de Chartres, sculptée en marbre par Jean Goujon pour le roi Henri II, était posée debout au fond de la litière dans une niche dorée, et abaissait sur son divin Fils des regards qui semblaient tout étonnés de ce qu'ils voyaient.

Aussi tous les pamphlets du temps, et il n'en manquait pas, tous les vers satiriques de l'époque, et il s'en élucubrait bon nombre, faisaient-ils à cette litière l'honneur de s'occuper fréquemment d'elle, et la désignaient-ils sous le nom d'arche de Noé.

Le roi était assis au fond de la litière, juste au-dessous de la niche de Notre-Dame : à ses pieds, Quélus et Maugiron tressaient des rubans, ce qui était une des occupations les plus sérieuses des jeunes gens de l'époque, dont quelques-uns étaient arrivés à faire, par une force de combinaison inconnue auparavant, et qui ne s'est pas retrouvée depuis, des nattes à douze brins ; Schomberg, dans un angle, faisait une tapisserie à ses armes, avec une nouvelle devise, qu'il croyait avoir trouvée et qu'il n'avait que retrouvée ; dans l'autre coin causaient le chapelain et le docteur ; d'O et d'Epernon regardaient par les ouvertures et, réveillés trop matin, bâillaient comme les lévriers ; enfin Chicot, assis sur une des portières, les jambes pendantes hors de la machine, afin d'être toujours prêt à descendre ou à remonter, selon son caprice, chantait des cantiques, récitait des pasquils ou faisait des anagrammes, selon la fureur du temps, et trouvait dans chaque nom de courtisan, soit français, soit latin, des personnalités infiniment désagréables pour celui dont il estropiait ainsi l'individualité.

En arrivant à la place du Châtelet, Chicot commença d'entamer un cantique.

Le chapelain qui, ainsi que nous l'avons dit, causait avec Miron, se retourna en fronçant le sourcil.

— Chicot, mon ami, dit Sa Majesté, prends garde à toi ; écharpe mes mignons, mets en pièces Ma Majesté, dis ce que tu voudras de Dieu, Dieu est bon, mais ne te brouille pas avec l'Église.

— Merci de l'avis, mon fils, dit Chicot ; je ne voyais pas notre digne chapelain qui cause là-bas, avec le docteur, du dernier mort qu'il lui a envoyé à mettre en terre, et qui se plaint que c'était le troisième de la journée, et toujours aux heures des repas, ce qui le dérange. Pas de cantiques, tu parles d'or ; c'est trop vieux. Je vais te chanter une chanson toute nouvelle.

— Sur quel air ? demanda le roi.

— Toujours le même, dit Chicot, et il se mit à chanter à pleine gorge :

> Notre roi doit cent millions.

— Je dois plus que cela, dit Henri ; ton chansonnier est mal renseigné, Chicot.

Chicot reprit sans se démonter :

> Henri doit deux cents millions,
> Et faut, pour acquitter les dettes
> Que messieurs les mignons ont faites,
> De nouvelles inventions,
> Nouveaux impôts, nouvelles tailles,
> Qu'il faut, du profond des entrailles
> Des pauvres sujets, arracher,
> Malheureux qui traînent leurs vies
> Sous la griffe de ces harpies
> Qui avalent tout sans mâcher.

— Bien, dit Quélus, tout en nattant sa soie, tu as une belle voix, Chicot ; le second couplet, mon ami.

— Dis donc, Valois, dit Chicot sans répondre à Quélus, empêche donc tes amis de m'appeler leur ami ; cela m'humilie.

— Parle en vers, Chicot, répondit le roi ; ta prose ne vaut rien.

— Soit, dit Chicot, et il reprit :

> Leur parler et leur vêtement
> Se voient tels, qu'une honnête femme
> Aurait peur d'en recevoir blâme,
> Vêtue aussi lascivement
> Leur cou ne se tourne à son aise,
> Dedans les replis de leur fraise;
> Déjà le froment n'est plus bon
> Pour l'emploi blanc de leur chemise.
> Et faut, pour façon plus exquise,
> Faire de riz leur amidon.

— Bravo! dit le roi, n'est-ce pas toi, d'O, qui as inventé l'amidon de riz ?

— Non pas, sire, dit Chicot, c'est M. de Saint-Mégrin, qui est trépassé l'an dernier, sous les coups de M. de Mayenne ; que diable, ne lui

Chicot. — Page 101

enlevez pas ça, à ce pauvre mort, il ne compte que sur cet amidon et sur ce qu'il a fait à M. de Guise pour aller à la postérité; en lui enlevant l'amidon, il resterait à moitié route.

Et, sans faire attention à la figure du roi, qui s'assombrissait à ce souvenir, Chicot continua :

    Leur poil est tondu au compas.

— Il est toujours question des mignons, bien entendu, interrompit Chicot.

— Oui, oui, va, dit Schomberg.

— Chicot reprit :

    Leur poil est tondu au compas,
    Mais non d'une façon pareille,
    Car en avant, depuis l'oreille,
    Il est long et derrière bas.

— Sa chanson est déjà vieille, dit d'Épernon.
— Vieille ! elle est d'hier.
— Eh bien, la mode a changé ce matin ; regarde.

Et d'Épernon ôta son toquet pour montrer à Chicot ses cheveux de devant presque aussi ras que ceux de derrière.

— Oh! la vilaine tête! dit Chicot.

Et il continua :

> Leurs cheveux droits par artifice,
> Par la gomme qui les hérisse,
> Retordent leurs plis refrisés;
> Et, dessus leur tête légère,
> Un petit bonnet par derrière
> Les rend encor plus déguisés.

Je passe le quatrième couplet, dit Chicot, il est trop immoral. Et il reprit :

> Pensez-vous que nos vieux François,
> Qui par leurs armes valeureuses
> En tant de guerres dangereuses
> Ont fait retentir leurs exploits,
> Et perdant le fruit de leur gloire
> Avec le nom de leur victoire,
> En tant de périlleux hasards,
> Eussent la chemise empesée,
> Eussent la perruque frisée,
> Eussent le teint blanchi de fards?

— Bravo! dit Henri, et, si mon frère était là, il te serait bien reconnaissant, Chicot.

— Qui appelles-tu ton frère, mon fils? dit Chicot. Est-ce par hasard Joseph Foulon, abbé de Sainte-Geneviève, chez lequel on dit que tu vas faire tes vœux?

— Non pas, dit Henri, qui se prêtait à toutes les plaisanteries de Chicot. Je parle de mon frère François.

— Ah! tu as raison : celui-là n'est pas ton frère en Dieu, mais frère en diable. Bon! bon! tu parles de François, fils de France par la grâce de Dieu, duc de Brabant, de Lauthier, de Luxembourg, de Gueldre, d'Alençon, d'Anjou, de Touraine, de Berry, d'Évreux et de Château-Thierry, comte de Flandres, de Hollande, de Zélande, de Zutphen, du Maine, du Perche, de Mantes, Meulan et Beaufort, marquis du Saint-Empire, seigneur de Frise et de Malines, défenseur de la liberté belge ; à qui la nature a fait un nez, à qui la petite vérole en a fait deux, et sur qui, moi, j'ai fait ce quatrain :

> Messieurs, ne soyez étonnés
> Si voyez à François deux nez,
> Car, par droit comme par usage,
> Faut deux nez à double visage.

Les mignons éclatèrent de rire, car le duc d'Anjou était leur ennemi personnel, et l'épigramme contre le prince leur fit momentanément oublier le pasquil que Chicot venait de chanter contre eux.

Quant au roi, comme jusqu'à ce moment il n'avait reçu que les éclaboussures de ce feu roulant, il riait plus haut que tout le monde, n'épargnant personne, donnant du sucre et de la pâtisserie à ses chiens et frappant de la langue sur son frère et sur ses amis.

Tout à coup Chicot s'écria :

— Oh! ce n'est pas politique; Henri, Henri, c'est audacieux et imprudent.

— Quoi donc? dit le roi.

— Non, foi de Chicot, tu ne devrais pas avouer ces choses-là! fi donc!

— Quelles choses? demanda Henri étonné.

— Ce que tu dis de toi-même, quand tu signes ton nom ; ah! Henriquet, ah! mon fils!

— Gare à vous, sire, dit Quélus, qui soupçonnait quelque méchanceté sous l'air confit en douceur de Chicot.

— Que diable veux-tu dire? demanda le roi.

— Comment signes-tu, voyons?

— Pardieu.... je signe.... je signe.... Henri de Valois.

— Bon; remarquez, messieurs, dit Chicot, que je ne le lui fais pas dire; voyons, n'y a-t-il pas moyen de trouver un V dans ces treize lettres?

— Sans doute, Valois commence par un V.

— Prenez vos tablettes, messire chapelain, car voici le nom sous lequel il vous faut désormais inscrire le roi : Henri de Valois n'est qu'une anagramme.

— Comment?

— Oui, qu'une anagramme ; je vais vous dire le véritable nom de Sa Majesté actuellement régnante. Nous disons : Dedans Henri de Valois il y a un V, mettez un V sur vos tablettes.

— C'est fait, dit d'Épernon.

— N'y a-t-il pas aussi un i?

— Certainement, c'est la dernière lettre du mot Henri.

— Que la malice des hommes est grande, dit Chicot, d'avoir été séparer ainsi des lettres faites pour être accolées l'une à l'autre! Mettez-moi un i à côté du V. Cela y est-il?

— Oui, dit d'Épernon.

— Cherchons bien maintenant si nous ne trouverons pas un l ; ça y est, n'est-ce pas? un a, ça y est encore ; un autre i, nous le tenons ; enfin, un n. Bon. Sais-tu lire, Nogaret?

— Je l'avoue à ma honte, dit d'Épernon.

— Allons donc, maraud, est-ce que, par hasard, tu te crois d'assez grande noblesse pour être ignorant?

— Drôle! fit d'Épernon en levant sa sarbacane sur Chicot.

— Frappe, mais épelle, dit Chicot.

D'Épernon se mit à rire et épela.

— Vi-lain, vilain! dit-il.

— Bon! s'écria Chicot. Tu vois, Henri, comme cela commence, voilà déjà ton vrai nom de baptême retrouvé. J'espère que tu me feras une pension comme celle que notre frère Charles IX faisait à M. Amyot, quand je vais avoir retrouvé ton nom de famille.

— Tu te feras bâtonner, Chicot, dit le roi.

— Où cueille-t-on les cannes avec lesquelles on bâtonne les gentilshommes, mon fils, est-ce en Pologne? dis-moi cela.

— Il me semble cependant, dit Quélus, que M. de Mayenne ne s'en est pas privé avec toi, mon pauvre Chicot, le jour où il t'a trouvé avec sa maîtresse.

— Aussi est-ce un compte qui nous reste à régler ensemble. Soyez tranquille, monsieur Cupido, la chose est là, portée à son débit.

Et Chicot mit la main à son front; ce qui prouve que dès ce temps on reconnaissait la tête pour le siège de la mémoire.

— Voyons, Quélus, dit d'Épernon, tu verras que, grâce à toi, nous allons laisser échapper le nom de famille.

— Ne crains rien, dit Chicot, je le tiens, à M. de Guise je dirais: par les cornes; mais à toi, Henri, je me contenterai de dire: par les oreilles.

— Voyons le nom, voyons le nom! dirent tous les jeunes gens.

— Nous avons d'abord, dans ce qui nous reste de lettres, un H majuscule; prends l'H, Nogaret.

D'Épernon obéit.

— Puis un e, puis un r, puis là-bas, dans Valois, un o; puis, comme tu sépares le prénom du nom par ce que les grammairiens appellent particule, je mets la main sur un d et sur un e, ce qui va nous faire, avec l's qui termine le nom de la race, ce qui va nous faire... épelle, d'Epernon, H, é, r, o, d, e, s.

— Hérodes, dit d'Epernon.

— Vilain Hérodes! s'écria le roi.

— Juste, dit Chicot; et voilà ce que tu signes tous les jours, mon fils. Oh!

Et Chicot se renversa en donnant tous les signes d'une pudibonde horreur.

— Monsieur Chicot, vous passez les bornes, dit Henri.

— Moi, dit Chicot, je dis ce qui est, pas autre chose; mais voilà bien les rois: avertissez-les, ils se fâchent.

— Voilà une belle généalogie! dit Henri.

— Ne la renie pas, mon fils, dit Chicot; ventre de biche! c'est la bonne pour un roi qui, deux ou trois fois par mois, a besoin des juifs.

— Il est dit, s'écria le roi, que ce maroufle-là n'aura pas le dernier. Messieurs, taisez-vous; de cette façon-là, du moins, personne ne lui donnera la réplique.

Il se fit à l'instant même le plus profond silence. Et ce silence, que Chicot, fort attentif au chemin que l'on parcourait, ne paraissait aucunement disposé à rompre, durait depuis quelques minutes, lorsque, au delà de la place Maubert, à l'angle de la rue des Noyers, on vit Chicot s'élancer tout à coup hors de la litière, écarter les gardes, et aller s'agenouiller à l'angle d'une maison d'assez bonne apparence, et qui avançait sur la rue un balcon de bois sculpté sur un entablement de poutrelles peintes.

— Hé! païen, cria le roi, si tu as à t'agenouiller, agenouille-toi au moins devant la croix qui fait le milieu de la rue Sainte-Geneviève, et non pas devant cette maison; renferme-t-elle donc quelque église, ou cache-t-elle quelque reposoir?

Mais Chicot ne répondait point; il s'était jeté à deux genoux sur le pavé, et disait tout haut cette prière, dont, en prêtant l'oreille, le roi ne perdait pas un mot:

« Bon Dieu! Dieu juste! voici, je la reconnais bien, et toute ma vie je la reconnaîtrai, voici la maison où Chicot a souffert, sinon pour toi, mon Dieu, mais du moins pour une de tes créatures; Chicot ne t'a jamais demandé qu'il arrivât malheur à M. de Mayenne, auteur de son martyre, ni à maître Nicolas David, instrument de son supplice. Non, Seigneur, Chicot a su attendre, car Chicot est patient, quoiqu'il ne soit pas éternel, et voilà six bonnes années, dont une année bissextile, que Chicot entasse les intérêts du petit compte ouvert entre lui et MM. de Mayenne et Nicolas David; or, à dix du cent, qui est le taux légal, puisque c'est le taux auquel le roi emprunte, en sept ans les intérêts cumulés doublent le capital. Fais donc, grand Dieu! Dieu juste! que la patience de Chicot dure un an encore, afin que les cinquante coups d'étrivières que Chicot a reçus dans cette maison par les

J. A. BEAUCE   PISAN

Et Chicot les suivit de loin, sans les perdre un instant de vue. — Page 106.

ordres de cet assassin de prince lorrain et de ce spadassin d'avocat normand, et qui ont tiré du corps de Chicot une pinte de sang, s'élèvent à deux pintes et à cent coups d'étrivières, et pour chacun d'eux; de telle façon que M. de Mayenne, tout gros qu'il soit, et Nicolas David, tout long qu'il est, n'aient plus assez de sang ni de peau pour payer Chicot, et qu'ils en soient réduits à faire banqueroute de quinze ou vingt pour cent, en expirant sous le quatre-vingtième ou quatre-vingt-cinquième coup de verge

« Au nom du Père, et du Fils, et du Saint-Esprit. Ainsi soit-il ! »

— Amen ! dit le roi.

Chicot baisa la terre, et, au suprême ébahissement de tous les spectateurs, qui ne comprenaient rien à cette scène, il revint prendre sa place dans la litière.

— Ah çà ! dit le roi, à qui son rang, dénué depuis trois ans de tant de prérogatives qu'il avait laissé prendre aux autres, donnait au moins le droit d'être instruit le premier, ah çà ! maître

Chicot, pourquoi cette longue et singulière litanie, pourquoi tous ces coups dans la poitrine, pourquoi enfin toutes ces momeries devant une maison d'apparence si profane ?

— Sire, répliqua Chicot, c'est que Chicot est comme le renard, Chicot flaire et baise long-temps les pierres où il a laissé de son sang, jusqu'à ce que, contre ces pierres, il écrase la tête de ceux qui l'ont versé.

— Sire ! s'écria Quélus, je parierais : Chicot a prononcé, comme Votre Majesté a pu l'entendre, dans sa prière le nom du duc de Mayenne ; je parierais donc que cette prière a rapport à la bastonnade dont nous parlions tout à l'heure.

— Pariez, seigneur Jacques de Lévis, comte de Quélus, dit Chicot; pariez et vous gagnerez.

— Ainsi donc?... dit le roi.

— Justement, sire, reprit Chicot : dans cette maison Chicot avait une maîtresse, bonne et charmante créature, une demoiselle, ma foi. Une nuit qu'il la venait voir, certain prince jaloux fit entourer la maison, fit prendre Chicot et le fit bâtonner si rudement, que Chicot passa à travers la fenêtre, et que, le temps lui manquant pour l'ouvrir, il sauta du haut de ce petit balcon dans la rue. Or, comme c'est un miracle que Chicot ne se soit pas tué, chaque fois que Chicot passe devant cette maison, il s'agenouille, prie, et, dans sa prière, remercie le Seigneur de l'avoir tiré d'un si mauvais pas.

— Ah ! pauvre Chicot ! et vous qui le con-damniez, sire ; c'est cependant, ce me semble, agir en bon chrétien que de faire ce qu'il fait.

— Tu as donc été bien rossé, mon pauvre Chicot ?

— Oh ! merveilleusement, sire ; mais pas en-core autant qu'il l'aurait voulu.

— Comment cela?

— Non, en vérité, je n'eusse point été fâché de recevoir quelques estocades.

— Pour tes péchés ?

— Non, pour ceux de M. de Mayenne.

— Ah ! je comprends : ton intention est de rendre à César...

— A César, non pas ; ne confondons point, sire; César, c'est le grand général, c'est le guerrier vaillant, c'est le frère aîné, celui qui veut être roi de France ; non, celui-là est en compte avec Henri de Valois, et c'est toi que ce compte re-garde, mon fils ; paye tes dettes, Henri, je payerai les miennes.

Henri n'aimait pas qu'on lui parlât de son cousin de Guise, aussi l'apostrophe de Chicot

le rendit-elle sérieux, si bien que l'on arriva vers Bicêtre sans que la conversation interrompue eût repris son cours.

On avait mis trois heures à aller du Louvre à Bicêtre ; si bien que les optimistes comptaient arriver le lendemain soir à Fontainebleau, tandis que les pessimistes offraient de parier qu'on n'arriverait que le surlendemain vers midi.

Chicot prétendait qu'on n'arriverait pas du tout.

Une fois sorti de Paris, le cortège parut se mouvoir plus à son aise ; la matinée était assez belle, le vent soufflait avec moins de violence ; le soleil avait enfin réussi à percer son voile de nuages, et l'on eût dit un de ces beaux jours d'octobre pendant lesquels, au bruit des dernières feuilles qui tombent, les promeneurs plongent les yeux avec un doux regard dans le mystère bleuâtre des bois murmurants.

Il était trois heures de l'après-midi, quand le cortège arriva aux premières murailles de l'enclos de Juvisy. De ce point, on apercevait déjà le pont bâti sur l'Orge, et la grande hôtellerie de la Cour de France, qui confiait à la brise aiguë du soir le parfum de ses tournebroches et les bruits joyeux de son foyer.

Le nez de Chicot saisit au vol les émanations culinaires. Il se pencha hors de la litière, et vit de loin, sur la porte de l'hôtellerie, plusieurs hommes enveloppés de leurs manteaux. Au milieu de ces hommes était un personnage gros et court, et dont le chapeau à larges bords cou-vrait entièrement la face.

Ces hommes rentrèrent précipitamment en voyant paraître le cortège.

Mais l'homme gros et court n'était point ren-tré si vite, que sa vue n'eût frappé Chicot. Aussi, au moment même où ce gros homme rentrait, notre Gascon sautait-il à bas de la litière royale, et, allant demander son cheval à un page qui le conduisait en bride, laissait-il, effacé dans l'angle d'une muraille et perdu dans les premières om-bres de la nuit, s'éloigner le cortège, qui conti-nuait son chemin vers Essonne, où le roi comptait coucher ; puis, lorsque les cavaliers eurent disparu, lorsque le bruit lointain des roues de la litière sur les pavés de la route se fut amorti dans l'espace, il sortit de sa cachette, fit le tour derrière le château et se présenta à la porte de l'hôtellerie, comme s'il venait de Fontainebleau. En arrivant devant la fenêtre, Chicot jeta un regard rapide à travers les vitres et vit avec plaisir que les hommes qu'il avait remarqués y étaient toujours, et parmi eux le personnage gros et court auquel il avait paru faire l'honneur d'accorder une attention toute particulière. Seulement, comme Chicot paraissait avoir des raisons de désirer de n'être point reconnu du susdit personnage, au lieu d'entrer dans la chambre où il était, il se fit servir une bouteille de vin dans la chambre en face, se plaçant de manière que nul ne pût gagner la porte sans être vu par lui.

De cette chambre, Chicot, prudemment placé dans l'ombre, pouvait plonger son regard jusqu'à l'angle d'une cheminée. Dans cet angle, sur un escabeau, était assis l'homme gros et court, lequel, croyant sans doute n'avoir à craindre aucune investigation, se laissait inonder par la lueur pétillante d'un foyer dont une brassée de sarments venait de redoubler la chaleur et la clarté.

— Je ne m'étais pas trompé, dit Chicot, et quand je faisais ma prière à la maison de la rue des Noyers, on eût dit que je flairais le retour de cet homme. Mais pourquoi revenir ainsi à la sourdine dans la bonne capitale de notre ami Hérodes? Pourquoi se cacher quand il passe? Ah! Pilate! Pilate! est-ce que le bon Dieu, par hasard, ne m'accorderait pas l'année que je lui ai demandée, et me forcerait au remboursement plus tôt que je ne le croyais?

Bientôt Chicot s'aperçut avec joie que, de l'endroit où il était placé, il pouvait non-seulement voir, mais encore que, par un de ces effets d'acoustique que ménage si capricieusement parfois le hasard, il pouvait entendre. Cette remarque faite, il se mit à prêter l'oreille avec une attention non moins grande que celle avec laquelle il tendait sa vue.

— Messieurs, dit l'homme gros et court à ses compagnons, je crois qu'il est temps de partir; le dernier laquais du cortége est passé depuis longtemps, et je crois qu'à cette heure la route est sûre.

— Parfaitement sûre, monseigneur, répondit une voix qui fit tressaillir Chicot, et qui sortait d'un corps auquel Chicot n'avait jusque-là accordé aucune attention, absorbé qu'il était dans la contemplation du personnage principal.

L'individu auquel appartenait le corps d'où sortait cette voix était aussi long que celui auquel il donnait le titre de monseigneur était court, aussi pâle qu'il était vermeil, aussi obséquieux qu'il était arrogant.

— Ah! maître Nicolas, se dit Chicot en riant sans bruit : *tu quoque...* C'est bon. Nous aurons bien triste chance si, cette fois-ci, nous nous séparons sans nous dire deux mots.

Et Chicot vida son verre et paya l'hôte, afin que rien ne le mît en retard quand il jugerait à propos de partir.

La précaution n'était pas mauvaise, car les sept personnes qui avaient attiré l'attention de Chicot payèrent à leur tour, ou plutôt le personnage gros et court paya pour tous, et, chacun ayant repris son cheval des mains d'un laquais ou d'un palefrenier et s'étant remis en selle, la petite troupe prit le chemin de Paris et s'enfonça bientôt dans les premières brumes du soir.

— Bon! dit Chicot, il va à Paris; alors j'y retourne.

Et Chicot, remontant à cheval à son tour, les suivit de loin, sans perdre un instant de vue leurs manteaux gris, ou, lorsque par prudence il les perdait de vue, sans cesser d'entendre le pas de leurs chevaux.

Toute cette cavalerie quitta la route de Fromenteau, prit à travers terre pour joindre Choisy, puis, passant la Seine au pont de Charenton, rentra par la porte Saint-Antoine pour aller se perdre, comme un essaim d'abeilles, dans l'hôtel de Guise, qui semblait n'attendre que leur arrivée pour se refermer sur eux.

— Bon! dit Chicot en s'embusquant au coin de la rue des Quatre-Fils, il y a non-seulement du Mayenne, mais encore du Guise là-dessous. Jusqu'à présent ce n'était que curieux, mais cela va devenir intéressant. Attendons.

Et Chicot attendit, en effet, une bonne heure, malgré la faim et le froid qui commençaient à le mordre de leurs dents aiguës. Enfin la porte se rouvrit : mais, au lieu de sept cavaliers enveloppés de leurs manteaux, ce furent sept moines génovéfains, enveloppés de leurs capuchons, qui reparurent en secouant d'énormes rosaires.

— Oh! fit Chicot, quel dénoûment inattendu! L'hôtel de Guise est-il donc si embaumé de sainteté, que les sacripans se changent en agneaux du Seigneur, rien qu'en touchant le seuil? C'est toujours de plus en plus intéressant.

Et Chicot suivit les moines, comme il avait suivi les cavaliers, ne doutant pas que les frocs ne recouvrissent les mêmes corps que couvraient les manteaux.

Les moines vinrent passer la Seine au pont Notre-Dame, traversèrent la Cité, franchirent le Petit-Pont, prirent la place Maubert et montèrent la rue Sainte-Geneviève.

— Ouais! dit Chicot, après avoir ôté son chapeau à la maison de la rue des Noyers, où le matin il avait fait sa prière, est-ce que nous retournons à Fontainebleau, par hasard? Dans ce cas-là je n'aurais pas pris le plus court. Mais non, je me trompe, nous n'irons pas si loin.

En effet, les moines venaient de s'arrêter à la porte de l'abbaye de Sainte-Geneviève et de s'enfoncer dans le porche, dans les profondeurs duquel on apercevait un autre moine du même ordre qu'eux, occupé à regarder avec l'attention la plus profonde les mains de ceux qui entraient.

— Tudieu! pensa Chicot, il paraît que, pour être admis ce soir à l'abbaye, il faut avoir les mains propres. Décidément, il se passe quelque chose d'extraordinaire.

Cette réflexion achevée, Chicot, assez embarrassé de ce qu'il allait faire pour ne point perdre les individus qu'il suivait, regarda autour de lui, et vit avec étonnement, par toutes les rues qui convergeaient à l'abbaye, poindre des capuchons, les uns isolés, les autres marchant deux à deux, mais tous s'acheminant vers l'abbaye.

— Ah çà! fit Chicot, il se tient donc ce soir chapitre général à l'abbaye, que tous les génovéfains de France sont convoqués? Voilà, foi de gentilhomme! la première fois qu'il me prend envie d'assister à un chapitre; mais, je l'avoue, l'envie me tient bien.

Et les moines s'enfonçaient sous le porche, montraient leurs mains ou quelque signe qu'ils tenaient dans leurs mains, et passaient.

— J'entrerais bien avec eux, se dit Chicot; mais, pour entrer avec eux, il me manque deux choses assez essentielles : d'abord la respectable robe qui les enveloppe, attendu que je n'aperçois aucun laïque parmi ces saints personnages, et secondement cette chose qu'ils montrent au frère portier, car décidément ils montrent quelque chose. Ah! frère Gorenflot, frère Gorenflot! si je t'avais là sous la main, mon digne ami!

Cette exclamation était arrachée à Chicot par le souvenir d'un des plus vénérables moines de l'ordre des génovéfains, convive habituel de Chicot, lorsque, par hasard, Chicot ne mangeait pas au Louvre, celui-là même avec lequel, le jour de la procession des pénitents, notre Gascon s'était arrêté à la buvette de la porte Montmartre et avait mangé une sarcelle et bu du vin épicé.

Et les moines continuaient d'abonder, qu'on eût cru que la moitié de la population parisienne avait pris le froc, et le frère portier, sans se lasser, les examinait avec autant d'attention les uns que les autres.

— Voyons, voyons, se dit Chicot, il y a décidément quelque chose d'extraordinaire ce soir. Soyons curieux jusqu'au bout. Il est sept heures et demie, la quête est terminée. Je dois trouver frère Gorenflot à la *Corne d'Abondance*, c'est l'heure de son souper.

Chicot laissa la légion de moines faire ses évolutions aux environs de l'abbaye et s'engouffrer dans le portail, et, mettant son cheval au galop, il gagna la grande rue Saint-Jacques, où, en face du cloître Saint-Benoît, s'élevait, florissante et très-cultivée des écoliers et des moines ergoteurs, l'hôtellerie de la Corne d'Abondance.

Chicot était connu dans la maison, non pas comme un habitué, mais comme un de ces mystérieux hôtes qui venaient de temps en temps laisser un écu d'or et une parcelle de leur raison dans l'établissement de maître Claude Bonhomet. Ainsi se nommait le dispensateur des dons de Cérès et de Bacchus, que versait incessamment la fameuse corne mythologique qui servait d'enseigne à sa maison.

CHAPITRE XVIII

OU LE LECTEUR AURA LE PLAISIR DE FAIRE CONNAISSANCE AVEC FRÈRE GORENFLOT, DONT IL A DÉJA
ÉTÉ PARLÉ DEUX FOIS DANS LE COURS DE CETTE HISTOIRE.

A la belle journée avait succédé une belle soirée ; seulement, comme la journée avait été froide, la soirée était plus froide encore. On voyait se condenser sous le chapeau des bourgeois attardés la vapeur de leur haleine rougie par les lueurs du falot. On entendait distinctement les pas des passants sur le sol glacé, et le *hum* sonore arraché par la froidure et répercuté par les surfaces élastiques, comme dirait un physicien de nos jours. En un mot, il faisait une de ces jolies gelées printanières qui font trouver un double charme à la belle couleur rose des vitres d'une hôtellerie.

Chicot entra dans la salle d'abord, plongea ses regards dans tous les coins et recoins, et, ne trouvant point parmi les hôtes de maître Claude celui qu'il cherchait, il passa familièrement à la cuisine.

Le maître de l'établissement était en train d'y faire une lecture pieuse, tandis qu'un flot de friture contenu dans une immense poêle était en train d'attendre le degré de chaleur nécessaire à l'introduction dans cette poêle de plusieurs merlans tout enfarinés.

Au bruit que fit Chicot en entrant, maître Bonhomet leva la tête.

— Ah ! c'est vous, mon gentilhomme ! dit-il en fermant son livre. Bonsoir et bon appétit.

— Merci du double souhait, quoique la moitié en soit faite autant à votre profit qu'au mien. Mais cela dépendra.

— Comment ? cela dépendra !

— Oui, vous savez que je ne puis souffrir manger seul.

— S'il le faut, monsieur, dit Bonhomet en le

vant son bonnet pistache, je souperai avec vous.

— Merci, mon cher hôte, quoique je vous sache excellent convive ; mais je cherche quelqu'un.

— Frère Gorenflot peut-être ? demanda Bonhomet.

— Justement, répondit Chicot ; a-t-il commencé de souper ?

— Non, pas encore ; mais dépêchez-vous cependant.

— Que je me dépêche ?

— Oui, car dans cinq minutes il aura fini.

— Frère Gorenflot n'a pas commencé de souper, et dans cinq minutes il aura fini, ditesvous ?

Et Chicot secoua la tête, ce qui, dans tous les pays du monde, passe pour le signe de l'incrédulité.

— Monsieur, dit maître Claude, c'est aujourd'hui mercredi, et nous entrons en carême.

— Eh bien, dit Chicot d'un air qui prouvait peu en faveur des tendances religieuses de Gorenflot, après ?

— Ah ! dame, répliqua Claude avec un geste qui signifiait évidemment : Je ne comprends pas plus que vous, mais c'est ainsi.

— Décidément, répliqua Chicot, il y a quelque chose de dérangé dans la machine sublunaire, cinq minutes pour le souper de Gorenflot ! Je suis destiné à voir aujourd'hui des choses miraculeuses.

Et, de l'air d'un voyageur qui met le pied sur une terre inconnue, Chicot fit quelques pas vers une espèce de cabinet particulier, dont il poussa la porte vitrée, fermée d'un rideau de laine à carreaux blancs et roses, et dans le fond duquel il aperçut, à la lueur d'une chandelle à la mèche fumeuse, le digne moine qui retournait négli gemment sur son assiette une maigre portion d'épinards cuits à l'eau, qu'il essayait de rendre plus savoureux par l'introduction dans cette substance herbacée d'un reste de fromage de Suresnes.

Pendant que le digne frère opère ce mélange avec une moue indiquant qu'il ne compte pas beaucoup sur cette triste combinaison, essayons de le présenter à nos lecteurs sous un jour qui les dédommagera d'avoir tardé si longtemps à faire sa connaissance.

Frère Gorenflot pouvait avoir trente-huit ans et cinq pieds de roi. Cette taille, un peu exiguë peut-être, était rachetée, à ce que disait le frère, par l'admirable harmonie des proportions; car, ce qu'il perdait en hauteur, il le rattrapait en largeur, comptant près de trois pieds de diamètre d'une épaule à l'autre, ce qui, comme chacun le sait, équivaut à neuf pieds de circonférence.

Au centre de ces omoplates herculéennes s'emmanchait un large cou sillonné de muscles gros comme le pouce et saillants comme des cordes. Malheureusement le cou, lui aussi, se trouvait en proportion avec le reste, c'est-à-dire qu'il était gros et court, ce qui, aux premières émotions un peu fortes qu'éprouverait frère Gorenflot, rendrait l'apoplexie imminente. Mais, ayant la conscience de cette défectuosité et du danger qu'elle lui faisait courir, frère Gorenflot ne s'impressionnait jamais; il était même, nous devons le dire, fort rare de le voir affecté aussi visiblement qu'il l'était à l'heure où Chicot entra dans le cabinet.

— Eh! notre ami, que faites-vous donc là? s'écria notre Gascon en regardant alternativement les herbes, Gorenflot, la chandelle non mouchée et certain hanap rempli jusqu'aux bords d'une eau teinte à peine par quelques gouttes de vin.

— Vous le voyez, mon frère, je soupe, répondit Gorenflot en faisant vibrer une voix puissante comme la cloche de son abbaye.

— Vous appelez cela souper, vous, Gorenflot? Des herbes, du fromage? Allons donc! s'écria Chicot.

— Nous sommes dans l'un des premiers mercredis de carême; faisons notre salut, mon frère, faisons notre salut! répondit Gorenflot en nasillant et en levant béatiquement les yeux au ciel.

Chicot demeura stupéfait; son regard indiquait qu'il avait déjà plus d'une fois vu Goren-flot glorifier d'une autre manière ce saint temps de carême dans lequel un venait d'entrer.

— Notre salut? répéta-t-il, et que diable l'eau et les herbes ont-elles à faire avec notre salut?

> — Vendredi chair ne mangeras,
> Ni le mercredi mêmement,

dit Gorenflot.

— Mais à quelle heure avez-vous déjeuné?

— Je n'ai point déjeuné, mon frère, dit le moine en nasillant de plus en plus.

— Ah! s'il ne s'agit que de nasiller, dit Chicot, je suis prêt à faire assaut avec tous les génovéfains du monde. Alors, si vous n'avez pas déjeuné, dit Chicot en nasillant en effet d'une façon immodérée, qu'avez-vous fait, mon frère?

— J'ai composé un discours, reprit Gorenflot en relevant fièrement la tête.

— Ah bah! un discours, et pourquoi faire?

— Pour le prononcer ce soir à l'abbaye.

— Tiens! pensa Chicot, un discours ce soir! c'est drôle.

— Et même, ajouta Gorenflot en portant à sa bouche une première fourchetée d'épinards au fromage, il faut que je songe à rentrer; mon auditoire s'impatienterait peut-être.

Chicot songea au nombre infini de moines qu'il avait vus s'avancer vers l'abbaye, et, se rappelant que M. de Mayenne, selon toute probabilité, était au nombre de ces moines, il se demanda comment Gorenflot, qui, jusqu'à ce jour, avait été apprécié pour des qualités qui n'avaient aucun rapport avec l'éloquence, avait été choisi par son supérieur Joseph Foulon, alors abbé de Sainte-Geneviève, pour prêcher devant le prince lorrain et une si nombreuse assemblée.

— Bah! dit-il, et à quelle heure prêchez-vous?

— De neuf heures à neuf heures et demie, mon frère.

— Bon. Nous avons neuf heures moins un quart. Vous me donnerez bien cinq minutes. Ventre de biche! il y a plus de huit jours que nous n'avons trouvé l'occasion de dîner ensemble.

— Ce n'est point notre faute, dit Gorenflot, et notre amitié n'en souffre nulle atteinte, je vous prie de le croire, très-cher frère; les devoirs de votre charge vous enchaînent près de notre grand roi Henri III, que Dieu conserve! Les devoirs de mon état m'imposent la quête et après la quête les prières ; il n'est donc pas étonnant que nous nous trouvions séparés.

— Oui ; mais, corbœuf ! dit Chicot, c'est, ce me semble, une nouvelle raison d'être joyeux quand nous nous retrouvons !

— Aussi je suis infiniment joyeux, dit Gorenflot avec la plus piteuse mine de la terre ; mais il n'en faut pas moins que je vous quitte.

Et le moine fit un mouvement pour se lever.

— Achevez au moins vos herbes, dit Chicot en lui posant la main sur l'épaule et le faisant se rasseoir.

Gorenflot regarda les épinards et poussa un soupir ; puis ses yeux se portèrent sur l'eau rougie, et il détourna la tête.

Chicot vit que le moment était venu de commencer l'attaque.

— Vous rappelez-vous ce petit dîner dont je vous parlais tout à l'heure, hein ? dit-il, à la porte Montmartre, vous savez, où, tandis que notre grand roi Henri III se fouettait et fouettait les autres, nous mangeâmes une sarcelle des marais de la Grange-Batelière avec un coulis d'écrevisses, et nous bûmes de ce joli vin de Bourgogne ; comment appelez-vous donc ce vin-là ? N'est-ce pas un vin que vous avez découvert ?

— C'est un vin de mon pays, dit Gorenflot, de la Romanée.

— Oui, oui, je me rappelle, c'est le lait que vous avez tété en venant au monde, digne fils de Noël !

Gorenflot passa avec un mélancolique sourire sa langue sur ses lèvres.

— Que dites-vous de ce vin ? dit Chicot.

— Il était bon, dit le moine ; mais il y en a cependant de meilleur.

— C'est ce que soutenait l'autre soir Claude Bonhomet notre hôte, lequel prétend qu'il en a dans sa cave cinquante bouteilles près duquel celui de son confrère de la porte Montmartre n'est que de la piquette.

— C'est la vérité, dit Gorenflot.

— Comment ! c'est la vérité ? s'écria Chicot, et vous buvez de cette abominable eau rougie, quand vous n'avez que le bras à tendre pour boire de pareil vin ! Pouah !

Et Chicot, prenant le hanap, en jeta le contenu par la chambre.

— Il y a temps pour tout, mon frère, dit Gorenflot. Le vin est bon lorsqu'on n'a plus à faire, après l'avoir bu, qu'à glorifier le Dieu qui l'a fait ; mais, lorsque l'on a un discours à prononcer, l'eau est préférable, non pas au goût, mais à l'usage : *facunda est aqua.*

— Bah ! fit Chicot. *Magis facundum est vinum,* et la preuve, c'est que moi, qui ai aussi un discours à prononcer et qui ai foi dans ma recette, je vais demander une bouteille de ce vin de la Romanée, et, ma foi, que me conseillez-vous de prendre avec, Gorenflot ?

— Ne prenez pas de ces herbes, dit le moine, elles sont on ne peut plus mauvaises.

— Bzzzou, fit Chicot en prenant l'assiette de Gorenflot et en la portant à son nez, bzzzou !

Et, cette fois, ouvrant une petite fenêtre, il jeta dans la rue herbes et assiette.

Puis, se retournant :

— Maître Claude ! cria-t-il.

L'hôte, qui probablement se tenait aux écoutes, parut sur le seuil.

— Maître Claude, dit Chicot, apportez-moi deux bouteilles de ce vin de la Romanée que vous prétendez avoir meilleur que personne.

— Deux bouteilles ! dit Gorenflot. — Pourquoi faire, puisque je n'en bois pas ?

— Si vous en buviez, j'en ferais venir quatre bouteilles, j'en ferais venir six bouteilles, je ferais venir tout ce qu'il y a dans la maison, dit Chicot. — Mais, quand je bois seul, je bois mal, et deux bouteilles me suffiront.

— En effet, dit Gorenflot, deux bouteilles, c'est raisonnable, et, si vous ne mangez avec cela que des substances maigres, votre confesseur n'aura rien à vous dire.

— Certainement, dit Chicot, du gras un mercredi de carême, fi donc !

Et, se dirigeant vers le garde-manger, tandis que maître Bonhomet s'en allait chercher à la cave les deux bouteilles demandées, il en tira une fine poularde du Mans.

— Que faites-vous là, mon frère ? dit Gorenflot, qui suivait avec un intérêt involontaire les mouvements du Gascon, que faites-vous là ?

— Vous voyez, je m'empare de cette carpe, de peur qu'un autre ne mette la main dessus. Les mercredis de carême, il y a concurrence sur ces sortes de comestibles.

— Une carpe ! dit Gorenflot étonné.

— Sans doute, une carpe, dit Chicot en lui mettant sous les yeux l'appétissante volaille.

— Et depuis quand une carpe a-t-elle un bec ? demanda le moine.

— Un bec ! dit le Gascon, où voyez-vous un bec ? je ne vois qu'un museau.

— Des ailes ? continua le génovéfain.

— Des nageoires.

— Des plumes?

— Des écailles, mon cher Gorenflot, vous êtes ivre.

— Ivre! s'écria Gorenflot, ivre! Oh! par exemple! moi qui n'ai mangé que des épinards et qui n'ai bu que de l'eau!

— Eh bien, ce sont vos épinards qui vous chargent l'estomac, et votre eau qui vous monte à la tête.

— Parbleu! dit Gorenflot, voici notre hôte, il décidera.

— Quoi?

— Si c'est une carpe ou une poularde.

— Soit. Mais d'abord qu'il débouche le vin. Je tiens à savoir si c'est le même. Débouchez, maître Claude.

Maître Claude déboucha une bouteille et en versa un demi-verre à Chicot.

Chicot avala le demi-verre et fit claper sa langue.

— Ah! dit-il, je suis un triste dégustateur, et ma langue n'a pas la moindre mémoire; il m'est impossible de dire s'il est plus mauvais, s'il est meilleur que celui de la porte Montmartre. Je ne suis pas même sûr que ce soit le même.

Les yeux de Gorenflot étincelaient en regardant au fond du verre de Chicot les quelques gouttes de rubis liquide qui y étaient restées.

— Tenez, mon frère, dit Chicot en versant plein un dé de vin dans le verre du moine, vous êtes en ce monde pour votre prochain, dirigez-moi.

Gorenflot prit le verre, le porta à ses lèvres, et dégusta lentement le peu de liqueur qu'il contenait.

— C'est du même cru à coup sûr, dit-il; mais...

— Mais? reprit Chicot.

— Mais il y en avait trop peu, reprit le moine, pour que je puisse dire s'il était plus mauvais ou meilleur.

— Je tiens cependant à le savoir, dit Chicot. Peste! je ne veux pas être trompé, et, si vous n'a-viez pas un discours à prononcer, mon frère, je vous prierais de déguster ce vin une seconde fois.

— Ce sera pour vous faire plaisir, dit le moine.

— Pardieu! fit Chicot.

Et il remplit à moitié le verre du génové-fain.

Gorenflot porta le verre à ses lèvres avec non moins de respect que la première fois, et le dégusta avec non moins de conscience.

— Meilleur, dit-il, meilleur, j'en réponds.

— Bah! vous vous entendez avec notre hôte!

— Un bon buveur, dit Gorenflot, doit au premier coup reconnaître le cru, au second la qualité, au troisième l'année.

— Oh! l'année, dit Chicot, que je voudrais donc savoir l'année de ce vin!

— C'est bien facile, reprit Gorenflot en tendant son verre, versez-m'en deux gouttes seulement, et je vais vous la dire.

Chicot remplit le verre du moine aux trois quarts; le moine vida le verre lentement, mais sans s'y reprendre.

— 1561, dit-il en reposant le verre.

— Noël! cria Claude Bonhomet, 1561, c'est juste cela!

— Frère Gorenflot, dit le Gascon en se découvrant, on en a béatifié à Rome qui ne le méritaient pas autant que vous.

— Un peu d'habitude, mon frère, dit modestement Gorenflot.

— Et de prédisposition, dit Chicot. Peste! l'habitude seule n'y fait rien, témoin moi, qui ai la prétention d'avoir l'habitude. Eh bien, que faites-vous donc?

— Vous le voyez, je me lève.

— Pour quoi faire?

— Pour aller à mon assemblée.

— Sans manger un morceau de ma carpe?

— Ah! c'est vrai, dit Gorenflot; il paraît, mon digne frère, que vous vous connaissez encore moins en nourriture qu'en boisson. Maître Bonhomet, qu'est-ce que c'est que cet animal?

Et le frère Gorenflot montra l'objet de la discussion.

L'aubergiste regarda avec étonnement celui qui lui faisait cette question.

— Oui, reprit Chicot, on vous demande qu'est-ce que cet animal?

— Parbleu! dit l'hôte, c'est une poularde.

— Une poularde! reprit Chicot d'un air consterné.

— Et du Mans même, continua maître Claude.

— Eh bien? fit Gorenflot triomphant.

— Eh bien, dit Chicot, j'ai tort, à ce qu'il paraît. Mais, comme je tiens beaucoup à manger cette poularde et à ne point pécher cependant, faites-moi le plaisir, mon frère, au nom de nos sentiments réciproques, de jeter sur elle quelques gouttes d'eau et de la baptiser carpe.

— Ah! ah! fit Gorenflot.

— Oui, je vous prie, dit le Gascon, sans quoi j'aurai mangé peut-être quelque animal en état de péché mortel.

— Soit! dit Gorenflot, qui, par sa nature, excellent compagnon, commençait d'être mis en train par les trois dégustations qu'il avait faites; mais il n'y a plus d'eau.

— Il est dit, je ne sais plus où, reprit Chicot : « Tu te serviras, en cas d'urgence, de ce que tu trouveras sous la main. » L'intention fait tout; baptisez avec du vin, mon frère; baptisez avec du vin; l'animal en sera peut-être un peu moins catholique; mais il n'en sera pas plus mauvais.

Et Chicot remplit bord à bord le verre du moine; la première bouteille y passa.

— Au nom de Bacchus, de Momus et de Comus, trinité du grand saint Pantagruel, dit Gorenflot, je te baptise carpe.

Et, trempant le bout de ses doigts dans le vin, il en laissa tomber deux ou trois gouttes sur l'animal.

— Maintenant, dit le Gascon en choquant son verre contre celui du moine, à la santé de la nouvelle baptisée; puisse-t-elle être cuite à point, et puisse l'art que va déployer maître Claude Bonhomet pour la perfectionner ajouter encore aux qualités qu'elle a reçues de la nature!

— A sa santé! dit Gorenflot en interrompant un rire bruyant pour avaler le verre de vin de Bourgogne que lui avait versé Chicot, à sa santé, morbleu! voilà de fier vin!

— Maître Claude, dit Chicot, mettez-moi incontinent cette carpe à la broche; arrosez-la-moi avec du beurre frais, dans lequel vous allez hacher menu du lard et des échalotes; puis, quand elle commencera à se dorer, glissez-moi deux rôties dans la lèchefrite, et servez chaud.

Gorenflot ne soufflait pas le mot, mais il approuvait de l'œil, et avec un certain petit mouvement de tête qui indiquait une complète adhésion.

— Maintenant, dit Chicot quand il eut vu ses intentions remplies, des sardines, maître Bonhomet, du thon. Nous sommes en carême, comme le disait tout à l'heure le pieux frère Gorenflot, et je veux faire un dîner tout à fait maigre. Puis, attendez donc, deux autres bouteilles de cet excellent vin de la Romanée, de 1561.

Les parfums de cette cuisine, qui rappelait la cuisine méridionale, si chère aux véritables gourmands, commençaient à se répandre et montaient insensiblement au cerveau du moine.

Sa langue devint humide, ses yeux brillèrent; mais il se contint encore, et même il fit un mouvement pour se lever.

— Ainsi donc, dit Chicot, vous me quittez comme cela, au moment du combat?

— Il le faut, mon frère, dit Gorenflot en levant les yeux au ciel pour bien indiquer à Dieu le sacrifice qu'il lui faisait.

— C'est bien imprudent à vous d'aller prononcer un discours à jeun.

— Pourquoi? bégaya le moine.

— Parce que vous manquerez de poumons, mon frère; Galien l'a dit : *Pulmo hominis facile deficit.* Le poumon de l'homme est faible et manque facilement.

— Hélas! oui, dit Gorenflot, et je l'ai souvent éprouvé moi-même; si j'avais eu des poumons, j'eusse été un foudre d'éloquence.

— Vous voyez, fit Chicot.

— Heureusement, reprit Gorenflot en retombant sur sa chaise, heureusement que j'ai du zèle.

— Oui, mais le zèle ne suffit pas; à votre place, je goûterais de ces sardines et je boirais encore quelques gouttes de ce nectar.

— Une seule sardine, dit Gorenflot, et un seul verre.

Chicot posa une sardine sur l'assiette du frère, et lui passa la seconde bouteille.

Le moine mangea la sardine et but le contenu du verre.

— Eh bien? demanda Chicot, qui, tout en poussant le génovéfain sur l'article de la nourriture et de la boisson, demeurait fort sobre; eh bien?

— En effet, dit Gorenflot, je me sens moins faible.

— Ventre de biche! dit Chicot, quand on a un discours à prononcer, il ne s'agit pas de se sentir moins faible, il s'agit de se sentir tout à fait bien; et, à votre place, continua le Gascon, pour arriver à ce but, je mangerais les deux nageoires de cette carpe; car, si vous ne mangez pas davantage, vous risquez de sentir le vin : *Merum sobrio male olet.*

— Ah! diable! fit Gorenflot, vous avez raison, je n'y songeais pas.

Et, comme en ce moment on tirait la poularde de la broche, Chicot coupa une de ses pattes qu'il avait baptisées du nom de nageoires, patte que le moine mangea avec la jambe et avec la cuisse.

— Corps du Christ! fit Gorenflot, voilà du savoureux poisson.

Chicot lui coupa l'autre nageoire, qu'il déposa sur l'assiette du moine, tandis qu'il suçait délicatement l'aile.

— Et du fameux vin ! dit-il en débouchant la troisième bouteille.

Une fois lancé, une fois échauffé, une fois réveillé dans les profondeurs de son estomac immense, Gorenflot n'eut plus la force de s'arrêter lui-même ; il dévora l'aile, fit un squelette de la carcasse, et, appelant Bonhomet :

— Maître Claude, dit-il, j'ai très-faim, ne m'aviez-vous pas offert certaine omelette au lard ?

— Certainement, dit Chicot, et même elle est commandée. N'est-ce pas, Bonhomet ?

— Sans doute, fit l'aubergiste, qui ne contredisait jamais ses pratiques quand leurs discours tendaient à un surcroît de consommation et par conséquent de dépense.

— Eh bien, apportez, apportez, maître, dit le moine.

— Dans cinq minutes, répondit l'hôte, qui, sur un coup d'œil de Chicot, sortit diligemment pour préparer ce qu'on lui demandait.

— Ah ! fit Gorenflot en laissant retomber sur la table son énorme poing armé d'une fourchette, cela va mieux.

— N'est-ce pas ? fit Chicot.

— Et, si l'omelette était là, je n'en ferais qu'une bouchée, comme de ce verre je ne fais qu'une gorgée.

Et, l'œil étincelant de gourmandise, le moine avala le quart de la troisième bouteille.

— Ah çà ! dit Chicot, vous étiez donc malade ?

— J'étais niais, l'ami, dit Gorenflot ; ce maudit discours m'avait écœuré ; depuis trois jours j'y pense.

— Il devrait être magnifique ? dit Chicot

— Splendide ! fit le moine.

— Dites-m'en quelque chose en attendant l'omelette.

— Non pas ! s'écria Gorenflot, un sermon à table, où as-tu vu cela, maître fou, à la cour du roi ton maître ?

— On prononce de fort beaux discours à la cour du roi Henri, que Dieu conserve ! dit Chicot en levant son feutre.

— Et sur quoi roulent ces discours ? demanda Gorenflot.

— Sur la vertu, dit Chicot.

— Ah ! oui, s'écria le moine en se renversant sur sa chaise, avec cela que voilà encore un gaillard bien vertueux que ton roi Henri III !

— Je ne sais s'il est vertueux ou non, reprit le Gascon ; mais ce que je sais, c'est que je n'ai jamais rien vu dont j'aie eu à rougir.

— Je le crois mordieu bien ! dit le moine ; il y a longtemps que tu ne rougis plus, maître paillard !

— Oh ! fit Chicot, paillard ! moi, l'abstinence en personne, la continence en chair et en os ! moi qui suis de toutes les processions, de tous les jeûnes !

— Oui, de ton Sardanapale, de ton Nabuchodonosor, de ton Hérodes ! Processions intéressées, jeûnes calculés. Heureusement on commence à le savoir par cœur, ton roi Henri III, que le diable emporte !

Et Gorenflot, en place du discours refusé, entonna à pleine gorge la chanson suivante :

> Le roi, pour avoir de l'argent,
> A fait le pauvre et l'indigent
>   Et l'hypocrite ;
> Le grand pardon il a gagné ;
> Au pain, à l'eau il a jeûné
>   Comme un ermite ;
> Mais Paris, qui le connaît bien,
> Ne lui voudra plus prêter rien
>   A sa requête ;
> Car il a déjà tant prêté,
> Qu'il a de lui dire arrêté.
>   — Allez en quête.

— Bravo ! cria Chicot, bravo !

Puis, tout bas :

— Bon, ajouta-t-il, puisqu'il chante, il parlera.

En ce moment, maître Bonhomet entra, tenant d'une main la fameuse omelette, et de l'autre deux nouvelles bouteilles.

— Apporte, apporte ! cria le moine, dont les yeux étincelèrent et dont un large sourire découvrit les trente-deux dents.

— Mais, notre ami, dit Chicot, il me semble que vous avez un discours à prononcer.

— Le discours est là, dit le moine en frappant son front, que commençait à envahir l'ardente enluminure de ses joues.

— A neuf heures et demie, dit Chicot.

— Je mentais, dit le moine, *omnis homo mendax, confiteor.*

— Et pour quelle heure était-ce donc véritablement ?

— Pour dix heures.

— Pour dix heures ? Je croyais que l'abbaye fermait à neuf.

— Qu'elle ferme, dit Gorenflot en regardant la

chandelle à travers le bloc de rubis contenu dans son verre; qu'elle ferme! j'en ai la clef.

— La clef de l'abbaye! s'écria Chicot, vous avez la clef de l'abbaye?

— Là, dans ma poche, dit Gorenflot en frappant sur son froc, là.

— Impossible, dit Chicot, je connais les règles monastiques, j'ai été en pénitence dans trois couvents. On ne confie pas la clef de l'abbaye à un simple frère.

— La voilà, dit Gorenflot en se renversant sur sa chaise et en montrant avec jubilation une pièce de monnaie à Chicot.

— Tiens! de l'argent, fit Chicot. Ah! je comprends. Vous corrompez le frère portier pour rentrer aux heures qui vous plaisent, malheureux pécheur!

Gorenflot fendit sa bouche jusqu'aux oreilles avec ce béat et gracieux sourire de l'homme ivre.

— *Sufficit*, balbutia-t-il.

Et il s'apprêtait à remettre la pièce d'argent dans sa poche.

— Attendez donc, attendez donc, dit Chicot. Tiens! la drôle de monnaie!

— A l'effigie de l'hérétique, dit Gorenflot. Aussi, trouée à l'endroit du cœur.

— En effet, dit Chicot, c'est un teston frappé par le roi de Béarn, et voilà effectivement un trou.

— Un coup de poignard, dit Gorenflot; mort à l'hérétique! Celui qui tuera l'hérétique est béatifié d'avance, et je lui donne ma part du paradis.

— Ah! ah! fit Chicot, voici les choses qui commencent à se dessiner; mais le malheureux n'est pas encore assez ivre.

Et il remplit de nouveau le verre du moine.

— Oui, dit le Gascon, mort à l'hérétique, et vive la messe!

— Vive la messe! dit Gorenflot en ingurgitant le verre d'un seul trait, vive la messe!

— Ainsi, dit Chicot, qui, en voyant le teston au fond de la large main de son convive, se rappelait le frère portier examinant les mains de tous les moines qu'il avait vus abonder sous le porche de l'abbaye, ainsi vous montrez cette pièce de monnaie au frère portier... et...

— Et j'entre, dit Gorenflot.

— Sans difficulté?

— Comme ce verre de vin entre dans mon estomac.

Et le moine absorba une nouvelle dose du généreux liquide.

— Peste! dit Chicot, si la comparaison est juste, vous devez entrer sans toucher les bords.

— C'est-à-dire, balbutia Gorenflot ivre mort, c'est-à-dire que pour frère Gorenflot on ouvre les deux battants.

— Et vous prononcez votre discours?

— Et je prononce mon discours, dit le moine. Voilà comme ça se pratique : j'arrive, tu entends bien, Chicot, j'arrive...

— Je crois bien que j'entends! je suis tout oreilles.

— J'arrive donc, comme je le disais. L'assemblée est nombreuse et choisie : il y a des barons; il y a des comtes; il y a des ducs.

— Et même des princes?

— Et même des princes, répéta le moine; tu l'as dit, des princes, rien que cela. J'entre humblement parmi les fidèles de l'Union.

— Les fidèles de l'Union, répéta à son tour Chicot, qu'est-ce que cette fidélité-là?

— J'entre parmi les frères de l'Union; on appelle frère Gorenflot, et je m'avance.

A ces mots, le moine se leva.

— C'est cela, dit Chicot, avancez.

— Et je m'avance, reprit Gorenflot essayant de joindre l'exécution à la parole.

Mais, à peine eut-il fait un pas, qu'il trébucha à l'angle de la table et roula sur le parquet.

— Bravo! cria le Gascon en le relevant et en le rasseyant sur une chaise, vous vous avancez, vous saluez l'auditoire et vous dites :

— Non, je ne dis pas, ce sont les amis qui disent.

— Et que disent les amis?

— Les amis disent : Frère Gorenflot! le discours de frère Gorenflot, hein? beau nom de ligueur, frère Gorenflot!

Et le moine répéta son nom, en le caressant de l'intonation.

— Beau nom de ligueur! répéta Chicot; quelle vérité va donc sortir du vin de cet ivrogne?

— Alors je commence.

Et le moine se releva, fermant les yeux, parce qu'il était ébloui; s'appuyant au mur, parce qu'il était mort ivre.

— Vous commencez, dit Chicot en le maintenant contre la muraille comme Paillasse fait d'Arlequin.

— Je commence : « Mes frères, c'est un beau jour pour la foi; mes frères, c'est un bien beau jour pour la foi; mes frères, c'est un très-beau jour pour la foi. »

Après ce superlatif, Chicot vit qu'il n'y avait

plus rien à tirer du moine; aussi le lâcha-t-il.

Frère Gorenflot, qui ne gardait cet équilibre que grâce à l'appui que lui présentait Chicot, aussitôt que cet appui lui manqua, glissa le long de la muraille comme une planche mal assurée, et de ses pieds alla heurter la table, du haut de laquelle la secousse qu'il lui imprima fit tomber quelques bouteilles vides.

— Amen! dit Chicot.

Presque au même instant un ronflement pareil à celui du tonnerre fit gémir les vitres de l'étroit cabinet.

— Bon, dit Chicot, voilà les pattes de la poularde qui font leur effet. Notre ami en a pour douze heures de sommeil, et je puis le déshabiller sans inconvénient.

Aussitôt, jugeant qu'il n'avait pas de temps à perdre, Chicot dénoua les cordons de la robe du moine, en fit sortir chaque bras, et, retournant Gorenflot comme il eût fait d'un sac de noix, il le roula dans la nappe, le coiffa d'une serviette, et, cachant le froc du moine sous son manteau, il passa dans la cuisine.

— Maître Bonhomet, dit-il en donnant à l'aubergiste un noble à la rose, voilà pour notre souper; voilà pour celui de mon cheval, que je vous recommande, et voilà surtout pour qu'on ne réveille point le digne frère Gorenflot, qui dort comme un élu.

— Bien! dit l'aubergiste qui trouvait son compte à ces trois choses, bien! soyez tranquille, monsieur Chicot.

Sur cette assurance, Chicot sortit, et, léger comme un daim, clairvoyant comme un renard, il gagna l'angle de la rue Saint-Étienne, où, après avoir mis avec grand soin le teston à l'effigie de Béarn dans sa main droite, il endossa la robe du frère, et, à dix heures moins un quart, s'en vint, non sans un certain battement de cœur, se présenter à son tour au guichet de l'abbaye Sainte-Geneviève.

CHAPITRE XIX

COMMENT CHICOT S'APERÇUT QU'IL ÉTAIT PLUS FACILE D'ENTRER DANS L'ABBAYE SAINTE-GENEVIÈVE QUE D'EN SORTIR.

hicot, en passant le froc du moine, avait pris une précaution importante, c'était de doubler l'épaisseur de ses épaules par l'habile disposition de son manteau et des autres vêtements que la robe du moine rendait inutiles; il avait même couleur de barbe que Gorenflot, et, quoique l'un fût né sur les bords de la Saône et l'autre sur ceux de la Garonne, il s'était amusé à contrefaire tant de fois la voix de son ami, qu'il en était arrivé à l'imiter à s'y méprendre. Or chacun sait que la barbe et la voix sont les deux seules choses qui sortent des profondeurs d'un capuchon de moine.

La porte allait se fermer quand Chicot arriva, et le frère portier n'attendait plus que quelques retardataires. Le Gascon exhiba son Béarnais percé au cœur et fut admis sans opposition. Deux moines le précédaient; il les suivit et pénétra avec eux dans la chapelle du couvent, qu'il connaissait pour y avoir souvent accompagné le roi; le roi avait toujours accordé une protection particulière à l'abbaye Sainte-Geneviève.

La chapelle était de construction romane, c'est-à-dire qu'elle datait du onzième siècle, et que, comme toutes les chapelles de cette époque, le chœur recouvrait une crypte ou église souterraine. Il en résultait que le chœur était plus élevé que la nef de huit ou dix pieds, que l'on montait dans le chœur par deux escaliers latéraux, tandis qu'une porte de fer, s'ouvrant entre les deux escaliers, conduisait de la nef à la crypte, dans laquelle, une fois cette porte ouverte, on descendait par autant de degrés qu'il y en avait aux escaliers du chœur.

Dans ce chœur, qui dominait toute l'église, de chaque côté de l'autel, que surmontait un tableau de sainte Geneviève attribué à maître Rosso, étaient les statues de Clovis et de Clotilde.

Trois lampes seulement éclairaient la chapelle, l'une suspendue au milieu du chœur, les deux autres disposées à égale distance dans la nef.

Cette lumière, à peine suffisante, donnait une solennité plus grande à cette église, dont elle doublait les proportions, puisque l'imagination pouvait étendre à l'infini les parties perdues dans l'ombre.

Chicot eut d'abord besoin d'accoutumer ses yeux à l'obscurité; pour les exercer, il s'amusa à compter les moines. Il y en avait cent vingt dans la nef et douze dans le chœur, en tout cent trente-deux. Les douze moines du chœur étaient rangés sur une seule ligne en avant de l'autel, et semblaient défendre le tabernacle comme une rangée de sentinelles.

Chicot vit avec plaisir qu'il n'était pas le dernier à se joindre à ceux que le frère Gorenflot appelait les frères de l'Union. Derrière lui entrèrent encore trois moines vêtus d'amples robes grises, lesquels allèrent se placer en avant de cette ligne que nous avons comparée à une rangée de sentinelles.

Un petit moinillon que n'avait point alors aperçu Chicot, et qui était sans doute quelque enfant de chœur du couvent, fit le tour de la chapelle pour voir si tout le monde était bien à son poste; puis, l'inspection finie, il alla parler à l'un des trois moines arrivés les derniers, qui se trouvaient au milieu.

— Nous sommes cent trente-six, dit le moine d'une voix forte: c'est le compte de Dieu.

Aussitôt les cent vingt moines agenouillés dans la nef se levèrent, et prirent place sur des chaises ou dans les stalles. Bientôt un grand bruit de gonds et de verrous annonça que les portes massives se fermaient.

Ce ne fut pas sans un certain battement de cœur que Chicot, tout brave qu'il était, entendit le grincement des serrures. Pour se donner le temps de se remettre, il alla s'asseoir à l'ombre de la chaire, d'où ses yeux se portaient tout naturellement sur les trois moines qui paraissaient les personnages principaux de cette réunion.

On leur avait apporté des fauteuils, et ils s'étaient assis, pareils à trois juges. Derrière eux, les douze moines du chœur se tenaient debout.

Quand le tumulte occasionné par la fermeture des portes et par le changement d'attitude des assistants eut cessé, une petite cloche tinta trois fois.

C'était sans doute le signal du silence, car des *chuts* prolongés se firent entendre pendant les deux premiers coups, et, au troisième, tout bruit cessa.

— Frère Monsoreau! dit le même moine qui avait déjà parlé, quelles nouvelles apportez-vous à l'Union de la province d'Anjou?

Deux choses firent dresser l'oreille à Chicot:

La première, cette voix au timbre si accentué, qu'elle semblait bien plus faite pour sortir sur un champ de bataille de la visière d'un casque que dans une église du capuchon d'un moine.

La seconde, ce nom de frère Monsoreau, connu depuis quelques jours seulement à la cour, ou, comme nous l'avons dit, il avait produit une certaine sensation.

Un moine de haute taille, et dont la robe formait des plis anguleux, traversa une partie de l'assemblée, et, d'un pas ferme et hardi, monta dans la chaire; Chicot essaya de voir son visage.

C'était chose impossible.

— Bon, dit-il, et, si l'on ne voit pas le visage des autres, au moins les autres ne verront-ils pas le mien.

— Mes frères, dit alors une voix qu'à ses premiers accents Chicot reconnut pour celle du grand veneur, les nouvelles de la province d'Anjou ne sont point satisfaisantes; non pas que nous y manquions de sympathies, mais parce que nous y manquons de représentants. La propagation de l'Union dans cette province avait été confiée au baron de Méridor; mais ce vieillard, désespéré de la mort récente de sa fille, a, dans sa douleur, négligé les affaires de la sainte Ligue, et, jusqu'à ce qu'il soit consolé de la perte qu'il a faite, nous ne pouvons compter sur lui. Quant à moi, j'apporte trois nouvelles adhésions à l'association, et, selon le règlement, je les ai déposées dans le tronc du couvent. Le conseil jugera si ces trois nouveaux frères, dont je réponds d'ailleurs comme de moi-même, doivent être admis à faire partie de la sainte Union.

Un murmure d'approbation circula dans les rangs des moines, et frère Monsoreau avait regagné sa place, que ce bruit n'était pas encore éteint.

— Frère la Hurière, reprit le même moine

qui paraissait destiné à faire l'appel des fidèles selon son caprice, dites-nous ce que vous avez fait dans la ville de Paris.

Un homme au capuchon rabattu parut à son tour dans la chaire que venait de laisser vacante M. de Monsoreau.

— Mes frères, dit-il, vous savez tous si je suis dévot à la foi catholique, et si j'ai donné des preuves de cette dévotion pendant le grand jour où elle a triomphé. Oui, mes frères, dès cette époque, et je m'en glorifie, j'étais un des fidèles de notre grand Henri de Guise, et c'est de la bouche même de M. de Besme, à qui Dieu accorde toutes ses bénédictions! que j'ai reçu les ordres qu'il a daigné me donner et que j'ai suivis à ce point, que j'ai voulu tuer mes propres locataires. Or ce dévouement à cette sainte cause m'a fait nommer quartenier, et j'ose dire que c'est une heureuse circonstance pour la religion. J'ai pu ainsi noter tous les hérétiques du quartier Saint-Germain-l'Auxerrois, où je tiens toujours, rue de l'Arbre-Sec, l'hôtel de la Belle-Étoile, à votre service, mes frères, et, les ayant notés, les désigner à nos amis. Certes, je n'ai plus soif du sang des huguenots comme autrefois; mais je ne saurais me dissimuler le but véritable de la sainte Union que nous sommes en train de fonder.

— Écoutons, se dit Chicot; ce la Hurière était, si je m'en souviens bien, un furieux tueur d'hérétiques, et il doit en savoir long sur la Ligue, si l'on mesure chez messieurs les ligueurs la confiance sur le mérite.

— Parlez, parlez, dirent plusieurs voix.

La Hurière, qui trouvait l'occasion de déployer des facultés d'orateur qu'il avait rarement l'occasion de développer, quoiqu'il les crût innées en lui, se recueillit un instant, toussa et reprit :

— Si je ne me trompe, mes frères, l'extinction des hérésies particulières n'est pas seulement ce qui nous préoccupe. Il faut que les bons Français soient assurés de ne jamais rencontrer d'hérétiques parmi les princes appelés à les gouverner. Or, mes frères, où en sommes-nous? François II, qui promettait d'être un zélé, est mort sans enfants; Charles IX, qui était un zélé, est mort sans enfants; le roi Henri III, dont ce n'est point à moi de rechercher les croyances et de qualifier les actions, mourra probablement sans enfants; restera donc le duc d'Anjou, qui non-seulement n'a pas d'enfants non plus, mais qui encore paraît tiède pour la sainte Ligue.

Ici plusieurs voix interrompirent l'orateur, parmi lesquelles celle du grand veneur.

— Pourquoi tiède, dit la voix, et qui vous fait porter cette accusation contre le prince?

— Je dis tiède parce qu'il n'a pas encore donné son adhésion à la Ligue, quoique l'illustre frère qui vient de m'interpeller l'ait positivement promise en son nom.

— Qui vous a dit qu'il ne l'ait point donnée, reprit la voix, puisqu'il y a des adhésions nouvelles? Vous n'avez le droit, ce me semble, de soupçonner personne tant que le dépouillement ne sera point fait.

— C'est vrai, dit la Hurière, j'attendrai donc encore; mais, après le duc d'Anjou, qui est mortel et qui n'a point d'enfants (remarquez que l'on meurt jeune dans la famille), à qui reviendra la couronne? Au plus farouche huguenot qu'on puisse imaginer, à un renégat, à un relaps, à un Nabuchodonosor.

Ici, au lieu de murmures, ce furent des applaudissements frénétiques qui interrompirent la Hurière.

— A Henri de Béarn, enfin, contre lequel cette association est surtout faite, à Henri de Béarn, que l'on croit souvent à Pau ou à Tarbes occupé de ses amours, et que l'on rencontre à Paris.

— A Paris! s'écrièrent plusieurs voix; à Paris! c'est impossible!

— Il y est venu! s'écria la Hurière. Il s'y trouvait la nuit où madame de Sauve a été assassinée; il y est peut-être encore en ce moment.

— A mort le Béarnais! crièrent plusieurs voix.

— Oui, sans doute, à mort! cria la Hurière, et, s'il vient par hasard loger à la Belle-Étoile, je réponds bien de lui; mais il n'y viendra pas. On ne prend pas un renard deux fois à la même trouée. Il ira loger ailleurs, chez quelque ami; car il a des amis, l'hérétique. Eh bien, c'est le nombre de ces amis qu'il faut diminuer ou faire connaître. Notre Union est sainte, notre Ligue est loyale, consacrée, bénie, encouragée par notre saint père le pape Grégoire III. Je demande donc qu'on n'en fasse pas plus longtemps mystère, que des listes soient remises aux quarteniers et aux dizeiniers, qu'ils aillent avec ces listes dans les maisons inviter les bons citoyens à signer. Ceux qui signeront seront nos amis; ceux qui refuseront de signer seront nos ennemis, et, l'occasion se présentant d'une seconde Saint-Barthélemy, qui semble aux vrais fidèles devenir de plus en plus urgente, eh bien, nous ferions ce que nous avons déjà fait dans la première, nous épargnerions à Dieu la fatigue de séparer lui-même les bons des méchants.

A cette péroraison, des tonnerres d'applaudissements éclatèrent; puis, quand ils se furent calmés avec cette lenteur et ce tumulte qui prouvent que les acclamations ne sont qu'interrompues, la voix grave du moine qui avait déjà parlé plusieurs fois se fit entendre, et dit:

— La proposition de frère la Hurière, que la sainte Union remercie de son zèle, est prise en considération; elle sera débattue en conseil supérieur.

Les applaudissements redoublèrent. La Hurière s'inclina plusieurs fois pour remercier l'assemblée, et, descendant les marches de la chaire, regagna sa place, courbé sous l'immensité de son triomphe.

— Ah! ah! se dit Chicot, je commence à voir clair dans tout ceci. On a moins de confiance à l'endroit de la foi catholique dans mon fils Henri que dans son frère Charles IX et MM. de Guise. C'est probable, puisque le Mayenne est fourré dans tout ceci. MM. de Guise veulent former dans l'État une petite société à part, dont ils seront les maîtres; ainsi le grand Henri, qui est général, tiendra les armées; ainsi le gros Mayenne tiendra la bourgeoisie; ainsi l'illustre cardinal tiendra l'Église; et, un beau matin, mon fils Henri s'apercevra qu'il ne tient rien du tout que son chapelet, avec lequel on l'invitera poliment à se retirer dans quelque monastère. Puissamment raisonné! Ah bien, oui... mais reste le duc d'Anjou. Diable! le duc d'Anjou, qu'en fera-t-on?

— Frère Gorenflot! dit la voix du moine qui avait déjà appelé le grand veneur et la Hurière.

Soit qu'il fût préoccupé des réflexions que nous venons de transmettre à nos lecteurs, soit qu'il ne fût pas encore habitué de répondre au nom qu'il avait pris cependant avec le froc du quêteur, Chicot ne répondit pas.

— Frère Gorenflot! reprit la voix du moinillon, voix si claire et si aiguë, que Chicot tressaillit.

— Oh! oh! murmura-t-il, on dirait d'une voix de femme qui appelle frère Gorenflot. Est-ce que, dans cette honorable assemblée, nonseulement les rangs, mais encore les sexes sont confondus?

— Frère Gorenflot! répéta la même voix féminine, n'êtes-vous donc pas ici?

— Ah! mais, se dit tout bas Chicot, frère Gorenflot, c'est moi; allons.

Puis, tout haut:

— Si fait, si fait, dit-il en nasillant comme le moine, me voilà, me voilà. J'étais plongé dans les profondes méditations qu'avait fait naître en moi le discours de frère la Hurière, et je n'avais pas entendu que l'on m'avait appelé.

Quelques murmures d'approbation rétrospective en faveur de la Hurière, dont les paroles vibraient encore dans tous les cœurs, se firent entendre et donnèrent à Chicot le temps de se préparer.

Chicot pouvait, dira-t-on, ne pas répondre au nom de Gorenflot, puisque nul ne levait son capuchon. Mais les assistants s'étaient comptés, on se le rappelle; donc, inspection faite des visages, et cette inspection eût été provoquée par l'absence d'un homme censé présent, la fraude eût été découverte, et alors la position de Chicot devenait grave.

Chicot n'hésita donc point un instant. Il se leva, fit le gros dos, monta les degrés de la chaire, et, tout en les montant, rabattit son capuchon le plus possible.

— Mes frères, dit-il en imitant à s'y méprendre la voix du moine, je suis le frère quêteur de ce couvent, et vous savez que cette charge me donne le droit d'entrer dans les demeures de tous. J'use donc de ce droit pour le bien du Seigneur.

Mes frères, continua-t-il en se rappelant l'exorde de Gorenflot si inopinément interrompu par le sommeil, qui, à cette heure, en vertu du liquide absorbé, étreignait encore en maître le vrai Gorenflot; mes frères, c'est un beau jour pour la foi que celui qui nous réunit. Parlons franc, mes frères, puisque nous voilà dans la maison du Seigneur.

Qu'est-ce que le royaume de France? Un corps. Saint Augustin l'a dit: *Omnis civitas corpus est:* « Toute cité est un corps. » Quelle est la condition du salut d'un corps? la bonne santé. Comment conserve-t-on la santé du corps? en pratiquant de prudentes saignées quand il y a excès de forces. Or il est évident que les ennemis de la religion catholique sont trop forts, puisque nous les redoutons; il faut donc saigner encore une fois ce grand corps que l'on appelle la Société; c'est ce que me répètent tous les jours les fidèles dont j'apporte au couvent les œufs, les jambons et l'argent.

Cette première partie du discours de Chicot fit une vive impression dans l'auditoire.

Chicot laissa au murmure d'approbation qu'il venait de soulever le temps de se produire, puis de s'apaiser, et il reprit :

— On m'objectera peut-être que l'Église abhorre le sang : *Ecclesia abhorret a sanguine*, continua-t-il. Mais notez bien ceci, mes chers frères : le théologien ne dit pas de quel sang l'Église à horreur, et je parierais un bœuf contre un œuf que ce n'est point, en tout cas, du sang des hérétiques dont il a voulu parler. En effet : *Fons malus corruptorum sanguinis, hereticorum autem pessimus!* Et puis, un autre argument, mes frères : j'ai dit l'Église! Mais nous autres, nous ne sommes pas seulement l'Église. Frère Monsoreau, qui a si éloquemment parlé tout à l'heure, a, j'en suis bien certain, son couteau de grand veneur à la ceinture. Frère la Hurière manie la broche avec facilité : *Veru agreste, lethiferum tamen instrumentum.* Moi-même, qui vous parle, mes frères, moi, Jacques-Népomucène Gorenflot, j'ai porté le mousquet en Champagne, et j'ai brûlé des huguenots dans leur prêche. Ç'aurait été pour moi un honneur suffisant, et j'aurais mon paradis tout fait. Je le croyais du moins, quand tout à coup on a soulevé dans ma conscience un scrupule : les huguenotes, avant d'être brûlées, avaient été un peu violées; il paraît que cela gâtait la belle action, à ce que m'a dit mon directeur, du moins... Aussi me suis-je hâté d'entrer en religion, et, pour effacer la souillure que les hérétiques avaient laissée en moi, j'ai fait, à partir de ce moment, vœu de passer le reste de mes jours dans l'abstinence, et de ne plus fréquenter que de bonnes catholiques.

Cette seconde partie du discours de l'orateur n'eut pas moins de succès que la première, et chacun parut admirer les moyens dont s'était servi le Seigneur pour opérer la conversion de frère Gorenflot.

Aussi quelques applaudissements se mêlèrent-ils au murmure d'approbation. Chicot salua modestement l'assemblée.

— Il nous reste, reprit Chicot, à parler des chefs que nous nous sommes donnés, et sur lesquels il me semble, à moi, pauvre génovéfain indigne, qu'il y a quelque chose à dire. Certes, il est beau et surtout prudent de s'introduire la nuit, sous un froc, pour entendre prêcher frère Gorenflot; mais il me semble que le devoir de pareils mandataires ne doit pas se borner là. Une si grande prudence prête à rire à ces damnés huguenots, qui, après tout, sont des enragés lorsqu'il s'agit d'estocades. Je demande donc que nous ayons une allure plus digne de gens de cœur que nous sommes, ou plutôt que nous voulons paraître. Qu'est-ce que nous souhaitons? L'extinction de l'hérésie... Eh bien, mais... cela peut se crier sur les toits, ce me semble. Que ne marchons-nous par les rues de Paris comme une sainte procession, faisant montre de notre belle tenue et de nos bonnes pertuisanes, mais non pas comme des larrons nocturnes qui regardent à chaque carrefour si le guet arrive? Mais quel est l'homme qui donnera l'exemple? dites-vous. Eh bien, ce sera moi, moi, Jacques-Népomucène Gorenflot, moi, frère indigne de l'ordre de Sainte-Geneviève, humble et pauvre quêteur de ce couvent, ce sera moi qui, la cuirasse sur le dos, la salade sur la tête et le mousquet sur l'épaule, marcherai, s'il le faut, à la tête des bons catholiques qui me voudront suivre, et cela, je le ferai, ne fût-ce que pour faire rougir des chefs qui se cachent, comme si, en défendant l'Église, il s'agissait de soutenir quelque ribaude en querelle!

La péroraison de Chicot, qui correspondait aux sentiments de beaucoup de membres de la Ligue, qui ne voyaient pas la nécessité d'aller au but par d'autre route que par le chemin dont la Saint-Barthélemy, six ans auparavant, avait ouvert la barrière, et que par conséquent les lenteurs des chefs désespéraient, alluma le feu sacré dans tous les cœurs, et, à part trois capuchons qui demeurèrent silencieux, l'assemblée se mit à crier d'une seule voix : Vive la messe! Noël au brave frère Gorenflot! la procession! la procession!

L'enthousiasme était d'autant plus vivement excité, que c'était la première fois que le zèle du digne frère se produisait sous un pareil jour. Jusque-là ses amis les plus intimes l'avaient rangé au nombre des zélés sans doute, mais des zélés que le sentiment de la conservation de soi-même retenait dans les bornes de la prudence. Point du tout, de cette demi-teinte dans laquelle il était resté, frère Gorenflot s'élançait tout à coup, armé en guerre, dans le jour éclatant de l'arène; c'était une grande surprise qui amenait une grande réhabilitation, et quelques-uns, dans leur admiration, d'autant plus grande qu'elle était plus inattendue, mettaient dans leur esprit frère Gorenflot, qui avait prêché la première procession, à la hauteur de Pierre l'Ermite, qui avait prêché la première croisade.

Malheureusement ou heureusement pour celui

qui avait produit cette exaltation, ce n'était pas
le plan des chefs de lui laisser prendre son cours.
Un des trois moines silencieux se pencha à l'o-
reille du moinillon, et la voix flûtée de l'enfant
retentit aussitôt sous les voûtes, criant trois
fois :

— Mes frères, il est l'heure de la retraite, la
séance est levée.

Les moines se levèrent bourdonnant, et, tout
en se promettant de demander d'une voix una-
nime, à la prochaine séance, la procession pro-
posée par le brave frère Gorenflot, prirent lentement le chemin de la porte. Beaucoup s'étaient
approchés de la chaire pour féliciter le frère
quêteur à la descente de cette tribune du haut
de laquelle il avait eu un si grand succès. Mais
Chicot, réfléchissant qu'entendue de près sa
voix, de laquelle il n'avait jamais pu extraire un
petit accent gascon, pouvait être reconnue; que,
vu de près, son corps, qui dans la ligne verti-
cale présentait six ou huit bons pouces de plus
que frère Gorenflot, lequel avait sans doute
grandi dans l'esprit de ses auditeurs, mais
moralement surtout, pouvait exciter quelque
étonnement, Chicot, disons-nous, s'était jeté à
genoux et paraissait, comme Samuel, abîmé
dans une conversation tête à tête avec le Seigneur.

On respecta donc son extase, et chacun s'a-
chemina vers la sortie avec une agitation qui,
sous le capuchon dans les plis duquel il avait
ménagé des ouvertures pour ses yeux, réjouissait fort Chicot.

Cependant le but de Chicot était à peu près
manqué. Ce qui lui avait fait quitter le roi
Henri III sans lui demander congé, c'était la
vue du duc de Mayenne. Ce qui l'avait fait revenir à Paris, c'était la vue de Nicolas David. Chicot, comme nous l'avons dit, avait bien fait un
double vœu de vengeance; mais il était bien petit compagnon pour s'attaquer à un prince de la
maison de Lorraine, ou, pour le faire impunément, il lui fallait attendre longuement et patiemment l'occasion. Il n'en était pas de même
de Nicolas David, qui n'était qu'un simple avocat normand, matois fort retors, il est vrai, qui
avait été soldat avant d'être avocat, et maître
d'armes tandis qu'il était soldat. Mais, sans être
maître d'armes, Chicot avait la prétention de
jouer assez proprement de la rapière; la grande
question était donc pour lui de rejoindre son ennemi, et, une fois rejoint, Chicot, comme les
anciens preux, mettait sa vie sous la garde de
son bon droit et de son épée.

Chicot regardait donc tous les moines s'en
aller les uns après les autres, afin, sous ces frocs
et ces capuchons, de reconnaître, s'il était possible, la taille longue et menue de maître Nicolas,
quand il s'aperçut tout à coup qu'en sortant
chaque moine était soumis à un examen pareil à
celui qu'il avait subi en entrant, et, tirant, de sa
poche un signe quelconque, n'obtenait son *exeat*
que lorsque le frère portier le lui avait donné sur
l'inspection de ce signe. Chicot crut d'abord s'être
trompé, et resta un instant dans le doute; mais
ce doute fut bientôt changé en une certitude qui
fit poindre une sueur froide à la racine des cheveux de Chicot.

Frère Gorenflot lui avait bien indiqué le signe
à l'aide duquel on pouvait entrer, mais il avait
oublié de lui montrer le signe à l'aide duquel on
pouvait sortir.

Puis... un moine tout entier apparut. — PAGE. 123.

CHAPITRE XX

COMMENT CHICOT, FORCÉ DE RESTER DANS L'ÉGLISE DE L'ABBAYE, VIT ET ENTENDIT DES CHOSES QU'IL ÉTAIT FORT DANGEREUX DE VOIR ET D'ENTENDRE.

hicot se hâta de descendre de sa chaire et de se mêler aux derniers moines, afin de reconnaître, s'il était possible, le signe à l'aide duquel on pouvait regagner la rue, et de se procurer ce signe, s'il en était encore temps. En effet, après avoir rejoint les retardataires, après avoir allongé la tête par-dessus toutes les têtes, Chicot reconnut que le signe de sortie était un denier taillé en étoile.

Notre Gascon avait bon nombre de deniers dans sa poche, mais malheureusement pas un n'avait cette taille particulière, d'autant plus inusitée qu'elle exilait pour jamais cette pièce, ainsi mutilée, de la circulation monétaire.

Chicot envisagea la situation d'un coup d'œil :

arrivé à la porte, ne pouvant pas produire son
denier étoilé, il était reconnu comme un faux
frère, puis, comme tout naturellement les investigations ne se borneraient point là, pour maître
Chicot, fou du roi, charge qui lui donnait beaucoup de priviléges au Louvre et dans les autres
châteaux, mais qui, dans l'abbaye Sainte-Geneviève, et surtout en des circonstances pareilles,
perdait beaucoup de son prestige. Chicot était
pris dans un traquenard; il gagna l'ombre d'un
pilier et se blottit dans l'angle d'un confessionnal,
adossé à l'angle de ce pilier.

— Et puis, se dit Chicot, en me perdant je
perds la cause de mon imbécile de souverain, que
j'ai la niaiserie d'aimer, tout en lui disant des
injures. Sans doute il eût mieux valu retourner
à l'hôtellerie de la Corne-d'Abondance, et rejoindre frère Gorenflot; mais à l'impossible nul n'est
tenu.

Et, tout en se parlant ainsi à lui-même, c'est-à-
dire à l'interlocuteur le plus intéressé à ne pas dire
un mot de ce qu'il disait, Chicot s'effaçait de son
mieux entre l'angle de son confessionnal et les
moulures de son pilier.

Alors il entendit l'enfant de chœur crier du
parvis :

— N'y a-t-il plus personne? On va fermer les
portes.

Aucune voix ne répondit; Chicot allongea le
cou et vit effectivement la chapelle vide, à l'exception des trois moines plus enfroqués que
jamais, lesquels se tenaient assis dans les stalles
qu'on leur avait apportées au milieu du chœur.

— Bon, dit Chicot, pourvu qu'on ne ferme
pas les fenêtres, c'est tout ce que je demande.

— Faisons la visite, dit l'enfant de chœur au
frère portier.

— Ventre de biche! dit Chicot, voilà un moinillon que je porte dans mon cœur.

Le frère portier alluma un cierge, et, suivi de
l'enfant de chœur, commença de faire le tour de
l'église.

Il n'y avait pas un instant à perdre. Le frère
portier et son cierge devaient passer à quatre pas
de Chicot, qui ne pouvait manquer d'être découvert. Chicot tourna habilement autour du pilier,
demeurant dans l'ombre à mesure que l'ombre
tournait, et, ouvrant le confessionnal fermé au
loquet seulement, il se glissa dans la boîte
oblongue, dont il tira la porte sur lui après s'être
assis dans la stalle.

Le frère portier et le moinillon passèrent à
quatre pas de là, et à travers le grillage sculpté

Chicot vit se refléter sur sa robe la lumière du
cierge qui les éclairait.

— Que diable! se dit Chicot, ce frère portier,
ce moinillon et ces trois moines ne vont pas
rester éternellement dans l'église; quand ils
seront sortis, j'entasserai les chaises sur les
bancs, Pélion sur Ossa, comme dit M. Ronsard,
et je sortirai par la fenêtre.

Ah! oui, par la fenêtre! reprit Chicot se
répondant à lui-même; mais, quand je serai sorti
par la fenêtre, je me trouverai dans la cour, et la
cour n'est point la rue. Je crois que mieux vaut
encore passer la nuit dans le confessionnal. La
robe de Gorenflot est chaude; ce sera une nuit
moins païenne que celle que j'eusse passée
ailleurs, et j'y compte pour mon salut.

— Éteins les lampes, dit l'enfant de chœur;
que l'on voie bien du dehors que le conciliabule
est fini.

Le portier, à l'aide d'un immense éteignoir,
étouffa aussitôt la lumière des deux lampes de la
nef, qui se trouva plongée ainsi dans une funèbre
obscurité.

Puis celle du chœur.

L'église ne fut plus alors éclairée que par le
rayon blafard qu'une lune d'hiver faisait glisser
à grand'peine à travers les vitraux coloriés.

Puis, après la lumière, le bruit s'éteignit.

La cloche sonna douze fois.

— Ventre de biche! dit Chicot, à minuit dans
une église; s'il était à ma place, mon fils Henriquet aurait une belle peur! Heureusement que
nous sommes d'une complexion moins timide.
Allons, Chicot, mon ami, bonsoir et bonne nuit.

Et, après s'être adressé ce souhait à lui-même,
Chicot s'accommoda du mieux qu'il put dans son
confessionnal, poussa le petit verrou intérieur afin
d'être chez lui et ferma les yeux.

Il y avait dix minutes à peu près que ses pau-
pières s'étaient jointes, et que son esprit, troublé
par les premières vapeurs du sommeil, voyait
flotter dans ce vague mystérieux qui forme le
crépuscule de la pensée une foule de figures indécises, quand un coup éclatant, frappé sur un
timbre de cuivre, vibra dans l'église, et alla se
perdre frémissant dans ses profondeurs.

— Ouais! fit Chicot en rouvrant les yeux et
en dressant les oreilles, que veut dire ceci?

En même temps, la lampe du chœur se ralluma
bleuâtre, et, de son premier reflet, éclaira les trois
mêmes moines, assis toujours les uns près des
autres, à la même place et dans la même immobilité.

Chicot ne fut point exempt d'une certaine crainte superstitieuse : tout brave qu'il était, notre Gascon était de son époque, et son époque était celle des traditions fantastiques et des légendes terribles.

Il fit tout doucement le signe de la croix en murmurant tout bas :

— *Vade retro, Satanas !*

Mais, comme les lumières ne s'éteignirent point au signe de notre rédemption, ce qu'elles n'eussent point manqué de faire si elles eussent été des lueurs infernales ; comme les trois moines restèrent à leurs places malgré le *vade retro*, le Gascon commença à croire qu'il avait affaire à des lumières naturelles, et, sinon à de vrais moines, du moins à des personnages en chair et en os.

Chicot ne s'en secoua pas moins, en proie à ce frisson de l'homme qui s'éveille, combiné avec le tressaillement de l'homme qui a peur.

En ce moment, une des dalles du chœur se leva lentement et resta dressée sur sa base étroite. Un capuchon gris se montra au bord de l'ouverture noire, puis un moine tout entier apparut, qui prit pied sur le marbre, tandis que la dalle se refermait doucement derrière lui.

A cette vue, Chicot oublia l'épreuve qu'il venait de tenter et cessa d'avoir confiance dans la conjuration qu'il croyait décisive. Ses cheveux se dressèrent sur sa tête, et il se figura un instant que tous les prieurs, abbés et doyens de Sainte-Geneviève, depuis Optat, mort en 533, jusqu'à Pierre Boudin, prédécesseur du supérieur actuel, ressuscitaient dans leurs tombeaux, situés dans la crypte où dormaient autrefois les reliques de sainte Geneviève, et allaient, selon l'exemple qui leur était donné, soulever de leurs crânes osseux les dalles du chœur.

Mais ce doute ne fut pas long.

— Frère Monsoreau, dit un des trois moines du chœur à celui qui venait d'apparaître d'une si étrange manière, la personne que nous attendons est-elle arrivée ?

— Oui, messeigneurs, répondit celui auquel la question était adressée, et elle attend.

— Ouvrez-lui la porte, et qu'elle vienne à nous.

— Bon, dit Chicot, il paraît que la comédie avait deux actes, et que je n'avais encore vu jouer que le premier. Deux actes ! mauvaise coupe.

Et, tout en plaisantant avec lui-même, Chicot n'en éprouvait pas moins un dernier frisson qui semblait faire jaillir un millier de pointes aiguës

de la stalle de bois sur laquelle il se tenait assis.

Cependant frère Monsoreau descendait un des escaliers qui conduisaient de la nef au chœur, et venait ouvrir la porte de bronze donnant dans la crypte située entre les deux escaliers.

En même temps, le moine du milieu abaissait son capuchon, et montrait la grande cicatrice, noble signe auquel les Parisiens reconnaissaient avec tant d'ivresse celui qui déjà passait pour le héros des catholiques, en attendant qu'il devînt leur martyr.

— Le grand Henri de Guise en personne, le même que S. M. très-imbécile croit occupé au siége de la Charité! Ah! je comprends maintenant, s'écria Chicot, celui qui est à sa droite et qui a béni les assistants, c'est le cardinal de Lorraine, tandis que celui qui est à sa gauche, qui parlait à ce mirmidon d'enfant de chœur, c'est monseigneur de Mayenne, mon ami ; mais où donc, dans tout cela, est maître Nicolas David ?

En effet, comme pour donner immédiatement raison aux suppositions de Chicot, le capuchon du moine de droite et le capuchon du moine de gauche s'étaient abaissés et avaient mis à jour la tête intelligente, le front large et l'œil perçant du fameux cardinal, et le masque infiniment plus vulgaire du duc de Mayenne.

— Ah! je te reconnais, dit Chicot, trinité peu sainte, mais très-visible. Maintenant, voyons ce que tu vas faire, je suis tout yeux ; voyons ce que tu vas dire, je suis tout oreilles.

En ce moment même, M. de Monsoreau était arrivé à la porte de fer de la crypte, qui s'ouvrait devant lui.

— Aviez-vous cru qu'il viendrait ? demanda le Balafré à son frère le cardinal.

— Non-seulement je l'ai cru, dit celui-ci, mais j'en étais si sûr, que j'ai sous ma robe tout ce qu'il faut pour remplacer la sainte ampoule.

Et Chicot, assez près de la trinité, comme il l'appelait, pour tout voir et pour tout entendre, aperçut sous le faible reflet de la lampe du chœur briller une boîte en vermeil aux ciselures en relief.

— Tiens, dit Chicot, il paraît que l'on va sacrer quelqu'un. Moi qui ai toujours eu envie de voir un sacre, comme cela se rencontre!

Pendant ce temps une vingtaine de moines, la tête ensevelie sous d'immenses capuchons, sortaient par la porte de la crypte et se plaçaient dans la nef. Un seul, conduit par M. de Monsoreau, montait l'escalier du chœur et venait se placer à la droite de MM. de Guise, dans une stalle du chœur, ou plutôt debout sur la marche de cette stalle.

L'enfant de chœur, qui avait reparu, alla respectueusement prendre les ordres du moine de droite et disparut.

Le duc de Guise promena son regard sur cette assemblée, des cinq sixièmes moins nombreuse que la première, et qui, par conséquent, était, selon toute probabilité, une assemblée d'élite, et s'étant assuré que, non-seulement tout ce monde l'écoutait, mais encore l'écoutait avec impatience :

— Amis, dit il, le temps est précieux ; je vais donc droit au but. Vous avez entendu tout à l'heure, car je présume que vous faisiez partie de la première assemblée; vous avez entendu tout à l'heure, dis-je, dans le rapport de quelques membres de la Ligue catholique, les plaintes de ceux de l'association qui taxent de froideur et même de malveillance un des principaux d'entre nous, le prince le plus rapproché du trône. Le moment est venu de rendre à ce prince ce que nous lui devons de respect et de justice. Vous allez l'entendre lui-même, et vous jugerez, vous qui avez à cœur de remplir le premier but de la sainte Ligue, si vos chefs méritent les reproches de froideur et d'inertie faits tout à l'heure par un des frères de la sainte Ligue que nous n'avons pas jugé à propos d'admettre dans notre secret, par le moine Gorenflot.

A ce nom prononcé par le duc de Guise avec un accent qui décelait ses mauvaises intentions envers le belliqueux génovéfain, Chicot, dans son confessionnal, ne put s'empêcher de se livrer à une hilarité qui, pour être muette, n'en était pas moins déplacée, eu égard aux grands personnages qui en étaient l'objet.

— Mes frères, continua le duc, le prince dont on nous avait promis le concours, le prince dont nous osions à peine espérer la présence, mais le simple assentiment, mes frères, le prince est ici.

Tous les regards se tournèrent curieusement vers le moine placé à droite des trois princes lorrains et qui se tenait debout sur le degré de sa stalle.

— Monseigneur, dit le duc de Guise en s'adressant à celui qui pour le moment était l'objet de l'attention générale, la volonté de Dieu me paraît manifeste, car, puisque vous avez consenti à vous joindre à nous, c'est que nous faisons bien de faire ce que nous faisons. Maintenant, une prière, Altesse : abaissez votre capuchon, afin que

vos fidèles voient par leurs propres yeux que vous tenez la promesse que nous leur avons faite en votre nom, promesse si flatteuse, qu'ils n'osaient y croire.

Le personnage mystérieux que Henri de Guise venait d'interpeller ainsi porta la main à son capuchon, qu'il rabattit sur ses épaules, et Chicot, qui s'était attendu à trouver sous ce froc quelque prince lorrain dont il n'avait pas encore entendu parler, vit avec étonnement apparaître la tête du duc d'Anjou, si pâle, qu'à la lueur de la lampe sépulcrale elle semblait celle d'une statue de marbre.

— Oh! oh! dit Chicot, notre frère d'Anjou! il ne se lassera donc pas de jouer au trône avec les têtes des autres ?

— Vive monseigneur le duc d'Anjou! crièrent tous les assistants.

François devint plus pâle encore qu'il n'était.

— Ne craignez rien, monseigneur, dit Henri de Guise, cette chapelle est sourde et les portes en sont bien fermées.

— Heureuse précaution, se dit Chicot.

— Mes frères, dit le comte de Monsoreau, Son Altesse demande à adresser quelques mots à l'assemblée.

— Oui, oui, qu'elle parle! s'écrièrent toutes les voix, nous écoutons.

Les trois princes lorrains se retournèrent vers le duc d'Anjou et s'inclinèrent devant lui.

Le duc d'Anjou s'appuya aux bras de sa stalle ; on eût dit qu'il allait tomber.

— Messieurs, dit-il d'une voix si sourdement tremblante, qu'à peine put-on entendre les paroles qu'il prononça d'abord ; messieurs, je crois que Dieu, qui souvent paraît insensible et sourd aux choses de ce monde, tient au contraire ses yeux perçants constamment fixés sur nous, et ne reste ainsi muet et insouciant en apparence que pour remédier un jour par quelque coup d'éclat aux désordres que causent les folles ambitions des humains.

Le commencement du discours du duc était, comme son caractère, passablement ténébreux ; aussi chacun attendit-il qu'un peu de lumière descendît sur les pensées de Son Altesse pour les blâmer ou les applaudir.

Le duc reprit d'une voix un peu plus assurée :

— Moi aussi, j'ai jeté les yeux sur ce monde, et, ne pouvant embrasser toute sa surface de mon faible regard, j'ai arrêté mes yeux sur la France. Qu'ai-je vu alors par tout ce royaume? La sainte religion du Christ ébranlée sur ses bases augustes

La tête du duc d'Anjou était si pâle, qu'elle semblait celle d'une statue de marbre.
Page 124.

et les vrais serviteurs de Dieu épars et proscrits. Alors j'ai sondé les profondeurs de l'abîme ouvert depuis vingt ans par les hérésies qui sapent les croyances sous prétexte d'atteindre plus sûrement à Dieu, et mon âme, comme celle du prophète, a été inondée de douleurs.

Un murmure d'approbation courut dans l'assemblée. Le duc venait de manifester sa sympathie pour les souffrances de l'Église; ce qui déjà était presque une déclaration de guerre à ceux qui faisaient souffrir cette Église.

— Ce fut au milieu de cette affliction pro-

fonde, continua le prince, que le bruit vint à moi que plusieurs nobles gentilshommes pieux et amis des coutumes de nos ancêtres essayaient de consolider l'autel ébranlé. J'ai jeté les yeux autour de moi, et il m'a semblé que j'assistais déjà au jugement suprême, et que Dieu avait séparé en deux corps les réprouvés et les élus. D'un côté étaient ceux-là, et je me suis reculé avec horreur; de l'autre côté étaient les élus, et je suis venu me jeter dans leurs bras. Mes frères, me voici.

— Amen! dit tout bas Chicot.

Mais c'était une précaution inutile : Chicot eût pu répondre tout haut, et sa voix n'eût pas été entendue au milieu des applaudissements et des bravos qui s'élevèrent jusqu'aux voûtes de la chapelle.

Les trois princes lorrains, après en avoir donné le signal, les laissèrent se calmer; puis le cardinal, qui était le plus rapproché du duc, faisant encore un pas de son côté, lui dit :

— Vous êtes venu de votre plein gré parmi nous, prince?

— De mon plein gré, monsieur.

— Qui vous a instruit du saint mystère?

— Mon ami, un homme zélé pour la religion, M. le comte de Monsoreau.

— Maintenant, dit à son tour le duc de Guise, maintenant que Votre Altesse est des nôtres, veuillez, monseigneur, avoir la bonté de nous dire ce que vous comptez faire pour le bien de la sainte Ligue.

— Je compte servir la religion catholique, apostolique et romaine dans toutes ses exigences, répondit le néophyte.

— Ventre de biche! dit Chicot, voici, sur mon âme, des gens bien niais, de se cacher pour dire de pareilles choses ! Que ne proposent-ils cela tout bonnement au roi Henri III, mon illustre maître? Tout cela lui irait à merveille : processions, macérations, extirpations d'hérésies comme à Rome, fagots et auto-da-fés comme en Flandre et en Espagne. Mais c'est le seul moyen de lui faire avoir des enfants, à ce bon prince. Corbœuf! j'ai envie de sortir de mon confessionnal et de me présenter à mon tour, tant ce cher duc d'Anjou m'a touché! Continue, digne frère de Sa Majesté, noble imbécile, continue!

Et le duc d'Anjou, comme s'il eût été sensible à l'encouragement, continua en effet.

— Mais, dit-il, l'intérêt de la religion n'est pas le seul but que des gentilshommes doivent se proposer. Quant à moi, j'en ai entrevu un autre.

— Ouais! fit Chicot, je suis gentilhomme aussi; cela m'intéresse donc comme les autres; parle, d'Anjou, parle.

— Monseigneur, on écoute Votre Altesse avec la plus sérieuse attention, dit le cardinal de Guise.

— Et nos cœurs battent d'espérance en vous écoutant, dit M. de Mayenne.

— Je m'expliquerai donc, dit le duc d'Anjou en sondant de son regard inquiet les profon-

deurs ténébreuses de la chapelle, comme pour s'assurer que ses paroles ne tomberaient qu'en oreilles dignes de recevoir la confidence.

M. de Monsoreau comprit l'inquiétude du prince et le rassura par un sourire et par un coup d'œil des plus significatifs.

— Or, quand un gentilhomme a pensé à ce qu'il doit à Dieu, continua le duc d'Anjou en baissant involontairement la voix, il pense alors à son...

— Parbleu! à son roi, souffla Chicot, c'est connu.

— A son pays, dit le duc d'Anjou, et il se demande si son pays jouit bien réellement de tout l'honneur et de tout le bien-être qu'il était destiné d'avoir en partage: car un bon gentilhomme tire ses avantages de Dieu d'abord, et ensuite du pays dont il est l'enfant.

L'assemblée applaudit violemment.

— Eh bien, mais, dit Chicot, et le roi? il n'en est donc plus question, de ce pauvre monarque? Et moi qui croyais, comme c'est écrit sur la pyramide de Juvisy, qu'on disait toujours : *Dieu, le roi et les dames!*

— Je me demande donc, poursuivit le duc d'Anjou, dont les pommettes saillantes s'animaient peu à peu d'une rougeur fébrile, je me demande donc si mon pays jouit de la paix et du bonheur que mérite cette patrie si douce et si belle qu'on appelle la France, et je vois avec douleur qu'il n'en est rien.

En effet, mes frères, l'État se trouve tiraillé par des volontés et des goûts différents, tous aussi puissants les uns que les autres, grâce à la faiblesse d'une volonté supérieure, laquelle, oubliant qu'elle doit tout dominer pour le bien de ses sujets, ne se souvient de ce principe royal que par capricieux intervalles, et toujours si à contre-sens, que ses actes énergiques n'ont lieu que pour faire le mal; c'est sans nul doute à la fatale destinée de la France ou à l'aveuglement de son chef qu'il faut attribuer ce malheur. Mais, quoique nous en ignorions la vraie source, ou que nous ne fassions que la soupçonner, le malheur n'en est pas moins réel, et j'en accuse, moi, ou les crimes commis par la France contre la religion, ou les impiétés commises par certains faux amis du roi plutôt que par le roi lui-même. Ce qui fait, messieurs, que, dans l'un ou l'autre cas, j'ai dû, en serviteur de l'autel et du trône, me rallier à ceux qui, par tous les moyens, cherchent l'extinction de l'hérésie et la ruine des conseillers perfides. Voilà, messieurs.

ce que je veux faire pour la Ligue en m'y associant avec vous.

— Oh! oh! murmura Chicot avec des yeux tout ébahis de surprise; voilà un bout de l'oreille qui passe, et, comme je l'avais cru d'abord, ce n'est point une oreille d'âne, mais de renard.

Cet exorde du duc d'Anjou, qui peut-être a paru un peu long à nos lecteurs, séparés qu'ils sont par trois siècles de la politique de cette époque, avait tellement intéressé les assistants, que la plupart s'étaient rapprochés du prince pour ne point perdre une syllabe de ce discours prononcé avec une voix de plus en plus obscure à mesure que le sens des paroles devenait de plus en plus clair.

Le spectacle était alors curieux. Les assistants, au nombre de vingt-cinq ou trente, le capuchon en arrière, laissant voir des figures nobles, hardies, éveillées, étincelantes de curiosité, se groupaient sous la lueur de la seule lampe qui éclairait alors la scène.

De grandes ombres se répandaient dans toutes les autres parties de l'édifice, qui semblaient, pour ainsi dire, étrangères au drame qui se passait sur un seul point.

Au milieu du groupe, on distinguait la figure pâle du duc d'Anjou, dont les os frontaux cachaient les yeux enfoncés, et dont la bouche, quand elle s'ouvrait, semblait le rictus sinistre d'une tête de mort.

— Monseigneur, dit le duc de Guise, en remerciant Votre Altesse des paroles qu'elle vient de prononcer, je crois devoir l'avertir qu'elle n'est entourée que d'hommes dévoués, non-seulement aux principes qu'elle vient de professer, mais encore à la personne de Son Altesse Royale elle-même, et c'est ce dont, si elle en doutait, la suite de la séance pourrait la convaincre plus énergiquement qu'elle ne le pense elle-même.

Le duc d'Anjou s'inclina, et en se relevant jeta un regard inquiet sur l'assemblée.

— Oh! oh! murmura Chicot, ou je me trompe, ou tout ce que nous avons vu jusqu'à présent n'était qu'un préambule, et quelque chose va se passer ici de plus important que toutes les fadaises qu'on a dites et faites jusqu'à présent.

— Monseigneur, dit le cardinal, auquel le regard du prince n'avait point échappé, si Votre Altesse éprouvait par hasard quelque crainte, les noms seuls de ceux qui l'entourent en ce moment la rassureraient, je l'espère. Voici M. le

gouverneur d'Aunis, M. d'Entragues le jeune, M. de Ribeirac et M. de Livarot, gentilshommes que Votre Altesse connaît peut-être et qui sont aussi braves que loyaux. Voici encore M. le vidame de Castillon, M. le baron de Lusignan, MM. Cruce et Leclerc, tous pénétrés de la sagesse de Votre Altesse Royale et heureux de marcher sous ses auspices à l'émancipation de la sainte religion et du trône. Nous recevrons donc avec reconnaissance les ordres qu'elle voudra bien nous donner.

Le duc d'Anjou ne put dissimuler un mouvement d'orgueil. Ces Guises, si fiers, qu'on n'avait jamais pu les faire plier, parlaient d'obéir.

Le duc de Mayenne reprit:

— Vous êtes, par votre naissance, par votre sagesse, monseigneur, le chef naturel de la sainte Union, et nous devons apprendre de vous quelle est la conduite qu'il faut tenir à l'égard de ces faux amis du roi dont nous parlions tout à l'heure.

— Rien de plus simple, répondit le prince avec cette espèce d'exaltation fébrile qui tient lieu de courage aux hommes faibles; quand des plantes parasites et vénéneuses croissent dans un champ, dont sans elles on tirerait une riche moisson, il faut déraciner ces herbes dangereuses. Le roi est entouré non pas d'amis, mais de courtisans qui le perdent et qui excitent un scandale continuel dans la France et dans la chrétienté.

— C'est vrai, dit le duc de Guise d'une voix sombre.

— Et d'ailleurs, ces courtisans, reprit le cardinal, nous empêchent, nous, les véritables amis de Sa Majesté, d'arriver jusqu'à elle, comme c'est le droit de nos charges et de nos naissances.

— Laissons donc, dit brusquement le duc de Mayenne, aux ligueurs vulgaires, à ceux de la première Ligue, le soin de servir Dieu. En servant Dieu, ils serviront ceux qui leur parlent de Dieu. Nous, faisons nos affaires. Des hommes nous gênent: ils nous bravent, ils nous insultent, ils manquent continuellement de respect au prince que nous honorons le plus et qui est notre chef.

Le front du duc d'Anjou se couvrit de rougeur.

— Détruisons, continua Mayenne, détruisons jusqu'au dernier cette engeance maudite que le roi enrichit des lambeaux de nos fortunes, et

Voici le présent qu'en votre nom à tous je dépose aux pieds du prince. — Page 130

que chacun de nous s'engage à en retrancher un seul de la vie. Nous sommes trente ici, comptons-les.

— C'est penser sagement, dit le duc d'Anjou, et vous avez déjà fait votre tâche, monsieur de Mayenne.

— Ce qui est fait ne compte pas, dit le duc.

— Il faut cependant nous en laisser, monseigneur, dit d'Entragues; moi, je me charge de Quélus.

— Moi de Maugiron, dit Livarot.

— Et moi de Schomberg, dit Ribeirac.

— Bien! bien! répétait le duc, et nous avons encore Bussy, mon brave Bussy, qui se chargera bien de quelques-uns.

— Et nous! et nous! crièrent tous les ligueurs.

M. de Monsoreau s'avança.

— Ah! ah! dit Chicot, qui, en voyant la tournure que prenaient les choses, ne riait plus, voici le grand veneur qui vient réclamer sa part de la curée.

Chicot se trompait.

— Messieurs, dit-il en étendant la main, je réclame un instant de silence. Nous sommes des hommes résolus, et nous avons peur de nous parler franchement les uns aux autres. Nous sommes des hommes intelligents, et nous tournons autour de niais scrupules.

Allons, messieurs, un peu de courage, un peu de hardiesse, un peu de franchise. Ce n'est pas des mignons du roi Henri qu'il s'agit, ce n'est pas de la difficulté que nous éprouvons à nous approcher de sa personne.

— Allons donc! disait Chicot écarquillant les yeux au fond de son confessionnal et se faisant un entonnoir acoustique de sa main gauche pour ne pas perdre un mot de ce qu'on disait. Allons donc! hâte-toi, j'attends.

— Ce qui nous occupe tous, messeigneurs, reprit le comte, c'est l'impossibilité devant laquelle nous sommes acculés. C'est la royauté que l'on nous donne et qui n'est pas acceptable pour une noblesse française : des litanies, du despotisme, de l'impuissance et des orgies, la prodigalité pour des fêtes qui font rire de pitié toute l'Europe, la parcimonie pour tout ce qui regarde la guerre et les arts. Ce n'est pas de l'ignorance, ce n'est pas de la faiblesse, une conduite pareille, messieurs, c'est de la démence!

Un silence funèbre accueillit les paroles du grand veneur. L'impression était d'autant plus profonde, que chacun se disait tout bas ce qu'il venait de dire tout haut, de sorte que chacun tressaillit comme à l'écho de sa propre voix, et frissonna en songeant qu'il était en tous points de l'avis de l'orateur.

M. de Monsoreau, qui sentait bien que ce silence ne venait que d'un excès d'approbation, continua :

— Devons-nous vivre sous un roi fou, inerte et fainéant, au moment où l'Espagne allume les bûchers, au moment où l'Allemagne réveille les vieux hérésiarques assoupis dans l'ombre des cloîtres, quand l'Angleterre, avec son inflexible politique, tranche les idées et les têtes? Toutes les nations travaillent glorieusement à quelque chose. Nous, nous dormons. Messieurs, pardonnez-moi de le dire devant un grand prince qui blâmera peut-être ma témérité, car il a le préjugé de famille; messieurs, depuis quatre ans nous ne sommes plus gouvernés par un roi, mais par un moine.

A ces mots, l'explosion, habilement préparée et habilement contenue depuis une heure par la circonspection des chefs, éclata si violemment, que nul n'eût reconnu dans ces énergumènes ces froids et sages calculateurs de la scène précédente.

— A bas Valois! cria-t-on, à bas frère Henri! donnons-nous pour chef un prince gentilhomme, un roi chevalier, un tyran, s'il le faut, mais pas un frocard!

— Messieurs, messieurs, dit hypocritement le duc d'Anjou, pardon, je vous en conjure, pour mon frère, qui se trompe, ou plutôt qui est trompé. Laissez-moi espérer, messieurs, que nos sages remontrances, que l'efficace intervention du pouvoir de la Ligue, le ramèneront dans la bonne voie.

— Siffle, serpent, dit Chicot, siffle.

— Monseigneur, répondit le duc de Guise, Votre Altesse a entendu peut-être un peu tôt, mais enfin elle a entendu l'expression sincère de la pensée de l'association. Non, il ne s'agit plus ici d'une ligue contre le Béarnais, épouvantail des imbéciles; il ne s'agit plus d'une ligue pour soutenir l'Église, qui se soutiendra bien toute seule; il s'agit, messieurs, de tirer la noblesse de France de la position abjecte où elle se trouve. Trop longtemps nous avons été retenus par le respect que Votre Altesse nous inspire; trop longtemps cet amour que nous lui connaissons pour sa famille nous a renfermés violemment dans les bornes de la dissimulation. Maintenant tout est révélé, monseigneur, et Votre Altesse va assister à la véritable séance de la Ligue, dont ce qui vient de se passer n'est que le préambule.

— Que voulez-vous dire, monsieur le duc? demanda le prince palpitant tout à la fois d'inquiétude et d'ambition.

— Monseigneur, nous nous sommes réunis, continua le duc de Guise, non pas, comme l'a dit judicieusement M. le grand veneur, pour rebattre des questions usées en théorie, mais pour agir efficacement. Aujourd'hui nous nous choisissons un chef capable d'honorer et d'enrichir la noblesse de France; et, comme c'était la coutume des anciens Francs, lorsqu'ils se donnaient un chef, de lui donner un présent digne de lui, nous offrons un présent au chef que nous nous sommes choisi...

Tous les cœurs battirent, mais moins fort que celui du duc.

Cependant il resta muet et immobile, et sa pâleur seule trahit son émotion.

— Messieurs, continua le duc en saisissant dans la stalle placée derrière lui un objet assez lourd qu'il éleva entre ses mains, messieurs, voici le présent qu'en votre nom à tous je dépose aux pieds du prince.

— Une couronne! s'écria le duc se soutenant à peine, une couronne à moi, messieurs!

— Vive François III! s'écria d'une voix qui fit trembler la voûte la troupe compacte des gentilshommes, qui avaient tiré leurs épées.

— Moi! moi! balbutiait le duc tremblant à la fois de joie et de terreur, moi! Mais c'est impossible! Mon frère vit encore, mon frère est l'oint du Seigneur.

— Nous le déposons, dit le duc, en attendant que Dieu sanctionne par sa mort l'élection que nous venons de faire, ou plutôt en attendant que quelqu'un de ses sujets, lassé de ce règne sans gloire, prévienne par le poison ou le poignard la justice de Dieu!...

— Messieurs! dit plus faiblement le duc, messieurs...

— Monseigneur, dit à son tour le cardinal, au scrupule si noble que Votre Altesse vient d'exprimer tout à l'heure, voici notre réponse : Henri III était l'oint du Seigneur; mais nous l'avons déposé; il n'est plus l'élu de Dieu, et c'est vous qui allez l'être, monseigneur. Voici un temple aussi vénérable que celui de Reims; car ici ont reposé les reliques de sainte Geneviève, patronne de Paris; ici a été inhumé le corps de Clovis, premier roi chrétien; eh bien, monseigneur, dans ce temple saint, en face de la statue du véritable fondateur de la monarchie française, moi, l'un des princes de l'Église, et qui, sans ambition folle, puis espérer un jour en devenir le chef, je vous dis, monseigneur : Voici, pour remplacer le saint chrême, une huile sainte envoyée par le pape Grégoire XIII. Monseigneur, nommez votre futur archevêque de Reims, nommez votre connétable, et, dans un instant, c'est vous qui serez sacré roi, et c'est votre frère Henri, qui, s'il ne vous remet pas le trône, sera considéré comme un usurpateur. Enfant, allumez les flambeaux de l'autel.

Au même instant, l'enfant de chœur, qui n'attendait évidemment que cet ordre, déboucha de la sacristie, un allumoir à la main, et en un instant cinquante flambeaux étincelèrent tant sur l'autel que dans le chœur.

On vit alors sur l'autel une mitre resplendissante de pierreries et une large épée fleurdelisée : c'était la mitre archiépiscopale; c'était l'épée de connétable.

Au même instant, au milieu des ténèbres que n'avait pu dissiper l'illumination du chœur, l'orgue s'éveilla et fit entendre le *Veni Creator*.

Cette espèce de péripétie ménagée par les trois princes lorrains, et à laquelle le duc d'Anjou lui-même ne s'attendait point, produisit une impression profonde sur les assistants. Les courageux s'exaltèrent, et les faibles eux-mêmes se sentirent forts.

Le duc d'Anjou releva la tête, et d'un pas plus assuré, et d'un bras plus ferme qu'on n'aurait dû s'y attendre, il marcha droit à l'autel, prit de la main gauche la mitre, et de la main droite l'épée, et, revenant vers le duc et vers le cardinal, qui s'attendaient à ce double honneur, il mit la mitre sur la tête du cardinal, et ceignit l'épée au duc.

Des applaudissements unanimes saluèrent cette action décisive, d'autant moins attendue, que l'on connaissait le caractère irrésolu du prince.

— Messieurs, dit le duc aux assistants, donnez vos noms à M. le duc de Mayenne, grand maître de France; le jour où je serai roi, vous serez tous chevaliers de l'ordre.

Les applaudissements redoublèrent, et tous les assistants vinrent l'un après l'autre donner leurs noms à M. de Mayenne.

— Mordieu! dit Chicot, la belle occasion d'avoir le cordon bleu! Je n'en retrouverai jamais une pareille, et dire qu'il faut que je m'en prive!

— Maintenant, à l'autel, sire, dit le cardinal de Guise.

— Monsieur de Monsoreau, mon capitaine colonel; messieurs de Ribeirac et d'Entragues, mes capitaines; monsieur de Livarot, mon lieutenant des gardes, prenez dans le chœur les places auxquelles le rang que je vous confie vous donne droit.

Chacun de ceux qui venaient d'être nommés alla prendre le poste que, dans une véritable cérémonie du sacre, l'étiquette leur eût assigné.

— Messieurs, dit le duc en s'adressant au reste de l'assemblée, vous m'adresserez tous une demande, et je tâcherai de ne point faire un seul mécontent.

Pendant ce temps le cardinal était passé derrière le tabernacle, et y avait revêtu les ornements pontificaux. Bientôt il reparut avec la sainte ampoule, qu'il déposa sur l'autel.

Alors il fit un signe à l'enfant de chœur, qui apporta le livre des Évangiles et la croix. Le cardinal prit l'un et l'autre, posa la croix sur le livre des Évangiles et les étendit vers le duc d'Anjou, qui mit la main dessus.

— En présence de Dieu, dit le duc, je promets

à mon peuple de maintenir et d'honorer notre sainte religion, comme il appartient au roi très-chrétien et au fils aîné de l'Église. Et qu'ainsi Dieu me soit en aide et ses saints Évangiles.

— Amen ! répondirent d'une seule voix tous les assistants.

— Amen! reprit une espèce d'écho qui semblait venir des profondeurs de l'église.

Le duc de Guise, faisant, comme nous l'avons dit, les fonctions de connétable, monta les trois marches de l'autel, et en avant du tabernacle déposa son épée, que le cardinal bénit.

Le cardinal alors la tira du fourreau, et, la prenant par la lame, la présenta au roi, qui la prit par la poignée.

—Sire, dit-il, prenez cette épée, qui vous est donnée avec la bénédiction du Seigneur, afin que par elle et par la force de l'Esprit-Saint, vous puissiez résister à tous vos ennemis, protéger et défendre la sainte Église et le royaume qui vous est confié. Prenez cette épée, afin que, par son secours, vous exerciez la justice, vous protégiez les veuves et les orphelins, vous répariez les désordres ; afin que, vous couvrant de gloire par toutes les vertus, vous méritiez de régner avec celui dont vous êtes l'image sur la terre, et qui règne avec le Père et le Saint-Esprit dans les siècles des siècles.

Le duc baissa l'épée de manière que la pointe touchât le sol, et, après l'avoir offerte à Dieu, la rendit au duc de Guise.

L'enfant de chœur apporta un coussin qu'il déposa devant le duc d'Anjou, qui s'agenouilla.

Puis le cardinal ouvrit le petit coffret de vermeil, et, avec la pointe d'une aiguille d'or, il en tira une parcelle d'huile sainte, qu'il étendit sur la patène.

Alors, la patène à la main gauche, il dit sur le duc deux oraisons.

Puis, prenant le saint-chrême avec le pouce, il traça une croix sur le sommet de la tête du duc, en disant :

— *Ungo te in regem de oleo sanctificato, in nomine Patris et Filii et Spiritus sancti.*

Presque aussitôt l'enfant de chœur essuya l'onction avec un mouchoir brodé d'or.

En ce moment le cardinal prit la couronne à deux mains et l'abaissa vers la tête du prince, mais sans la poser. Aussitôt le duc de Guise et le duc de Mayenne s'approchèrent, et de chaque côté soutinrent la couronne.

Enfin le cardinal, ne la soutenant plus que de la main gauche, dit en bénissant le prince de la main droite :

« Dieu te couronne de la couronne de gloire et « de justice.»

Puis, la posant sur la tête du prince :

« Reçois cette couronne, dit-il, au nom du Père, du Fils et du Saint-Esprit.»

Le duc d'Anjou, blême et frissonnant, sentit la couronne se poser sur sa tête, et instinctivement il y porta la main.

La sonnette de l'enfant de chœur retentit alors, et fit courber le front de tous les assistants.

Mais ils se relevèrent bientôt, brandissant les épées et criant : —Vive le roi François III !

— Sire, dit le cardinal au duc d'Anjou, vous régnez dès aujourd'hui sur la France ; car vous êtes sacré par le pape Grégoire XIII lui-même, dont je suis le représentant.

— Ventre de biche ! dit Chicot, quel malheur que je n'aie pas les écrouelles !

— Messieurs, dit le duc d'Anjou se relevant fier et majestueux, je n'oublierai jamais les noms des trente gentilshommes qui m'ont, les premiers, jugé digne de régner sur eux; et maintenant adieu, messieurs, que Dieu vous ait en sa sainte et digne garde !

Le cardinal s'inclina, ainsi que le duc de Guise; mais Chicot, qui les voyait de côté, s'aperçut que, tandis que le duc de Mayenne reconduisait le nouveau roi, les deux princes lorrains échangeaient un ironique sourire.

— Ouais ! dit le Gascon ; qu'est-ce que cela signifie encore, et à quoi sert le jeu si tout le monde triche ?

Pendant ce temps, le duc d'Anjou avait regagné l'escalier de la crypte, et bientôt il disparut dans les ténèbres de l'église souterraine, où, l'un après l'autre, tous les assistants le suivirent, à l'exception des trois frères, qui rentrèrent dans la sacristie, tandis que le frère portier éteignait les cierges de l'autel.

L'enfant de chœur referma la crypte derrière eux, et l'église se trouva éclairée par cette lampe, qui, seule inextinguible, semblait un symbole inconnu du vulgaire, et parlant seulement aux élus de quelque mystérieuse initiation.

CHAPITRE XXI

COMMENT CHICOT, CROYANT FAIRE UN COURS D'HISTOIRE, FIT UN COURS DE GÉNÉALOGIE.

hicot se leva dans son confessionnal pour déroidir ses jambes engourdies. Il avait tout lieu de penser que cette séance était la dernière ; et, comme il était près de deux heures du matin, il avait hâte de faire ses dispositions pour le reste de la nuit.

Mais, à son grand étonnement, lorsqu'ils eurent entendu la clef de la crypte grincer deux fois dans la serrure, les trois princes lorrains sortirent de la sacristie; seulement, cette fois, ils avaient jeté le froc et repris leurs costumes habituels.

En même temps, et en les voyant reparaître, l'enfant de chœur partit d'un si franc et si joyeux éclat de rire, que la contagion gagna Chicot, et qu'il se mit à rire aussi, sans savoir pourquoi.

Le duc de Mayenne s'approcha vivement de l'escalier.

—Ne riez pas si bruyamment, ma sœur, dit-il, ils sont à peine sortis et pourraient vous entendre.

— Sa sœur! fit Chicot, marchant de surprise en surprise ; est-ce que par hasard ce moinillon serait une femme?

En effet, le novice rejeta son capuchon en arrière, et découvrit la plus spirituelle et la plus charmante tête de femme que jamais Léonard de Vinci ait transportée sur la toile, lui qui cependant a peint la *Joconde*.

C'étaient des yeux noirs, petillants de malice, mais qui, lorsqu'ils venaient à dilater leurs pupilles, élargissaient leur disque d'ébène, et prenaient une expression presque terrible à force d'être sérieuse.

C'était une petite bouche merveille et fine, un nez dessiné avec une correction rigoureuse; c'était enfin un menton arrondi, terminant l'ovale parfait d'un visage un peu pâle, sur lequel ressor-

tait, comme deux arcs d'ébène, un double sourcil parfaitement dessiné.

C'était la sœur de MM. de Guise, madame de Montpensier, dangereuse sirène, adroite à dissimuler, sous la robe épaisse du petit moine, l'imperfection tant reprochée d'une épaule un peu plus haute que l'autre, et la courbe inélégante de sa jambe droite, qui la faisait boiter légèrement.

Grâce à ces imperfections, l'âme d'un démon était venue se loger dans ce corps, à qui Dieu avait donné la tête d'un ange.

Chicot la reconnut pour l'avoir vue venir vingt fois faire la cour à la reine Louise de Vaudemont, sa cousine, et un grand mystère lui fut révélé par cette présence et par celle de ses trois frères, obstinés à rester après tout le monde.

—Ah ! mon frère le cardinal, disait la duchesse dans un spasme d'hilarité, quel saint homme vous faites, et comme vous parlez bien de Dieu! Un instant, vous m'avez fait peur, et j'ai cru que vous preniez la chose au sérieux; et lui qui s'est laissé graisser et couronner ! Oh ! la vilaine figure qu'il avait sous cette couronne !

— N'importe, dit le duc, nous avons ce que nous voulions, et François n'a plus à s'en dédire maintenant; le Monsoreau, qui sans doute avait à cela quelque ténébreux intérêt, a mené les choses si loin, que maintenant nous sommes sûrs qu'il ne nous abandonnera point comme il a fait de la Mole et de Coconnas à moitié chemin de l'échafaud.

— Oh ! oh! dit Mayenne, c'est un chemin qu'on ne fait pas prendre facilement à des princes de notre race, et il y aura toujours plus près du Louvre à l'abbaye de Sainte-Geneviève que de l'Hôtel de Ville à la place de Grève.

Chicot comprenait qu'on s'était moqué du duc d'Anjou, et, comme il détestait le prince, il eût volontiers, pour cette mystification, embrassé les

Guise, en exceptant Mayenne, quitte à doubler pour madame de Montpensier.

— Revenons aux affaires, messieurs, dit le cardinal. Tout est bien fermé, n'est-ce pas?

— Oh! je vous en réponds, dit la duchesse; d'ailleurs, je puis aller voir.

— Non pas, dit le duc, vous devez être fatigué, mon cher petit enfant de chœur.

— Ma foi non, c'était trop réjouissant.

— Mayenne, vous dites qu'il est ici? demanda le duc.

— Oui.

— Je ne l'ai pas aperçu.

— Je crois bien, il est caché.

— Et où cela?

— Dans un confessionnal.

Ces mots retentirent aux oreilles de Chicot comme les cent mille trompettes de l'Apocalypse.

— Qui donc est caché dans un confessionnal? demanda-t-il en s'agitant dans sa boîte; ventre de biche! je ne vois que moi.

— Alors il a tout vu et tout entendu? demanda le duc.

— N'importe, n'est-il pas à nous?

— Amenez-le-moi, Mayenne, dit le duc.

Mayenne descendit un des escaliers du chœur, parut s'orienter, et se dirigea en droite ligne vers le confessionnal habité par le Gascon.

Chicot était brave; mais, cette fois, ses dents claquèrent d'épouvante, et une sueur froide commença de dégoutter de son front sur ses mains.

— Ah çà, dit-il en lui-même en essayant de dégager son épée des plis de son froc, je ne veux cependant pas mourir comme un coquin, dans ce coffre. Allons au-devant de la mort, ventre de biche! et, puisque l'occasion s'en présente, tuons-le au moins avant que de mourir.

Et, pour mettre à exécution ce courageux projet, Chicot, qui avait enfin trouvé la poignée de son épée, passait déjà la main sur le loquet de la porte, quand la voix de la duchesse retentit.

— Pas dans celui-là, Mayenne, dit-elle, pas dans celui-là, dans l'autre, à gauche, tout au fond.

— Ah! fort bien, dit le duc, qui étendait déjà la main vers le confessionnal de Chicot, et qui, à l'indication de sa sœur, tourna brusquement vers le confessionnal opposé.

— Ouf! dit le Gascon en poussant un soupir que lui eût envié Gorenflot; il était temps! mais qui diable est donc dans l'autre?

— Sortez, maître Nicolas David, dit Mayenne, nous sommes seuls.

— Me voici, monseigneur, dit un homme en sortant du confessionnal.

— Bon, dit le Gascon, tu manquais à la fête, maître Nicolas; je te cherchais partout, et voilà qu'enfin, au moment où je ne te cherchais plus, je t'ai trouvé.

— Vous avez tout vu et tout entendu, n'est-ce pas? dit le duc de Guise.

— Je n'ai pas perdu un mot de ce qui s'est passé, et je n'en oublierai pas un détail, soyez tranquille, monseigneur.

— Vous pourrez donc tout rapporter à l'envoyé de Sa Sainteté Grégoire XIII? demanda le Balafré.

— Tout sans rien omettre.

— Maintenant mon frère de Mayenne me dit que vous avez fait des merveilles pour nous. Voyons, qu'avez-vous fait?

Le cardinal et la duchesse se rapprochèrent avec curiosité. Les trois princes et leur sœur formaient alors un seul groupe.

Éclairé en plein par la lampe, Nicolas David était à trois pieds d'eux.

— J'ai fait ce que j'avais promis, monseigneur, dit Nicolas David, c'est-à-dire que j'ai trouvé le moyen de vous faire asseoir sans conteste sur le trône de France.

— Eux aussi! s'écria Chicot. Ah çà, mais tout le monde va donc être le roi de France! Aux derniers les bons.

On voit que la gaieté était ressuscitée dans l'esprit du brave Chicot. Cette gaieté naissait de trois circonstances:

D'abord, il échappait d'une manière inattendue à un danger imminent, ensuite il découvrait une bonne conspiration; enfin, dans cette bonne conspiration, il trouvait un moyen de perdre ses deux grands ennemis: le duc de Mayenne et l'avocat Nicolas David.

— Cher Gorenflot! murmura-t-il quand toutes ses idées se furent un peu casées dans sa tête, quel souper je te payerai demain pour la location de ton froc, va!

— Et si l'usurpation est trop flagrante, abstenons-nous de ce moyen, dit Henri de Guise. Je ne veux pas avoir à dos tous les rois de la chrétienté, qui procèdent de droit divin.

— J'ai songé à ce scrupule de monseigneur, dit l'avocat en saluant le duc et en promenant sur le triumvirat un œil assuré. Je ne suis pas seulement habile dans l'art de l'escrime, monseigneur, comme mes ennemis auraient pu le répandre pour m'enlever votre confiance; nourri d'études théologiques et légales, j'ai consulté, comme doit le faire un bon casuiste et un juriste savant, les annales et les décrets qui donnent du poids à mon assertion dans nos habitudes de succession au trône. C'est gagner tout que gagner la légitimité, et j'ai découvert, messeigneurs, que vous êtes héritiers légitimes, et que les Valois ne sont qu'une branche parasite et usurpatrice.

La confiance avec laquelle Nicolas David prononça ce petit exorde donna une joie fort vive à madame de Montpensier, une curiosité fort grande au cardinal et au duc de Mayenne, et dérida presque le front sévère du duc de Guise.

— Il est difficile cependant, dit-il, que la maison de Lorraine, fort illustre d'ailleurs, prétende au pas sur les Valois.

— Cela est pourtant prouvé, monseigneur, dit maître Nicolas en relevant son froc pour tirer un parchemin de ses larges chausses, et en découvrant par ce mouvement la poignée d'une longue rapière.

Le duc prit le parchemin des mains de Nicolas David.

— Qu'est-ce que cela? demanda-t-il.

— L'arbre généalogique de la maison de Lorraine.

— Dont la souche est?

— Charlemagne, monseigneur.

— Charlemagne! s'écrièrent les trois frères avec un air d'incrédulité qui, néanmoins, n'était pas exempt d'une certaine satisfaction; c'est impossible. Le premier duc de Lorraine était contemporain de Charlemagne, mais il s'appelait Ranier, et n'était nullement parent de ce grand empereur.

— Attendez donc, monseigneur, dit Nicolas. Vous comprenez bien que je n'ai point été chercher une de ces questions que l'on tranche par un simple démenti et que le premier juge d'armes met à néant. Ce qu'il vous faut, à vous, c'est un bon procès qui dure longtemps, qui occupe le parlement et le peuple, pendant lequel vous puissiez séduire, non pas le peuple, il est à vous, mais le parlement. Voyez donc, monseigneur, c'est bien cela : Ranier, premier duc de Lorraine, contemporain de Charlemagne.

Guilbert, son fils, contemporain de Louis le Débonnaire.

Henri, fils de Guilbert, contemporain de Charles le Chauve.

— Mais!... dit le duc de Guise.

— Un peu de patience, monseigneur, nous y voilà. Écoutez bien. Bonne...

— Oui, dit le duc, fille de Ricin, second fils de Ranier.

— Bien, reprit l'avocat; à qui mariée?

— Bonne?

— Oui.

— A Charles de Lorraine, fils de Louis IV, roi de France.

— A Charles de Lorraine, fils de Louis IV, roi de France, répéta David. Maintenant ajoutez : frère de Lothaire, spolié de la couronne de France par l'usurpateur Hugues Capet, sur Louis V.

— Oh! oh! firent ensemble le duc de Mayenne et le cardinal.

— Continuez, dit le Balafré, il y a une lueur là dedans.

— Or Charles de Lorraine héritait de son frère à l'extinction de sa race. Or la race de Lothaire est éteinte; donc, messieurs, vous êtes les seuls et vrais héritiers de la couronne de France.

— Mordieu! fit Chicot, l'animal est encore plus venimeux que je ne croyais.

— Que dites-vous de cela, mon frère? demandèrent à la fois le cardinal et le duc de Mayenne.

— Je dis, répondit le Balafré, que malheureusement il existe en France une loi qu'on appelle la loi salique et qui met toutes nos prétentions à néant.

— Voilà où je vous attendais, monseigneur, s'écria David avec l'orgueil de l'amour-propre satisfait; quel est le premier exemple de la loi salique?

— L'avénement au trône de Philippe de Valois, au préjudice d'Édouard d'Angleterre.

— Quelle est la date de cet avénement?

Le Balafré chercha dans ses souvenirs.

— 1328, dit sans hésiter le cardinal de Lorraine.

— C'est-à-dire trois cent quarante et un ans après l'usurpation de Hugues Capet, deux cent quarante ans après l'extinction de la race de Lothaire. Donc, depuis deux cent quarante ans vos ancêtres avaient des droits à la couronne lorsque la loi salique fut inventée. Or, chacun sait cela, la loi n'a pas d'effet rétroactif.

— Vous êtes un habile homme, maître Nicolas David, dit le Balafré en regardant l'avocat avec une admiration qui n'était pas exempte d'un certain mépris.

— C'est fort ingénieux, fit le cardinal.

— C'est fort beau, dit Mayenne.

— C'est admirable, dit la duchesse, me voilà princesse royale. Je ne veux plus pour mari qu'un empereur d'Allemagne.

— Mon Dieu, Seigneur, dit Chicot, tu sais que je ne t'ai jamais fait qu'une prière : *Ne nos inducas in tentationem et libera nos ab advocatis.*

Le duc de Guise seul était demeuré pensif au milieu de l'enthousiasme général.

— Et dire que de pareils subterfuges sont nécessaires à un homme de ma taille! murmura-t-il. Penser qu'avant d'obéir les peuples regardent des parchemins comme celui-ci, au lieu de lire la noblesse de l'homme dans les éclairs de ses yeux ou de son épée.

— Vous avez raison, Henri, dix fois raison, et, si l'on se contentait de regarder au visage, vous seriez roi parmi les rois, puisque les autres princes, dit-on, paraissent peuple auprès de vous. Mais l'essentiel pour monter au trône, c'est, comme l'a dit maître Nicolas David, un bon procès; et, quand nous y serons arrivés, c'est, comme vous l'avez dit vous-même, que le blason de notre maison ne dépare pas trop les blasons suspendus au-dessus des autres trônes de l'Europe.

— Alors, cette généalogie est bonne, continua en soupirant Henri de Guise, et voici les deux cents écus d'or que m'a demandés pour vous mon frère de Mayenne, — maître Nicolas David!

— Et en voici deux cents autres, dit le cardinal à l'avocat, dont les yeux pétillaient d'aise en enfouissant l'or dans ses larges braies, pour la nouvelle mission dont nous allons vous charger.

— Parlez, monseigneur, je suis tout entier aux ordres de Votre Éminence.

— Nous ne pouvons vous charger de porter vous-même à Rome, à notre saint père Grégoire XIII, cette généalogie, à laquelle il faut qu'il donne son approbation. Vous êtes trop petit compagnon pour vous faire ouvrir les portes du Vatican.

— Hélas! dit Nicolas David, j'ai grand cœur, c'est vrai, mais je suis de pauvre naissance. Ah! si seulement j'avais été simple gentilhomme!

— Veux-tu te taire, truand! dit Chicot.

— Mais vous ne l'êtes pas, continua le cardinal, et c'est un malheur. Nous sommes donc forcés de charger de cette mission **Pierre de Gondy**.

— Permettez, mon frère, dit la duchesse redevenue sérieuse : les Gondy sont gens d'esprit, sans doute, mais sur qui nous n'avons aucune prise, aucun recours. Leur ambition seule nous répond d'eux, et ils peuvent trouver à satisfaire leur ambition aussi bien avec le roi Henri qu'avec la maison de Guise.

— Ma sœur a raison, Louis, dit le duc de Mayenne avec sa brutalité ordinaire, et nous ne pouvons pas nous fier à Pierre de Gondy comme nous nous fions à Nicolas David, qui est notre homme et que nous pouvons faire pendre quand il nous plaira.

Cette naïveté du duc, lancée à brûle-pourpoint au visage de l'avocat, produisit sur le malheureux légiste le plus étrange effet; il éclata d'un rire convulsif qui dénotait la plus grande frayeur.

— Mon frère Charles plaisante, dit Henri de Guise à l'avocat pâlissant, et l'on sait que vous êtes notre fidèle; vous l'avez prouvé en mainte affaire.

— Et notamment dans la mienne, pensa Chicot en montrant le poing à son ennemi, ou plutôt à ses deux ennemis.

— Rassurez-vous, Charles; rassurez-vous, Catherine; toutes mes mesures sont prises à l'avance. Pierre de Gondy portera cette généalogie à Rome, mais confondue avec d'autres papiers et sans savoir ce qu'il porte. Le pape approuvera ou désapprouvera sans que Gondy connaisse cette approbation ou cette désapprobation. Enfin Gondy, toujours ignorant de ce qu'il porte, reviendra en France avec cette généalogie approuvée ou désapprouvée. Vous, Nicolas David, vous partirez presque en même temps que lui, et vous l'attendrez à Châlons, à Lyon ou à Avignon, selon les avis que vous recevrez de nous, de vous arrêter dans l'une ou l'autre de ces trois villes. Ainsi vous seul tiendrez le véritable secret de l'entreprise. Vous voyez donc bien que vous êtes toujours notre seul homme de confiance.

David s'inclina.

— Tu sais à quelle condition, cher ami? murmura Chicot, à la condition d'être pendu si tu fais un pas de travers; mais sois tranquille, je jure par sainte Geneviève, ici présente en plâtre, en marbre ou en bois, peut-être même en os, que tu te trouves placé en ce moment entre deux gibets, mais que le plus rapproché de toi, cher ami, c'est celui que je te ménage.

Les trois frères se serrèrent la main et embrassèrent leur sœur la duchesse, qui venait de leur apporter leurs trois robes de moines laissées dans la sacristie; puis, après les avoir aidés à repasser les frocs protecteurs, elle rabattit son capuchon sur ses yeux, marcha devant eux jusqu'au porche, où les attendait le frère portier, et par lequel ils disparurent, suivis de Nicolas David, dont les écus d'or sonnaient à chaque pas.

Derrière eux, le frère portier tira les verrous, et, rentrant dans l'église, s'en vint éteindre la lampe du chœur; aussitôt une obscurité compacte envahit la chapelle, et renouvela cette mystérieuse horreur qui déjà plus d'une fois avait hérissé le poil de Chicot.

Puis, dans cette obscurité, le bruit des sandales du moine sur les dalles du pavé s'éloigna, faiblit et se perdit tout à fait.

Cinq minutes, qui parurent fort longues à Chicot, s'écoulèrent sans que rien troublât davantage ce silence et cette obscurité.

— Bon, dit le Gascon, il paraît cette fois que tout est bien réellement fini, que les trois actes sont joués, et que les acteurs sont partis. Tâchons de les suivre : j'ai assez de comédie comme ça pour une seule nuit.

Et Chicot, qui était revenu sur son idée d'attendre le jour dans l'église depuis qu'il voyait les tombeaux mobiles et les confessionnaux habités, souleva doucement le loquet, poussa la porte avec précaution, et allongea le pied hors de sa boîte.

Pendant les promenades de l'enfant de chœur, Chicot avait vu dans un coin une échelle destinée à nettoyer les châssis de verres coloriés. Il ne perdit pas de temps. Les mains étendues, les pieds discrètement avancés, il parvint sans bruit jusqu'à l'angle. mit la main sur l'échelle, et, s'orientant de son mieux, il alla appliquer cette échelle à une fenêtre.

A la lueur de la lune, Chicot vit qu'il ne s'était pas trompé dans ses prévisions : la fenêtre donnait sur le cimetière du couvent, qui lui-même donnait sur la rue Bordelle.

Chicot ouvrit la fenêtre, se mit à cheval dessus, et, attirant l'échelle à lui avec cette force et cette adresse que donnent presque toujours la joie ou la crainte, il la fit passer de l'intérieur à l'extérieur.

Une fois descendu, il cacha l'échelle dans une haie d'ifs plantée au bas du mur, se glissa de tombe en tombe jusqu'à la dernière clôture qui le séparait de la rue, et qu'il franchit, non sans démolir quelques pierres, qui descendirent avec lui de l'autre côté de la rue.

Une fois là, Chicot prit un temps pour respirer à pleine poitrine.

Il était sorti avec quelques égratignures d'un guêpier où plus d'une fois il avait senti qu'il jouait sa vie.

Puis, lorsqu'il sentit que l'air jouait plus librement dans ses poumons, il prit sa course vers la rue Saint-Jacques, ne s'arrêtant qu'à l'hôtellerie de la Corne d'Abondance, à laquelle il frappa sans hésitation comme sans retard.

Maître Claude Bonhommet vint ouvrir en personne. C'était un homme qui savait que tout dérangement se paye, et qui comptait plus pour faire sa fortune sur les extras que sur les ordinaires.

Il reconnut Chicot au premier coup d'œil, quoique Chicot fût sorti en simple cavalier et revînt en moine.

— Ah! c'est vous, mon gentilhomme, dit-il, soyez le bienvenu.

Chicot lui donna un écu.

— Et frère Gorenflot? demanda-t-il.

Un large sourire épanouit la figure du maître aubergiste; il s'avança vers le cabinet, et, poussant la porte :

— Voyez, dit-il.

— Frère Gorenflot ronflait juste à la même place où l'avait laissé Chicot.

— Ventre de biche! mon respectable ami, dit le Gascon, tu viens, sans t'en douter, d'avoir un fier cauchemar!

Frère Gorenflot ronflait juste à la même place où l'avait laissé Chicot. — PAGE 136.

CHAPITRE XXII

COMMENT M. ET MADAME DE SAINT-LUC VOYAGEAIENT CÔTE A CÔTE ET FURENT REJOINTS PAR UN COMPAGNON DE VOYAGE.

e lendemain matin, à peu près vers l'heure où frère Gorenflot se réveillait, chaudement empaqueté dans son froc, notre lecteur, s'il eût voyagé sur la route de Paris à Angers, eût pu voir, entre Chartres et Nogent, deux cavaliers, un gentil-homme et son page, dont les montures paisibles cheminaient côte à côte, se caressant des naseaux, et se parlant du hennissement et du souffle comme d'honnêtes animaux qui, pour être privés du don de la parole, n'en ont pas moins trouvé moyen de se communiquer leurs pensées.

Les cavaliers étaient arrivés la veille à la même heure à peu près à Chartres sur des coursiers fumants, à la bouche souillée d'écume; un des deux coursiers était même tombé sur la place de la cathédrale, et, comme c'était au moment même où les fidèles se rendaient à la messe, ce n'avait pas été un spectacle sans intérêt pour les bourgeois de Chartres que ce magnifique coursier expirant de fatigue, dont les propriétaires n'avaient pas paru prendre plus de souci que si c'eût été une ignoble rosse.

Quelques-uns avaient remarqué (les bourgeois de Chartres ont de tout temps été fort observateurs), quelques-uns, disons-nous, avaient même remarqué que le plus grand des deux cavaliers avait alors glissé un écu dans la main d'un honnête garçon, lequel l'avait conduit, lui et son compagnon, à une auberge voisine, et que, par la porte de derrière de cette hôtellerie, donnant sur la plaine, les deux voyageurs étaient sortis une demi-heure après, montés sur deux chevaux frais, et avec les joues enluminées de ce coloris qui prouve en faveur du vin chaud que l'on vient de boire.

Une fois dans la campagne encore nue, encore froide, mais parée déjà de tons bleuâtres précurseurs du printemps, le plus grand des deux cavaliers s'était approché du plus petit, et lui avait dit en ouvrant ses bras :

—Chère petite femme, embrasse-moi tranquillement, car, à cette heure, nous n'avons plus rien à craindre.

Alors madame de Saint-Luc, car c'était bien elle, s'était penchée gracieusement en ouvrant l'épais manteau dont elle était enveloppée, et, en appuyant ses deux bras sur les épaules du jeune homme et sans cesser de plonger les yeux dans son regard, elle lui avait donné ce tendre et long baiser qu'il demandait.

Il était résulté de cette assurance que Saint-Luc avait donnée à sa femme, et peut-être aussi du baiser donné par madame de Saint-Luc à son mari, que ce jour-là on s'était arrêté dans une petite hôtellerie du village de Courville, situé à quatre lieues seulement de Chartres, laquelle, par son isolement, ses doubles portes, et une foule d'autres avantages encore, donnait aux deux époux amants toute garantie de sécurité.

Là ils demeurèrent, toute la journée et toute la nuit, fort mystérieusement cachés dans leur petite chambre, où, après s'être fait servir à déjeuner, ils s'enfermèrent en recommandant à l'hôte, vu le long chemin qu'ils avaient fait et la grande fatigue qui en avait été le résultat, de ne point les déranger avant le lendemain au point du jour,

recommandation qui avait été ponctuellement suivie.

C'était donc dans la matinée de ce jour-là que nous retrouvons M. et madame de Saint-Luc sur la route de Chartres à Nogent.

Or, ce jour-là, comme ils étaient plus tranquilles que la veille, ils voyageaient non plus en fugitifs, non plus même en amoureux, mais en écoliers qui se détournent à chaque instant du chemin pour se faire admirer l'un à l'autre sur quelque petit monticule comme une statue équestre sur son cheval, ravageant les premiers bourgeons, recherchant les premières mousses, cueillant les premières fleurs, sentinelles du printemps qui percent la neige près de disparaître, et se faisant une joie infinie du reflet d'un rayon de soleil dans le plumage chatoyant des canards ou du passage d'un lièvre dans la plaine.

—Morbleu! s'écria tout à coup Saint-Luc, que c'est bon d'être libre! As-tu jamais été libre, toi, Jeanne?

— Moi, répondit la jeune femme avec un joyeux éclat de voix, jamais : et c'est la première fois que je prends d'air et d'espace ce que j'en veux. Mon père était soupçonneux. Ma mère était casanière. Je ne sortais pas sans une gouvernante, deux femmes de chambre et un grand laquais, de sorte que je ne me rappelle pas avoir couru sur une pelouse depuis que, folle et rieuse enfant, je bondissais dans les grands bois de Méridor avec ma bonne Diane, la défiant à la course et courant à travers les ramées, courant jusqu'à ce que nous ne nous trouvassions plus même l'une l'autre. Alors nous nous arrêtions palpitantes, au bruit de quelque biche, de quelque daim ou de quelque chevreuil, qui, effrayé par nous, s'élançait hors de son repaire, nous laissant interroger nous-mêmes avec un certain frisson le silence des vastes taillis. Mais toi, mon bien-aimé Saint-Luc, toi, tu étais libre, au moins?

—Moi, libre?

— Sans doute, un homme...

— Ah bien, oui! jamais. Élevé près du duc d'Anjou, emmené par lui en Pologne, ramené par lui à Paris, condamné à ne pas le quitter par cette perpétuelle règle de l'étiquette, poursuivi, dès que je m'éloignais, par cette voix lamentable qui me criait sans cesse : « Saint-Luc, mon ami, je m'ennuie, viens t'ennuyer avec moi; » libre! ah bien, oui! et ce corset qui m'étranglait l'estomac, et cette grande fraise empesée qui m'écorchait le cou, et ces cheveux frisés à la gomme qui se fussent mêlés à l'humidité et souillés à la poussière; et ce toquet enfin cloué à ma tête par des épingles. Oh! non, non, ma bonne Jeanne, je crois que j'étais encore moins libre que toi, va. Aussi, tu vois, je profite de la liberté. Vive Dieu! la bonne chose! et comment s'en prive-t-on lorsque l'on peut faire autrement?

— Et si l'on nous rattrape, Saint-Luc, dit la jeune femme en jetant un regard inquiet derrière elle, si l'on nous met à la Bastille?

— Si l'on nous y met ensemble, ma petite Jeanne, ce ne sera que demi-mal; il me semble que, pendant toute la journée d'hier, nous sommes demeurés enfermés ni plus ni moins que si nous étions prisonniers d'État, et que nous ne nous sommes pas trop ennuyés cependant.

— Saint-Luc, ne t'y fie pas, dit Jeanne avec un sourire plein de malice et de gaieté; si l'on nous rattrape, je ne crois pas qu'on nous mette ensemble.

Et la charmante femme rougit d'avoir tant voulu dire en disant si peu.

— Alors cachons-nous bien, dit Saint-Luc.

— Oh! sois tranquille, répondit Jeanne, sous ce rapport nous n'avons rien à craindre, et nous serons bien cachés: si tu connaissais Méridor, et ses grands chênes qui semblent les colonnes d'un temple dont le ciel est la voûte, et ses halliers sans fin, et ses rivières paresseuses qui coulent, l'été, sous de sombres arceaux de verdure, et, l'hiver, sous des couches de feuilles mortes; puis les grands étangs, les champs de blé, les parterres de fleurs, les pelouses sans fin, et les petites tourelles d'où s'échappent sans cesse des milliers de pigeons, voltigeant et bourdonnant comme des abeilles autour d'une ruche; et puis, et puis, ce n'est pas tout, Saint-Luc, au milieu de tout cela, la reine de ce petit royaume, l'enchanteresse de ces jardins d'Armide, la belle, la bonne, l'incomparable Diane, un cœur de diamant dans une enveloppe d'or; tu l'aimeras, Saint-Luc.

— Je l'aime déjà: elle t'a aimée.

— Oh! je suis bien sûre qu'elle m'aime encore et qu'elle m'aimera toujours. Ce n'est point Diane qui change capricieusement dans ses amitiés. Te figures-tu la vie heureuse que nous allons mener dans ce nid de fleurs et de mousse que va reverdir le printemps! Diane a pris le gouvernement de la maison de son père, du vieux baron; il ne faut donc pas nous en inquiéter. C'est un guerrier du temps de François Ier, devenu faible et inoffensif, en raison

de ce qu'il a été autrefois fort et courageux, qui n'a plus qu'un souvenir dans le passé, le vainqueur de Marignan et le vaincu de Pavie; qu'un amour dans le présent et qu'un espoir dans l'avenir, sa Diane bien-aimée. Nous pourrons habiter Méridor sans qu'il le sache et s'en aperçoive même jamais. Et, s'il le sait, eh bien, nous en serons quittes en lui laissant dire que sa Diane est la plus belle fille du monde, et que le roi François Ier est le plus grand capitaine de tous les temps.

— Ce sera charmant, dit Saint-Luc, mais je prévois de grandes querelles.

— Comment cela?

— Entre le baron et moi.

— A quel propos? A propos du roi François Ier?

— Non, je lui passe son premier capitaine; mais, pour la plus belle fille du monde...

— Je ne compte plus, puisque je suis ta femme.

— Ah! c'est juste, dit Saint-Luc.

— Te représentes-tu cette existence, mon bien-aimé? continua Jeanne. Dès le matin, dans les bois par la petite porte du pavillon qu'elle nous donnera pour logis. Je connais ce pavillon: deux tourelles reliées l'une à l'autre par un corps de logis bâti sous Louis XII, une architecture adorable, et que tu adoreras, toi qui aimes les fleurs et les dentelles. Et des fenêtres, des fenêtres! une vue calme et sombre sur les grands bois qui montent à perte de vue, et dans les allées desquels on voit au loin paître quelque daim ou quelque chevreuil relevant la tête au moindre bruit; puis, du côté opposé, une perspective ouverte sur les plaines dorées, sur des villages aux toits rouges et aux murs blancs, sur la Loire miroitant au soleil et toute peuplée de petits bateaux. Puis nous aurons, à trois lieues, un lac avec une barque dans les roseaux, nos chevaux, nos chiens, avec lesquels nous courrons le daim dans les grands bois, tandis que le vieux baron, ignorant de ses hôtes, dira, prêtant l'oreille aux abois lointains: «Diane, écoute donc, si on ne dirait pas Astrée et Phlégéton qui chassent.

— Et s'ils chassent, bon père, répondra Diane, laisse-les chasser.»

— Dépêchons, Jeanne, dit Saint-Luc, je voudrais déjà être à Méridor.

Et tous deux piquaient leurs chevaux, qui dévoraient alors l'espace pendant deux ou trois lieues, puis qui s'arrêtaient tout à coup pour laisser à leurs maîtres le loisir de reprendre une conversation interrompue ou de corriger un baiser mal donné.

Ainsi se fit la route de Chartres au Mans, où, à peu près rassurés, les deux époux séjournèrent un jour, puis, le lendemain de ce jour, qui fut encore une heureuse station sur cet heureux chemin qu'ils suivaient, ils s'engagèrent avec la volonté bien arrêtée d'arriver le soir même à Méridor, dans les forêts sablonneuses qui s'étendaient à cette époque de Guécelard à Ecomoy.

Arrivés là, Saint-Luc se regardait comme hors de tout danger, lui qui connaissait l'humeur tour à tour bouillante et paresseuse du roi, qui, selon la disposition d'esprit où il se trouvait au moment du départ de Saint-Luc, avait dû envoyer vingt courriers et cent gardes après eux avec ordre de les ramener morts ou vifs, ou qui s'était contenté de pousser un grand soupir, en tirant ses bras hors du lit, un pouce plus loin que d'ordinaire, en murmurant :

— Oh! traître de Saint-Luc! que ne t'ai-je connu plus tôt!

Or, comme les fugitifs n'avaient été rejoints par aucun courrier, n'avaient aperçu aucun garde, il était probable qu'au lieu de s'être trouvé dans son humeur bouillante, le roi Henri III s'était trouvé dans son humeur paresseuse.

C'était ce que disait Saint-Luc en jetant de temps en temps derrière lui un coup d'œil sur cette route solitaire où n'apparaissait point le moindre persécuteur.

— Bon, pensait-il, la tempête sera retombée sur ce pauvre Chicot, qui, tout fou qu'il est, et peut-être même justement parce qu'il est fou, m'a donné un si bon conseil... J'en serai quitte pour quelque anagramme plus ou moins spirituelle.

Et Saint-Luc se rappelait une anagramme terrible que Chicot avait faite sur lui au jour de sa faveur.

Tout à coup Saint-Luc sentit la main de sa femme qui reposait sur son bras.

Il tressaillit. Ce n'était point une caresse.

— Regarde, dit Jeanne.

Saint-Luc se retourna, et vit à l'horizon un cavalier qui faisait même route qu'eux, et qui paraissait presser fort son cheval.

Ce cavalier était à la sommité du chemin ; il se détachait en vigueur sur le ciel mat, et, par cet effet de perspective que nos lecteurs ont dû remarquer quelquefois, il paraissait, dans cette position, plus grand que nature.

Cette coïncidence parut de mauvais augure à Saint-Luc, soit à cause de la disposition de son esprit, auquel la réalité semblait venir à point nommé donner un démenti, soit que réellement, et malgré le calme qu'il affectait, il craignît encore quelque retour capricieux du roi Henri III.

— Oui, en effet, dit-il, pâlissant malgré lui, voici un cavalier là-bas.

— Fuyons, dit Jeanne en donnant de l'éperon à son cheval.

— Non pas, dit Saint-Luc, à qui la crainte qu'il éprouvait ne pouvait faire perdre son sang-froid, non pas, ce cavalier est seul, autant que j'en puis juger, et nous ne devons pas fuir devant un homme seul. Rangeons-nous et laissons-le passer; quand il sera passé, nous continuerons notre chemin.

— Mais s'il s'arrête?

— Eh bien, s'il s'arrête, nous verrons à qui nous avons affaire, et nous agirons en conséquence.

— Tu as raison, dit Jeanne, et j'avais tort d'avoir peur, puisque mon Saint-Luc est là pour me défendre.

— N'importe, fuyons toujours, dit Saint-Luc en jetant un dernier regard sur l'inconnu, qui, en les apercevant, avait mis son cheval au galop; car voici une plume sur ce chapeau, et, sous ce chapeau, une fraise, qui me donnent quelques inquiétudes.

— Oh! mon Dieu! comment une plume et une fraise peuvent-elles t'inquiéter? demanda Jeanne en suivant son mari, qui avait pris son cheval par la bride et qui l'entraînait avec lui dans le bois.

— Parce que la plume est d'une couleur fort à la mode en ce moment à la cour, et la fraise d'une coupe bien nouvelle ; or ce sont là de ces plumes qui coûteraient trop cher à faire teindre, et de ces fraises qui coûteraient trop de soins à amidonner aux gentilshommes manceaux, pour que nous ayons affaire à un compatriote de ces belles poulardes qu'estime tant Chicot. Piquons, piquons, Jeanne ; ce cavalier me fait l'effet d'un ambassadeur du roi, mon auguste maître.

— Piquons, dit la jeune femme, tremblante comme la feuille, à l'idée qu'elle pouvait être séparée de son mari.

Mais c'était chose plus facile à dire qu'à exécuter. Les sapins étaient fort épais et formaient une véritable muraille de branches. De plus, les chevaux entraient jusqu'au poitrail dans le terrain sablonneux.

Pendant ce temps le cavalier s'approchait

Ce cavalier se détachait en vigueur sur le ciel mat. — Page 140.

comme la foudre, et l'on entendait le galop de son cheval roulant sur la pente de la montagne.

— C'est bien à nous qu'il en veut, Jésus Seigneur! s'écria la jeune femme.

— Ma foi! dit Saint-Luc, s'arrêtant, si c'est à nous qu'il en veut, voyons ce qu'il nous veut, car en mettant pied à terre il nous rejoindra toujours.

— Il s'arrête, dit la jeune femme.

— Et même il descend, dit Saint-Luc, il entre dans le bois. Ah! ma foi! quand ce serait le diable en personne, je vais au-devant de lui.

— Attends, dit Jeanne en retenant son mari, attends; il appelle, ce me semble.

En effet, l'inconnu, après avoir attaché son cheval à l'un des sapins de la lisière, entrait dans le bois en criant:

— Eh! mon gentilhomme! mon gentilhomme! ne vous sauvez donc pas, mille diables! je rapporte quelque chose que vous avez perdu.

— Que dit-il donc? demanda la comtesse.

— Ma foi! dit Saint-Luc, il dit que nous avons perdu quelque chose.

— Eh! monsieur, continua l'inconnu, le petit monsieur, vous avez oublié votre bracelet dans l'hôtellerie de Courville. Que diable! un portrait de femme, cela ne se perd pas ainsi, le portrait de cette respectable madame de Cossé surtout. En faveur de cette chère maman, ne me faites donc pas courir pour cela.

— Mais je connais cette voix! s'écria Saint-Luc.

— Et puis il me parle de ma mère.

— Avez-vous donc perdu ce bracelet, ma mie?

— Eh! mon Dieu, oui, je m'en suis aperçue ce matin seulement. Je ne pouvais me rappeler où je l'avais laissé.

— Mais c'est Bussy! s'écria tout à coup Saint-Luc.

— Le comte de Bussy! reprit Jeanne tout émue, notre ami?

— Eh! certainement, notre ami, dit Saint-Luc, courant avec autant d'empressement au-devant du gentilhomme qu'il venait de mettre de soin à l'éviter.

— Saint-Luc! je ne m'étais donc pas trompé! dit la voix sonore de Bussy, qui, d'un seul bond, se trouva près des deux époux.

Bonjour, madame, continua-t-il en riant aux éclats et en offrant à la comtesse le portrait que réellement elle avait oublié dans l'hôtellerie de Courville, où l'on se rappelle que les voyageurs avaient passé la nuit.

— Est-ce que vous venez pour nous arrêter de la part du roi, monsieur de Bussy? dit en souriant Jeanne.

— Moi! ma foi, non; je ne suis pas assez des amis de Sa Majesté pour qu'elle me charge de ses missions de confiance. Non, j'ai trouvé votre bracelet à Courville; cela m'a indiqué que vous me précédiez sur la route. J'ai alors poussé mon cheval, je vous ai aperçus, je me suis douté que c'était vous, et, sans le vouloir, je vous ai donné la chasse. Excusez-moi.

— Ainsi donc, dit Saint-Luc avec un dernier nuage de soupçon, c'est le hasard qui vous fait suivre la même route que nous?

— Le hasard, répondit Bussy; et, maintenant que je vous ai rencontrés, je dirai la Providence.

Et tout ce qui restait de doute dans l'esprit de Saint-Luc s'effaça devant l'œil si brillant et le sourire si sincère du beau gentilhomme.

— Ainsi, vous voyagez? dit Jeanne.

— Je voyage, dit Bussy en remontant à cheval.

— Mais pas comme nous?

— Non, malheureusement.

— Pas pour cause de disgrâce? voulais-je dire.

— Ma foi, peu s'en faut.

— Et vous allez?

— Je vais du côté d'Angers. Et vous?

— Nous aussi.

— Oui, je comprends, Brissac est à une dizaine de lieues d'ici, entre Angers et Saumur : vous allez chercher un refuge dans le manoir paternel, comme des colombes poursuivies; c'est charmant, et je porterais envie à votre bonheur si l'envie n'était pas un si vilain défaut.

— Eh! monsieur de Bussy, dit Jeanne avec un regard plein de reconnaissance, mariez-vous, et vous serez tout aussi heureux que nous le sommes; c'est chose très-facile, je vous jure, que le bonheur quand on s'aime.

Et elle regarda Saint-Luc en souriant, comme pour en appeler à son témoignage.

— Madame, dit Bussy, je me défie de ces bonheurs-là; tout le monde n'a pas la chance de se marier comme vous, avec privilège du roi.

— Allons donc, vous, l'homme aimé partout!

— Quand on est aimé partout, madame, dit en soupirant Bussy, c'est comme si on ne l'était nulle part.

— Eh bien, dit Jeanne en jetant un coup d'œil d'intelligence à son mari, laissez-moi vous marier; cela donnera d'abord la tranquillité à bon nombre de maris jaloux que je connais, et puis ensuite je promets de vous faire rencontrer ce bonheur dont vous niez l'existence.

— Je ne nie pas que le bonheur existe, madame, dit Bussy avec un soupir; je nie seulement que ce bonheur soit fait pour moi.

— Voulez-vous que je vous marie? répéta madame de Saint-Luc.

— Si vous me mariez à votre goût, non; si vous me mariez à mon goût, oui.

— Vous dites cela comme un homme décidé à rester célibataire.

— Peut-être.

— Mais vous êtes donc amoureux d'une femme que vous ne pouvez épouser?

— Comte, par grâce, dit Bussy, priez donc madame de Saint-Luc de ne pas m'enfoncer mille poignards dans le cœur.

— Ah çà, prenez garde, Bussy, vous allez me faire accroire que c'est de ma femme que vous êtes amoureux.

— Dans ce cas, vous conviendriez au moins que je suis un amant plein de délicatesse, et que les maris auraient bien tort d'être jaloux de moi.

—Ah! c'est vrai, dit Saint-Luc, se rappelant que c'était Bussy qui lui avait amené sa femme au Louvre. Mais, n'importe, avouez que vous avez le cœur pris quelque part.

—Je l'avoue, dit Bussy.

—Par un amour, ou par un caprice? demanda Jeanne.

—Par une passion, madame.

—Je vous guérirai.

—Je ne crois pas.

—Je vous marierai.

—J'en doute.

—Et je vous rendrai aussi heureux que vous méritez de l'être.

—Hélas! madame, mon seul bonheur maintenant est d'être malheureux.

—Je suis très-opiniâtre, je vous en avertis, dit Jeanne.

—Et moi donc! dit Bussy.

—Comte, vous céderez.

—Tenez, madame, dit le jeune homme, voyageons comme de bons amis. Sortons d'abord de cette sablonnière, s'il vous plaît, puis nous gagnerons pour la couchée ce charmant petit village qui reluit là-bas au soleil.

—Celui-là ou quelque autre.

—Peu m'importe, je n'ai point de préférence.

—Vous nous accompagnez alors?

—Jusqu'à l'endroit où je vais, à moins que vous n'y voyiez quelque inconvénient.

—Aucun, au contraire. Mais faites mieux, venez où nous allons.

—Et où allez-vous?

—Au château de Méridor.

Le sang monta au visage de Bussy et reflua vers son cœur. Il devint même si pâle, que c'en était fait de son secret, si, en ce moment même, Jeanne n'eût regardé son mari en souriant.

Bussy eut donc le temps de se remettre, tandis que les deux époux, ou plutôt les deux amants, se parlaient des yeux, et de rendre malice pour malice à la jeune femme; seulement sa malice à lui, c'était un profond silence sur ses intentions.

—Au château de Méridor, madame, dit-il quand il eut repris assez de force pour prononcer ce nom. Qu'est-ce que cela, je vous prie?

—La terre d'une de mes bonnes amies, répondit Jeanne.

—D'une de vos bonnes amies..., et, continua Bussy, qui est à sa terre?

—Sans doute, répondit madame de Saint-Luc, qui ignorait complétement les événements arrivés à Méridor depuis deux mois: n'avez vous donc jamais entendu parler du baron de Méridor, un des plus riches barons poitevins et...

—Et... répéta Bussy, voyant que Jeanne s'arrêtait.

—Et de sa fille Diane de Méridor, la plus belle fille de baron qu'on ait jamais vue?

—Non, madame, répliqua Bussy, presque suffoqué par l'émotion.

Et tout bas le beau gentilhomme, tandis que Jeanne regardait encore son mari avec une singulière expression, le beau gentilhomme, disonsnous, se demandait par quel singulier bonheur, sur cette route, sans à-propos, sans logique, il trouvait des gens pour lui parler de Diane de Méridor, pour faire écho à la seule pensée qu'il eût dans le cœur.

Était-ce une surprise? ce n'était point probable; était-ce un piége? c'était presque impossible. Saint-Luc n'était déjà plus à Paris lorsqu'il était entré chez madame de Monsoreau, et lorsqu'il avait appris que madame de Monsoreau s'appelait Diane de Méridor.

—Et ce château est-il bien loin encore, madame? demanda Bussy.

—A sept lieues, je crois, et j'offrirais de parier que c'est là et non pas à votre petit village reluisant au soleil, dans lequel, au reste, je n'ai eu aucune confiance, que nous coucherons ce soir. Vous venez, n'est-ce pas?

—Oui, madame.

—Allons, dit Jeanne, c'est déjà un pas fait vers le bonheur que je vous proposais.

Bussy s'inclina et continua de marcher près des deux jeunes époux, qui, grâce aux obligations qu'ils lui avaient, firent charmante mine. Pendant quelque temps chacun garda le silence. Enfin Bussy, qui avait bien des choses à apprendre, se hasarda de questionner. C'était le privilége de sa position, et il paraissait au reste résolu d'en user.

—Et ce baron de Méridor dont vous me parliez, demanda-t-il, le plus riche des Poitevins, quel homme est-ce?

—Un parfait gentilhomme, un preux des anciens jours, un chevalier qui, s'il eût vécu au temps du roi Arthus, eût certes obtenu une place à la table ronde.

—Et, demanda Bussy en comprimant les muscles de son visage et l'émotion de sa voix, à qui a-t-il marié sa fille?

—Marié sa fille!

—Je le demande.

—Diane, mariée!

BEAUCE

Le vent du soir soulevait sur son front ses longs cheveux blancs. — Page 145.

— Qu'y aurait-il d'extraordinaire à cela?

— Rien; mais Diane n'est point mariée : certainement, j'eusse été la première prévenue de ce mariage.

Le cœur de Bussy se gonfla, et un soupir douloureux brisa le passage de sa gorge étranglée.

— Alors, demanda-t-il, mademoiselle de Méridor est au château avec son père?

— Nous l'espérons bien, répondit Saint-Luc, appuyant sur cette réponse, pour montrer à sa femme qu'il l'avait comprise, et qu'il partageait ses idées et s'associait à ses plans.

Il se fit un moment de silence, pendant lequel chacun poursuivait sa pensée.

— Ah! s'écria tout à coup Jeanne en se haussant sur ses étriers, voici les tourelles du château. Tenez, tenez, voyez-vous, monsieur de Bussy, au milieu de ces grands bois sans feuilles, mais qui, dans un mois, seront si beaux; tenez, voyez-vous le toit d'ardoises?

— Oh! oui, certainement, dit Bussy avec une

émotion qui étonnait lui-même ce brave cœur, resté jusqu'alors un peu sauvage, oui, je vois. Ainsi c'est là le château de Méridor?

Et, par une réaction naturelle à la pensée, à l'aspect de ce pays si beau et si riche même au temps de la détresse de la nature, à l'aspect de cette demeure seigneuriale, il se rappela la pau-vre prisonnière ensevelie dans les brumes de Paris et dans l'étouffant réduit de la rue Saint-Antoine.

Cette fois encore il soupira, mais ce n'était plus tout à fait de douleur. A force de lui promettre le bonheur, madame de Saint-Luc venait de lui donner l'espérance.

CHAPITRE XXIII

LE VIEILLARD ORPHELIN.

Madame de Saint-Luc ne s'était point trompée : deux heures après on était en face du château de Méridor.

Depuis les dernières paroles échangées entre les voyageurs, et que nous avons répétées, Bussy se demandait s'il ne fallait pas raconter à ces bons amis, qui venaient de se faire connaître, l'aventure qui tenait Diane éloignée de Méridor. Mais, une fois entré dans cette voie de révélations, il fallait non-seulement révéler ce que tout le monde allait bientôt savoir, mais encore ce que Bussy seul savait et ne voulait révéler à personne. Il recula donc devant un aveu qui amenait naturellement trop d'interprétations et de questions.

Et puis Bussy voulait entrer à Méridor comme un homme parfaitement inconnu. Il voulait voir, sans préparation aucune, M. de Méridor, l'entendre parler de M. de Monsoreau et du duc d'Anjou ; il voulait se convaincre enfin, non pas que le récit de Diane était sincère, il ne soupçonnait pas un instant de mensonge cet ange de pureté, mais qu'elle n'avait été elle-même trompée sur aucun point, et que ce récit qu'il avait écouté avec un si puissant intérêt avait été une interprétation fidèle des événements.

Bussy conservait, comme on le voit, deux sentiments qui maintiennent l'homme supérieur dans sa sphère dominatrice, même au milieu des égarements de l'amour : ces deux sentiments étaient la circonspection à l'égard des étrangers et le respect profond de la personne qu'on aime.

Aussi madame de Saint-Luc, trompée, malgré sa perspicacité féminine, par la puissance que Bussy avait conservée sur lui-même, demeura-t-elle persuadée que le jeune homme venait d'entendre pour la première fois prononcer le nom de Diane, et que, ce nom n'éveillant en lui ni souvenir ni espérance, il s'attendait à trouver à Méridor quelque provinciale bien gauche et bien embarrassée en face des hôtes nouveaux qui lui arrivaient.

En conséquence, elle se disposait à jouir de sa surprise.

Cependant une chose l'étonnait, c'est que, le garde ayant sonné dans sa trompe pour l'avertir d'une visite, Diane n'accourût point sur le pont-levis, tandis que c'était un signal auquel Diane accourait toujours.

Mais, au lieu de Diane, on aperçut s'avancer par le porche principal du château un vieillard courbé, appuyé sur un bâton. Il était vêtu d'un surtout de velours vert brodé d'une fourrure de renard, et à sa ceinture brillait un sifflet d'argent près d'un petit trousseau de clef.

Le vent du soir soulevait sur son front ses longs cheveux, blancs comme les dernières neiges.

Il traversa le pont-levis, suivi de deux grands chiens, d'une race allemande, qui marchaient derrière lui lentement et à pas égaux, la tête basse et ne se devançant pas l'un l'autre d'une ligne. Lorsque le vieillard put arriver près du parapet :

— Qui est là ? demanda-t-il d'une voix faible, et qui fait l'honneur à un pauvre vieillard de le visiter ?

— Moi, moi, seigneur Augustin! s'écria la voix rieuse de la jeune femme.

Car Jeanne de Cossé appelait ainsi le vieillard, pour le distinguer de son frère cadet, qui s'appelait Guillaume, et qui n'était mort que depuis trois ans.

Mais le baron, au lieu de répondre par l'exclamation joyeuse que Jeanne s'attendait à entendre sortir de sa bouche, le baron leva lentement la tête, et fixant sur les voyageurs des yeux sans regards :

— Vous, dit-il? je ne vois pas. Qui, vous?...

— Oh! mon Dieu! s'écria Jeanne, ne me reconnaissez-vous pas? Ah! c'est vrai, mon déguisement...

— Excusez-moi, dit le vieillard, mais je n'y vois presque plus. Les yeux des vieillards ne sont pas faits pour pleurer, et, lorsqu'ils pleurent trop, les larmes les brûlent.

— Ah! cher baron, dit la jeune femme, je vois bien en effet que votre vue baisse, car vous m'eussiez reconnue, même sous mes habits d'homme. Il faut donc que je vous dise mon nom?

— Oui, sans doute, repliqua le vieillard, puisque je vous dis que je vous vois à peine.

— Eh bien, je vais vous attraper, cher seigneur Augustin, je suis madame de Saint-Luc.

— Saint-Luc! dit le vieillard, je ne vous connais pas.

— Mais mon nom de jeune fille, dit la rieuse jeune femme, mais mon nom de jeune fille est Jeanne de Cossé-Brissac.

— Ah! mon Dieu! s'écria le vieillard en essayant d'ouvrir la barrière de ses mains tremblantes, ah! mon Dieu!

Jeanne, qui ne comprenait rien à cette réception étrange, si différente de celle à laquelle elle s'attendait et qui l'attribuait à l'âge du vieillard et au déclin de ses facultés, se voyant enfin reconnue, sauta à bas de son cheval et courut se jeter dans ses bras, ainsi qu'elle en avait l'habitude; mais, en embrassant le baron, elle sentit ses joues humides; il pleurait.

— C'est de joie, pensa-t-elle. Allons! le cœur est toujours jeune.

— Venez, dit le vieillard après avoir embrassé Jeanne.

Et, comme s'il n'eût pas aperçu ses deux compagnons, le vieillard se remit à marcher vers le château de son pas égal et mesuré, suivi toujours à la même distance de ses deux chiens, qui n'avaient pris que le temps de flairer et de regarder les visiteurs.

Le château avait un aspect de tristesse étrange; tous les volets en étaient fermés; on eût dit un immense tombeau. Les serviteurs qu'on apercevait passant çà et là étaient vêtus de noir. Saint-Luc adressa un regard à sa femme pour lui demander si c'était ainsi qu'elle s'attendait à trouver le château.

Jeanne comprit, et, comme elle avait hâte elle-même de sortir de cette perplexité, elle s'approcha du baron, et lui prenant la main :

— Et Diane! dit-elle, est-ce que, par malheur, elle ne se trouverait point ici?

Le vieillard s'arrêta comme frappé de la foudre, et, regardant la jeune femme avec une expression qui ressemblait presque à la terreur :

— Diane? dit-il.

Et soudain, à ce nom, les deux chiens, levant la tête de chaque côté vers leur maître, poussèrent un lugubre gémissement.

Bussy ne put s'empêcher de frissonner; Jeanne regarda Saint-Luc, et Saint-Luc s'arrêta, ne sachant s'il devait s'avancer davantage ou retourner en arrière.

— Diane! répéta le vieillard, comme s'il lui avait fallu tout ce temps pour comprendre la question qui lui était faite; mais vous ne savez donc pas?

Et sa voix déjà faible et tremblante s'éteignit dans un sanglot arraché du plus profond du cœur.

— Mais quoi donc? et qu'est-il arrivé? s'écria Jeanne émue et les mains jointes.

— Diane est morte! s'écria le vieillard en levant les mains avec un geste désespéré vers le ciel, et en laissant échapper un torrent de larmes.

Et il se laissa tomber sur les premières marches du perron, auquel on était arrivé. Il cachait sa tête entre ses deux mains en se balançant comme pour chasser le souvenir funèbre qui venait sans cesse le torturer.

— Morte! s'écria Jeanne frappée d'épouvante et pâlissant comme un spectre.

— Morte! dit Saint-Luc avec une tendre compassion pour le vieillard.

— Morte! balbutia Bussy. Il lui a laissé croire,

à lui aussi, qu'elle était morte. Ah! pauvre vieillard! comme tu m'aimeras un jour!

— Morte! morte! répéta le baron; ils me l'ont tuée!

— Ah! mon cher seigneur! dit Jeanne, qui, après le coup terrible qu'elle avait reçu, venait de trouver la seule ressource qui empêche de se briser le faible cœur des femmes, les larmes.

Et elle éclata en sanglots, inondant de pleurs la figure du vieillard, au cou duquel ses bras venaient s'enlacer.

Le vieux seigneur se releva, trébuchant.

— N'importe, dit-il, pour être vide et désolée, la maison n'en est pas moins hospitalière; entrez.

Jeanne prit le bras du vieillard sous le sien et traversa avec lui le péristyle, l'ancienne salle des gardes, devenue une salle à manger, et entra dans le salon.

Un domestique, dont le visage bouleversé et dont les yeux rougis dénotaient le tendre attachement pour son maître, marchait devant, ouvrant les portes; Saint-Luc et Bussy suivaient.

Arrivé dans le salon, le vieillard, toujours soutenu par Jeanne, s'assit ou plutôt se laissa tomber dans son grand fauteuil de bois sculpté.

Le valet poussa une fenêtre pour donner de l'air, et, sans sortir de la chambre, se retira dans un coin.

Jeanne n'osait rompre le silence. Elle tremblait de rouvrir les blessures du vieillard en le questionnant; et cependant, comme toutes les personnes jeunes et heureuses, elle ne pouvait se décider à regarder comme réel le malheur qu'on lui annonçait. Il y a un âge où l'on ne peut sonder l'abîme de la mort, parce qu'on ne croit point à la mort.

Ce fut le baron qui vint au-devant de son désir en reprenant la parole.

— Vous m'avez dit que vous étiez mariée, ma chère Jeanne; monsieur est-il donc votre mari?

Et il désignait Bussy.

— Non, seigneur Augustin, répondit Jeanne; voici M. de Saint-Luc.

Saint-Luc s'inclina plus profondément encore devant le malheureux père que devant le vieillard. Celui-ci le salua tout paternellement, et s'efforça même de sourire; puis, les yeux atones, se tournant vers Bussy:

— Et monsieur, dit-il, est votre frère, le frère de votre mari, un de vos parents?

— Non, cher baron, monsieur n'est point notre parent, mais notre ami: M. Louis de Clermont, comte de Bussy d'Amboise, gentilhomme de M. le duc d'Anjou.

A ces mots, le vieillard, se redressant comme par un ressort, lança un regard terrible sur Bussy, et, comme épuisé par cette provocation muette, retomba sur son fauteuil en poussant un gémissement.

— Quoi donc? demanda Jeanne.

— Le baron vous connaît-il, seigneur de Bussy? demanda Saint-Luc.

— C'est la première fois que j'ai l'honneur de voir M. le baron de Méridor, dit tranquillement Bussy, qui seul avait compris l'effet que le nom de M. le duc d'Anjou avait produit sur le vieillard.

— Ah! vous êtes gentilhomme de M. le duc d'Anjou, dit le baron, vous êtes gentilhomme de ce monstre, de ce démon, et vous osez l'avouer! et vous avez l'audace de vous présenter chez moi!

— Est-il fou? demanda tout bas Saint-Luc à sa femme, en regardant le baron avec des yeux étonnés.

— La douleur lui aura dérangé l'esprit, répondit Jeanne avec effroi.

M. de Méridor avait accompagné les paroles qu'il venait de prononcer, et qui faisaient douter à Jeanne qu'il eût toute sa raison, d'un regard plus menaçant encore que le premier; mais Bussy, toujours impassible, soutint ce regard dans l'attitude d'un profond respect et ne répliqua point.

— Oui, de ce monstre, reprit M. de Méridor, dont la tête semblait s'égarer de plus en plus, de cet assassin qui m'a tué ma fille?

— Pauvre seigneur! murmura Bussy.

— Mais que dit-il donc là? demanda Jeanne, interrogeant à son tour.

— Vous ne savez donc pas, vous qui me regardez avec des yeux effarés, s'écria M. de Méridor en prenant les mains de Jeanne et celles de Saint-Luc et en les réunissant entre les siennes, mais le duc d'Anjou m'a tué ma Diane; le duc d'Anjou? mon enfant, ma fille, il me l'a tuée!

Et le vieillard prononça ces dernières paroles avec un tel accent de douleur, que les larmes en vinrent aux yeux de Bussy lui-même.

— Seigneur, dit la jeune femme, cela fût-il, et je ne comprends point comment cela peut être, vous ne pouvez accuser de cet affreux malheur M. de Bussy, le plus loyal, le plus généreux gentilhomme qui soit. Mais voyez donc, mon bon père, M. de Bussy ne sait rien de ce que vous dites, M. de Bussy pleure comme nous et avec nous. Serait-il donc venu, s'il eût pu se douter de l'accueil que vous lui réserviez! Ah! cher seigneur Augustin, au nom de votre bien-aimée Diane, dites-nous comment cette catastrophe est arrivée.

— Alors, vous ne saviez pas...? dit le vieillard, s'adressant à Bussy.

Bussy s'inclina sans répondre.

— Eh! mon Dieu, non, dit Jeanne, tout le monde ignorait cet événement.

— Ma Diane est morte, et sa meilleure amie ignorait sa mort! Oh! c'est vrai, je n'en ai écrit, je n'en ai parlé à personne; il me semblait que le monde ne pouvait vivre du moment où Diane ne vivait plus; il me semblait que l'univers entier devait porter le deuil de Diane.

— Parlez, parlez; cela vous soulagera, dit Jeanne.

— Eh bien, dit le baron en poussant un sanglot, ce prince infâme, le déshonneur de la noblesse de France, a vu ma Diane, et, la trouvant si belle, l'a fait enlever et conduire au château de Beaugé pour la déshonorer comme il eût fait de la fille d'un serf. Mais Diane, ma Diane sainte et noble, a choisi la mort. Elle s'est précipitée d'une fenêtre dans le lac, et l'on n'a plus retrouvé que son voile flottant à la surface de l'eau.

Et le vieillard ne put articuler cette dernière phrase sans des larmes et des sanglots qui faisaient de cette scène un des plus lugubres spectacles que Bussy eût vus jusque-là, Bussy, l'homme de guerre, habitué à verser et à voir verser le sang.

Jeanne, presque évanouie, regardait, elle aussi, le comte avec une espèce de terreur.

— Oh! comte, s'écria Saint-Luc, c'est affreux, n'est-ce pas? Comte, il vous faut abandonner ce prince infâme; comte, un noble cœur comme le vôtre ne peut rester l'ami d'un ravisseur et d'un assassin.

Le vieillard, un peu réconforté par ces paroles, attendait la réponse de Bussy pour fixer son opinion sur le gentilhomme; les paroles sympathiques de Saint-Luc le consolaient. Dans les grandes crises morales, les faiblesses physiques sont grandes, et ce n'est point un des moindres adoucissements à la douleur de l'enfant mordu par un chien favori que de voir battre ce chien qui l'a mordu.

Mais Bussy, au lieu de répondre à l'apostrophe de Saint-Luc, fit un pas vers M. de Méridor.

— Monsieur le baron, dit-il, voulez-vous m'accorder l'honneur d'un entretien particulier?

— Écoutez M. de Bussy, cher seigneur! dit Jeanne, vous verrez qu'il est bon et qu'il sait rendre service.

— Parlez, monsieur, dit le baron en tremblant, car il pressentait quelque chose d'étrange dans le regard du jeune homme.

Bussy se tourna vers Saint-Luc et sa femme, et leur adressant un regard plein de noblesse et d'amitié:

— Vous permettez, dit-il.

Les deux jeunes gens sortirent de la salle, appuyés l'un sur l'autre et doublement heureux de leur bonheur près de cette immense infortune.

Alors, quand la porte se fut refermée derrière eux, Bussy s'approcha du baron et le salua profondément.

— Monsieur le baron, dit Bussy, vous venez, en ma présence, d'accuser un prince que je sers, et vous l'avez accusé avec une violence qui me force à vous demander une explication.

Le vieillard fit un mouvement.

— Oh! ne vous méprenez point au sens tout respectueux de mes paroles; c'est avec la plus profonde sympathie que je vous parle, c'est avec le plus vif désir d'adoucir votre chagrin que je vous dis: Monsieur le baron, faites-moi, dans ses détails, le récit de la catastrophe douloureuse que vous racontiez tout à l'heure à M. de Saint-Luc et à sa femme. Voyons, tout s'est-il bien accompli comme vous le croyez, et tout est-il bien perdu?

— Monsieur, dit le vieillard, j'ai eu un moment d'espoir. Un noble et loyal gentilhomme, M. de Monsoreau, a aimé ma pauvre fille et s'est intéressé à elle.

— M. de Monsoreau! eh bien, demanda Bussy, voyons, quelle a été sa conduite dans tout ceci?

— Ah! sa conduite fut loyale et digne, car Diane avait refusé sa main. Cependant ce fut lui qui le premier m'avertit des infâmes projets du duc. Ce fut lui qui m'indiqua le moyen de les faire échouer; il ne demandait qu'une chose pour sauver ma fille, et cela encore prouvait toute la noblesse et toute la droiture de son âme; il demandait, s'il parvenait à l'arracher des mains du duc, que je la lui donnasse en mariage, afin que, hélas! ma fille n'en sera pas moins perdue, lui, jeune, actif et entreprenant, pût la défendre contre un puissant prince, ce que son pauvre père ne pouvait entreprendre. Je donnai mon consentement avec joie; mais, hélas! ce fut inutile : il arriva trop tard, et ne trouva ma pauvre Diane sauvée du déshonneur que par la mort.

— Et, depuis ce moment fatal, demanda Bussy, M. de Monsoreau n'a-t-il donc pas donné de ses nouvelles?

— Il n'y a qu'un mois que ces événements se sont passés, dit le vieillard, et le pauvre gentilhomme n'aura pas osé reparaître devant moi, ayant échoué dans son généreux dessein.

Bussy baissa la tête; tout lui était expliqué.

Il comprenait maintenant comment M. de Monsoreau avait réussi à enlever au prince la jeune fille qu'il aimait, et comment la crainte que le prince ne découvrît que cette jeune fille était devenue sa femme lui avait laissé accréditer, même près du pauvre père, le bruit de sa mort.

— Eh bien, monsieur, dit le vieillard, voyant que la rêverie penchait le front du jeune homme, et tenait fixés sur la terre ses yeux, que le récit qu'il venait d'achever avait fait étinceler plus d'une fois.

— Eh bien, monsieur le baron, répondit Bussy, je suis chargé par monseigneur le duc d'Anjou de vous amener à Paris, où Son Altesse désire vous parler.

— Me parler, à moi! s'écria le baron; moi, me trouver en face de cet homme après la mort de ma fille! et que peut-il avoir à me dire, le meurtrier?

— Qui sait? se justifier peut-être.

— Et, se justifiât-il, s'écria le vieillard, non, monsieur de Bussy, non, je n'irai point à Paris; ce serait d'ailleurs trop m'éloigner de l'endroit où repose ma chère enfant dans son froid linceul de roseaux.

— Monsieur le baron, dit Bussy d'une voix ferme, permettez-moi d'insister près de vous; c'est mon devoir de vous conduire à Paris, et je suis venu exprès pour cela.

— Eh bien, j'irai donc à Paris! s'écria le vieillard, tremblant de colère; mais malheur à ceux qui m'auront perdu! Le roi m'entendra, et, s'il ne m'entend pas, je ferai appel à tous les gentilshommes de France. Aussi bien, murmura-t-il plus bas, j'oubliais dans ma douleur que j'ai entre les mains une arme dont jusqu'à présent je n'ai eu à faire aucun usage. Oui, monsieur de Bussy, je vous accompagnerai.

— Et moi, monsieur le baron, dit Bussy en lui prenant la main, je vous recommande la patience, le calme et la dignité qui conviennent à un seigneur chrétien. Dieu a pour les nobles cœurs des miséricordes infinies, et vous ne savez point ce qu'il vous réserve. Je vous prie aussi, en attendant le jour où ces miséricordes éclateront, de ne point me compter au nombre de vos ennemis, car vous ne savez point ce que je vais faire pour vous. A demain donc, monsieur le baron, s'il vous plaît, et, dès que le jour sera venu, nous nous mettrons en route.

— J'y consens, répondit le vieux seigneur, ému malgré lui par le doux accent avec lequel Bussy avait prononcé ces paroles; mais, en attendant, ami ou ennemi, vous êtes mon hôte, et je dois vous conduire à votre appartement.

Et le baron prit sur la table un flambeau d'argent à trois branches, et d'un pas pesant gravit, suivi de Bussy d'Amboise, l'escalier d'honneur du château.

Les chiens voulaient le suivre; il les arrêta d'un signe : deux de ses serviteurs marchaient derrière Bussy avec d'autres flambeaux.

En arrivant sur le seuil de la chambre qui lui était destinée, le comte demanda ce qu'étaient devenus M. de Saint-Luc et sa femme.

— Mon vieux Germain doit avoir pris soin d'eux, répondit le baron. Passez une bonne nuit, monsieur le comte.

CHAPITRE XXIV

Monsieur et madame de Saint-Luc ne pouvaient revenir de leur surprise : Bussy aux secrets avec M. de Méridor; Bussy se disposant à partir avec le vieillard pour Paris; Bussy, enfin, paraissant prendre tout à coup la direction de ces affaires qui lui paraissaient d'abord étrangères et inconnues, était pour les deux jeunes gens un phénomène inexplicable.

Quant au baron, le pouvoir magique de ce titre Altesse Royale avait produit sur lui son effet ordinaire : un gentilhomme du temps de Henri III n'en était pas encore à sourire devant des qualifications et des armoiries.

Altesse Royale, cela signifiait pour M. de Méridor comme pour tout autre, excepté le roi, force majeure, c'est-à-dire la foudre et la tempête.

Le matin venu, le baron prit congé de ses hôtes, qu'il installa dans le château; mais Saint-Luc et sa femme, comprenant la difficulté de la situation, se promirent de quitter Méridor aussitôt que faire se pourrait, et de rentrer dans les terres de Brissac, qui en étaient voisines, aussitôt que l'on se serait assuré du consentement du timide maréchal.

Quant à Bussy, pour justifier son étrange conduite, il n'eut besoin que d'une seconde. Bussy, maître du secret qu'il possédait et qu'il pouvait révéler à qui lui faisait plaisir, ressemblait à l'un de ces magiciens chers aux Orientaux, qui, d'un premier coup de baguette, font tomber les larmes de tous les yeux, et qui, du second, dilatent toutes les prunelles et fendent toutes les bouches par un joyeux sourire.

Cette seconde, que nous avons dit suffire à Bussy pour opérer de si grands changements, fut employée par lui à laisser tomber tout bas quelques syllabes dans l'oreille que lui tendait avidement la charmante femme de Saint-Luc.

Ces quelques syllabes prononcées, le visage de Jeanne s'épanouit; son front si pur se colora d'une délicieuse rougeur. On vit ses petites dents blanches et brillantes comme la nacre apparaître sous le corail de ses lèvres; et, comme son mari, stupéfait, la regardait pour l'interroger, elle mit un doigt sur sa bouche, et s'enfuit en bondissant et en envoyant un baiser de remercîment à Bussy.

Le vieillard n'avait rien vu de cette pantomime expressive : l'œil fixé sur le manoir paternel, il caressait machinalement ses deux chiens, qui ne pouvaient se décider à le quitter; il donna quelques ordres d'une voix émue à ses serviteurs, courbés sous son adieu et sous sa parole. Puis, montant à grand'peine, et grâce à l'aide de son écuyer, un vieux cheval pie qu'il affectionnait, et qui avait été son cheval de bataille dans les dernières guerres civiles, il salua d'un geste le château de Méridor et partit sans prononcer un seul mot.

Bussy, l'œil brillant, répondait aux sourires de Jeanne et se retournait fréquemment pour dire adieu à ses amis. En le quittant, Jeanne lui avait dit tout bas :

— Quel homme étrange faites-vous, seigneur comte! Je vous avais promis que le bonheur vous attendait à Méridor... et c'est vous au contraire qui apportez à Méridor le bonheur qui s'en était envolé.

De Méridor à Paris il y a loin; loin surtout pour un vieux baron criblé de coups d'épée et de mousquet reçus dans ces rudes guerres où les blessures étaient en proportion des guerriers. Longue route aussi faisait cette distance pour ce digne cheval pie que l'on appelait Jarnac, et qui, à ce nom, relevant sa tête enfoncée sous sa crinière, roulait un œil encore fier sous sa paupière fatiguée.

Une fois en route, Bussy se mit à l'étude : cette étude était de captiver par ses soins et ses attentions de fils le cœur du vieillard dont il s'était d'abord attiré la haine, et sans doute il y réussit, car, le sixième jour au matin, en arrivant à Paris, M. de Méridor dit à son compagnon de voyage ces paroles, qui peignaient tout le changement que le voyage avait amené dans son esprit :

— C'est singulier, comte, me voici plus près que jamais de mon malheur, et cependant je suis moins inquiet à l'arrivée que je ne l'étais au départ.

— Encore deux heures, seigneur Augustin, dit Bussy, et vous m'aurez jugé comme je veux être jugé par vous.

Les voyageurs entrèrent à Paris par le faubourg Saint-Marcel, éternelle entrée dont la préférence se conçoit à cette époque, parce que cet horrible quartier, un des plus laids de Paris, semblait le plus parisien de tous, grâce à ses nombreuses églises, à ses milliers de maisons pittoresques et à ses petits ponts sur des cloaques.

— Où allons-nous ? dit le baron ; au Louvre, sans doute ?

— Monsieur, dit Bussy, je dois d'abord vous mener à mon hôtel, pour que vous vous rafraîchissiez quelques minutes, et que vous soyez ensuite en état de voir comme il convient la personne chez laquelle je vous conduis.

Le baron se laissa faire patiemment ; Bussy le conduisit droit à son hôtel de la rue de Grenelle-Saint-Honoré.

Les gens du comte ne l'attendaient pas ou plutôt ne l'attendaient plus : rentré la nuit par une petite porte dont lui seul avait la clef, il avait sellé lui-même son cheval, et était parti sans avoir été vu d'aucun autre que de Remy le Haudouin. On comprend donc que sa disparition instantanée, les dangers qu'il avait courus la semaine précédente, et qui s'étaient trahis par sa blessure, ses habitudes aventureuses enfin qu'aucune leçon ne corrigeait, avaient porté beaucoup de gens à croire qu'il avait donné dans quelque piége tendu sur son chemin par ses ennemis, que la fortune, si longtemps favorable à son courage, avait un jour enfin été contraire à sa témérité, et que Bussy, muet et invisible, était bien mort par quelque dague ou quelque arquebusade.

De sorte que les meilleurs amis et les plus fidèles serviteurs de Bussy faisaient déjà des neuvaines pour son retour à la lumière, retour qui leur paraissait non moins hasardeux que celui de Pyrithoüs, tandis que les autres, plus positifs, ne comptant plus que sur son cadavre, faisaient, pour le retrouver, les recherches les plus minutieuses dans les égouts, dans les caves suspectes, dans les carrières de la banlieue, dans le lit de la Bièvre ou dans les fossés de la Bastille.

Une seule personne répondait quand on lui demandait des nouvelles de Bussy :

— M. le comte se porte bien.

Mais, si l'on voulait pousser plus loin l'interrogatoire, comme elle n'en savait pas davantage, les renseignements qu'elle pouvait donner s'arrêtaient là.

Cette personne, qui essuyait, grâce à cette réponse rassurante, mais peu détaillée, force rebuffades et mauvais compliments, était maître Remy le Haudouin, qui, du soir au matin, trottait menu, perdant son temps à des contemplations étranges, disparaissant de temps en temps de l'hôtel, soit le jour, soit la nuit, rentrant alors avec des appétits insolites, et ramenant par sa gaieté, chaque fois qu'il rentrait, un peu de joie au cœur de cette maison.

Le Haudouin, après une de ces absences mystérieuses, rentrait justement à l'hôtel au moment où la cour d'honneur retentissait des cris d'allégresse, où les valets empressés se jetaient sur la bride du cheval de Bussy et se disputaient à qui serait son écuyer, car le comte, au lieu de mettre pied à terre, demeurait à cheval.

— Voyons, disait Bussy, vous êtes satisfaits de me voir vivant, merci. Vous me demandez si c'est bien moi, regardez, touchez, mais faites bien vite. Bien, maintenant aidez ce digne gentilhomme à descendre de cheval, et faites attention que je le considère avec plus de respect que je ne ferais d'un prince.

Bussy avait raison de rehausser ainsi le veillard, à qui l'on avait à peine fait attention d'abord, et qu'à ses habits modestes, à ses habits peu soucieux de la mode, et à son cheval pie, fort vite apprécié de gens qui chaque jour manœuvraient les chevaux de Bussy, on avait été tenté de prendre pour un écuyer mis en retraite dans quelque province, et que l'aventureux gentilhomme ramenait de cet exil comme d'un autre monde.

Mais, ces paroles prononcées, ce fut aussitôt à qui s'empresserait près du baron. Le Haudouin regardait la scène en riant sous cape, selon son habitude, et il fallut toute la gravité de Bussy pour forcer ce rire à disparaître du joyeux visage du jeune docteur.

— Vite une chambre à monseigneur! cria Bussy.

— Laquelle? demandèrent aussitôt cinq ou six voix empressées.

— La meilleure, la mienne.

Et à son tour il offrit son bras au vieillard pour gravir l'escalier, essayant de le recevoir avec plus d'honneur encore qu'il n'en avait été reçu.

M. de Méridor se laissait aller à cette entraînante courtoisie sans volonté, comme on se laisse aller à la pente de certains rêves qui vous conduisent à ces pays fantastiques, royaumes de l'imagination et de la nuit.

On apporta au baron le gobelet doré du comte, et Bussy voulut lui verser lui-même le vin de l'hospitalité.

— Merci, merci, monsieur, disait le vieillard; mais irons-nous bientôt où nous devons aller?

— Oui, seigneur Augustin, bientôt, soyez tranquille, et ce ne sera pas seulement un bonheur pour vous, mais pour moi.

— Que dites-vous, et d'où vient que vous me parlez presque toujours une langue que je ne comprends pas?

— Je dis, seigneur Augustin, que je vous ai parlé d'une providence miséricordieuse aux grands cœurs, et que nous approchons du moment où je vais, en votre nom, faire appel à cette providence.

Le baron regarda Bussy d'un air étonné, mais Bussy, en lui faisant de la main un signe respectueux, et qui voulait dire : Je reviens dans un instant, sortit le sourire sur les lèvres.

Comme il s'y attendait, le Haudouin était en sentinelle à la porte; il prit le jeune homme par le bras, et l'emmena dans un cabinet.

— Eh bien, cher Hippocrate, demanda-t-il, où en sommes-nous?

— Où cela?

— Parbleu! rue Saint-Antoine.

— Monseigneur, nous en sommes à un point fort intéressant pour vous, je présume. A ceci, rien de nouveau.

Bussy respira.

— Le mari n'est donc pas revenu? dit-il.

— Si fait; mais sans aucun succès. Il y a dans tout cela un père qui doit, à ce qu'il paraît, faire le dénoûment; un dieu qui, un matin où l'au-

tre, descendra dans une machine; de sorte qu'on attend ce père absent, ce Dieu inconnu.

— Bon! dit Bussy; mais comment sais-tu tout cela?

— Comprenez bien, monseigneur, dit le Haudouin avec sa bonne et franche gaieté, que votre absence faisait momentanément de ma position près de vous une sinécure; j'ai voulu utiliser à votre avantage les moments que vous me laissiez.

— Voyons; qu'as-tu fait? raconte, mon cher Remy, j'écoute.

— Voici : vous parti, j'ai apporté de l'argent, des livres et une épée dans une petite chambre que j'avais louée et qui appartenait à la maison faisant l'angle de la rue Saint-Antoine et de la rue Sainte-Catherine.

— Bien.

— De là je pouvais voir, depuis ses soupiraux jusqu'à ses cheminées, la maison que vous connaissez.

— Fort bien!

— A peine en possession de ma chambre, je me suis installé à une fenêtre.

— Excellent!

— Oui, mais il y avait néanmoins un inconvénient à cette excellence-là.

— Lequel?

— C'est que, si je voyais, j'étais vu, et qu'on pouvait, à tout prendre, concevoir quelque ombrage d'un homme regardant sans cesse une même perspective; obstination qui m'eût, au bout de deux ou trois jours, fait passer pour un larron, un amant, un espion ou un fou...

— Puissamment raisonné, mon cher le Haudouin. Mais alors qu'as-tu fait?

— Oh! alors, monsieur le comte, j'ai vu qu'il fallait recourir aux grands moyens, et ma foi....

— Eh bien?

— Ma foi, je suis devenu amoureux.

— Hein? fit Bussy, qui ne comprenait pas en quoi l'amour de Remy pouvait le servir.

— C'est comme j'ai l'honneur de vous le dire, répéta gravement le jeune docteur, amoureux, très-amoureux, amoureux fou.

— De qui?

— De Gertrude.

— De Gertrude, la suivante de madame de Monsoreau?

— Eh! oui, mon Dieu! de Gertrude, la suivante de madame de Monsoreau. Que voulez-vous, monseigneur? je ne suis pas un gentilhomme, moi, pour devenir amoureux des maîtresses : je suis un pauvre petit médecin, sans autre pratique qu'un client qui, je l'espère, ne me donnera plus que de loin en loin de la besogne, et il faut bien que je fasse mes expériences *in animâ vili*, comme nous disons en Sorbonne.

— Pauvre Remy ! dit Bussy, crois bien que j'apprécie ton dévouement, va !

— Eh ! monseigneur, répondit le Haudouin, je ne suis pas si fort à plaindre, après tout : Gertrude est un beau brin de fille qui a deux pouces de plus que moi et qui me lèverait à bras tendus en me tenant par le collet de mon habit, ce qui tient chez elle à un grand développement des muscles du biceps et du deltoïde. Cela me donne pour elle une vénération qui la flatte, et, comme je lui cède toujours, ñous ne nous disputons jamais ; puis elle a un talent précieux.

— Lequel, mon pauvre Remy ?

— Elle raconte merveilleusement.

— Ah ! vraiment ?

— Oui, de sorte que par elle je sais tout ce qui se passe chez sa maîtresse. Hein ? que dites-vous ? j'ai pensé que cela ne vous serait pas désagréable d'avoir des intelligences dans la maison.

— Le Haudouin, tu es un bon génie que le hasard ou plutôt la Providence a mis sur ma route ; alors, tu en es avec Gertrude dans des termes...

— *Puella me diligit*, répondit le Haudouin en se balançant avec une fatuité affectée.

— Et tu es reçu dans la maison ?

— Hier soir, j'y ai fait mon entrée, à minuit, sur la pointe du pied, par la fameuse porte à guichet que vous savez.

— Et comment es-tu arrivé à ce bonheur ?

— Mais assez naturellement, je dois le dire.

— Eh bien, dis.

— Le surlendemain de votre départ, le lendemain du jour de mon installation dans la petite chambre, j'ai attendu à la porte que la dame de mes futures pensées sortît pour aller aux provisions, soin dont elle se préoccupe, je dois l'avouer, tous les jours de huit heures à neuf heures du matin. A huit heures dix minutes je l'ai vue paraître ; aussitôt je suis descendu de mon observatoire, et j'ai été me placer sur sa route.

— Et elle t'a reconnu ?

— Si bien reconnu, qu'elle a poussé un grand cri et s'est sauvée.

— Alors ?

— Alors, j'ai couru après elle, et l'ai rattrapée à grand'peine, car elle court très-fort ; mais, vous comprenez, les jupes, cela gêne toujours un peu.

— Jésus ! a-t-elle dit.

— Sainte Vierge ! ai-je crié.

La chose lui a donné bonne idée de moi; un autre, moins pieux que moi, se fût écrié : Morbleu ! ou : Corbeuf !

— Le médecin ! a-t-elle dit.

— La charmante ménagère ! ai-je répondu.

Elle a souri ; mais se reprenant aussitôt :

— Vous vous trompez, monsieur, a-t-elle dit, je ne vous connais point.

— Mais moi je vous connais, lui ai-je dit, car, depuis trois jours, je ne vis pas, je n'existe pas, je vous adore ; à ce point que je ne demeure plus rue Beautreillis, mais rue Saint-Antoine, au coin de la rue Sainte-Catherine, et que je n'ai changé de logement que pour vous voir entrer et sortir; si vous avez encore besoin de moi pour panser de beaux gentilshommes, ce n'est donc plus à mon ancien logement qu'il faut venir me chercher, mais à mon nouveau.

— Silence ! a-t-elle dit.

— Ah ! vous voyez bien ! ai-je répondu.

Et voilà comment notre connaissance s'est faite ou plutôt renouée.

— De sorte qu'à cette heure tu es...

— Aussi heureux qu'un amant peut l'être... avec Gertrude, bien entendu, tout est relatif ; mais je suis plus qu'heureux, je suis au comble de la félicité, puisque j'en suis arrivé où j'en voulais venir dans votre intérêt.

— Mais elle se doutera peut-être...

— De rien, je ne lui ai pas même parlé de vous. Est-ce que le pauvre Remy le Haudouin connaît de nobles gentilshommes comme le seigneur de Bussy ? Non, je lui ai seulement demandé d'une façon indifférente : — Et votre jeune maître va-t-il mieux ?

— Quel jeune maître ?

— Ce cavalier que j'ai soigné chez vous.

— Ce n'est pas mon jeune maître, a-t-elle répondu.

— Ah ! c'est que, comme il était couché dans le lit de votre maîtresse, moi, j'ai cru... ai-je repris.

— Oh ! mon Dieu, non ; pauvre jeune homme ! a-t-elle répondu avec un soupir, il ne nous était rien ; nous ne l'avons même revu qu'une fois depuis.

— Alors, vous ne savez même pas son nom ? ai-je demandé.

— Oh ! si fait.

— Vous auriez pu l'avoir su et l'avoir oublié.

— Ce n'est pas un nom qu'on oublie.

— Comment s'appelle-t-il donc?

— Avez-vous entendu parler parfois du seigneur de Bussy?

— Parbleu! ai-je répondu, Bussy, le brave Bussy!

— Eh bien, c'est cela même.

— Alors, la dame?

— Ma maîtresse est mariée, monsieur.

— On est mariée, on est fidèle, et cependant on pense parfois à un beau jeune homme qu'on a vu... ne fût-ce qu'un instant, surtout quand ce beau jeune homme était blessé, intéressant et couché dans notre lit.

— Aussi, a répondu Gertrude, pour être franche, je ne dis point que ma maîtresse ne pense pas à lui.

Une vive rougeur monta au front de Bussy.

— Nous en parlons même, a ajouté Gertrude, toutes les fois que nous sommes seules.

— Excellente fille! s'écria le comte.

— Et qu'en dites-vous? ai-je demandé.

— Je raconte ses prouesses, ce qui n'est pas difficile, attendu qu'il n'est bruit dans Paris que des coups d'épée qu'il donne et qu'il reçoit. Je lui ai même appris, à ma maîtresse toujours, une petite chanson fort à la mode.

— Ah! je la connais, ai-je répondu; n'est-ce pas:

Un beau chercheur de noise,
C'est le seigneur d'Amboise;
Tendre et fidèle aussi,
C'est monseigneur Bussy!

— Justement! s'est écriée Gertrude. De sorte que ma maîtresse ne chante plus que cela.

Bussy serra la main du jeune docteur; un indicible frisson de bonheur venait de passer dans ses veines.

— C'est tout? dit-il, tant l'homme est insatiable dans ses désirs.

— Voilà, monseigneur. Oh! j'en saurai davantage plus tard; mais, que diable! on ne peut pas tout savoir en un jour... ou plutôt dans une nuit.

CHAPITRE XXV

LE PÈRE ET LA FILLE.

Le rapport de Remy faisait Bussy bien heureux; en effet, il lui apprenait deux choses: d'abord que M. de Monsoreau était toujours autant haï, et que lui, Bussy, était déjà plus aimé.

Et puis, cette bonne amitié du jeune homme pour lui lui réjouissait le cœur. Il y a dans tous les sentiments qui viennent du ciel un épanouissement de tout notre être qui semble doubler nos facultés. On se sent heureux, parce qu'on se sent bon.

Bussy comprit donc qu'il n'y avait plus de temps à perdre maintenant, et que chaque frisson de douleur qui serrait le cœur du vieillard était presque un sacrilége: il y a un tel renversement des lois de la nature dans un père qui pleure la mort de sa fille, que celui qui peut consoler ce père d'un mot mérite les malédictions de tous les pères en ne le consolant pas.

En descendant dans la cour, M. de Méridor trouva un cheval frais que Bussy avait fait préparer pour lui. Un autre cheval attendait Bussy; tous deux se mirent en selle et partirent, accompagnés de Remy.

Ils arrivèrent dans la rue Saint-Antoine, non sans un grand étonnement de M. de Méridor, qui depuis vingt ans n'était point venu à Paris, et qui, au bruit des chevaux, aux cris des laquais, au passage plus fréquent des coches, trouvait Paris fort changé depuis le règne du roi Henri II.

Mais, malgré cet étonnement, qui touchait presque à l'admiration, le baron n'en conservait pas moins une tristesse qui s'augmentait à mesure qu'il approchait du but ignoré de son voyage. Quelle réception allait lui faire le duc, et qu'allait-il ressortir de nouvelles douleurs de cette entrevue?

Puis, de temps en temps, en regardant avec étonnement Bussy, il se demandait par quel étrange abandon il en était venu à suivre presque aveuglément ce gentilhomme d'un prince auquel il devait tous ses malheurs. N'eût-il pas bien plutôt été de sa dignité de braver le duc d'Anjou, et, au lieu d'accompagner ainsi Bussy où il lui plairait de le conduire, d'aller droit au Louvre se jeter aux genoux du roi? Que pouvait lui dire le prince? En quoi pouvait-il le consoler? N'était-il point de ceux-là qui appliquent des paroles dorées comme un baume momentané sur les blessures qu'ils ont faites; mais on n'est pas plutôt hors de leur présence que la blessure saigne plus vive et plus douloureuse qu'auparavant.

On arriva ainsi à la rue Saint-Paul. Bussy, comme un capitaine habile, s'était fait précéder par Remy, lequel avait ordre d'éclairer le chemin et de préparer les voies d'introduction dans la place.

Ce dernier s'adressa à Gertrude, et revint dire à son patron que nul feutre, nulle rapière, n'embarrassaient l'allée, l'escalier ou le corridor qui conduisaient à la chambre de madame de Monsoreau.

Toutes ces consultations, on le comprend bien, se faisaient à voix basse entre Bussy et le Haudouin.

Pendant ce temps, le baron regardait avec étonnement autour de lui.

— Eh quoi! se demandait-il, c'est là que loge le duc d'Anjou?

Et un sentiment de défiance commença de lui être inspiré par l'humble apparence de la maison.

— Pas précisément, monsieur, répondit en souriant Bussy; mais, si ce n'est point sa demeure, c'est celle d'une dame qu'il a aimée.

Un nuage passa sur le front du vieux gentilhomme.

— Monsieur, dit-il en arrêtant son cheval, nous autres gens de province, nous ne sommes point faits à ces façons; les mœurs faciles de Paris nous épouvantent, et si bien, que nous ne savons pas vivre en présence de vos mystères. Il me semble que si M. le duc d'Anjou tient à voir le baron de Méridor, ce doit être en son palais à lui, et non dans la maison d'une de ses maîtres-

ses. Et puis, ajouta le vieillard avec un profond soupir, pourquoi, vous qui paraissez un honnête homme, me menez-vous en face d'une de ces femmes? Est-ce pour me faire comprendre que ma pauvre Diane vivrait encore si, comme la maîtresse de ce logis, elle eût préféré la honte à la mort.

— Allons, allons, monsieur le baron, dit Bussy avec son sourire loyal qui avait été son plus grand moyen de conviction envers le vieillard, ne faites point d'avance de fausses conjectures. Sur ma foi de gentilhomme, il ne s'agit point ici de ce que vous pensez. La dame que vous allez voir est parfaitement vertueuse et digne de tous les respects.

— Mais qui donc est-elle?

— C'est... c'est la femme d'un gentilhomme de votre connaissance.

— En vérité? mais alors, monsieur, pourquoi dites-vous que le prince l'a aimée?

— Parce que je dis toujours la vérité, monsieur le baron; entrez, et vous en jugerez vous-même en voyant s'accomplir ce que je vous ai promis.

— Prenez garde, je pleurais mon enfant chérie, et vous m'avez dit : « Consolez-vous, monsieur, les miséricordes de Dieu sont grandes; » me promettre une consolation à mes peines, c'était presque me promettre un miracle.

— Entrez, monsieur, répéta Bussy avec ce même sourire qui séduisait toujours le vieux gentilhomme.

Le baron mit pied à terre.

Gertrude était accourue tout étonnée sur le seuil de la porte, et regardait d'un œil effaré le Haudouin, Bussy et le vieillard, ne pouvant deviner par quelle combinaison de la Providence ces trois hommes se trouvaient réunis.

— Allez prévenir madame de Monsoreau, dit le comte, que M. de Bussy est de retour, et désire à l'instant même lui parler. Mais, sur votre âme! ajouta-t-il tout bas, ne lui dites pas un mot de la personne qui m'accompagne.

— Madame de Monsoreau! dit le vieillard avec stupeur, madame de Monsoreau!

— Passez, monsieur le baron, dit Bussy en poussant le seigneur Augustin dans l'allée.

On entendit alors, tandis que le vieillard montait l'escalier d'un pas chancelant, on entendit, disons-nous, la voix de Diane qui répondait avec un tremblement singulier :

— M. de Bussy! dites-vous, Gertrude? M. de Bussy! Eh bien, qu'il entre!

— Cette voix, s'écria le baron en s'arrêtant soudain au milieu de l'escalier, cette voix! oh! mon Dieu! mon Dieu!

— Montez donc, monsieur le baron, dit Bussy.

Mais, au même instant, et comme le baron, tout tremblant, se retenait à la rampe en regardant autour de lui, au haut de l'escalier, en pleine lumière, sous un rayon de soleil doré, resplendit tout à coup Diane, plus belle que jamais, souriante, quoiqu'elle ne s'attendît point à revoir son père.

A cette vue, qu'il prit pour quelque vision magique, le vieillard poussa un cri terrible, et, les bras étendus, l'œil hagard, il offrit une si parfaite image de la terreur et du délire, que Diane, prête à se jeter à son cou, s'arrêta de son côté, épouvantée et stupéfaite.

Le baron, en étendant sa main, trouva à sa portée l'épaule de Bussy et s'y appuya.

— Diane vivante! murmura le baron de Méridor, Diane! ma Diane que l'on m'avait dite morte, ô mon Dieu!

Et ce robuste guerrier, vigoureux acteur des guerres étrangères et des guerres civiles qui l'avaient constamment épargné, ce vieux chêne que le coup de foudre de la mort de Diane avait laissé debout, cet athlète qui avait si puissamment lutté contre la douleur, écrasé, brisé, anéanti par la joie, recula, les genoux fléchissants, et, sans Bussy, fût tombé, précipité du haut de l'escalier à l'aspect de cette image chérie qui tourbillonnait devant ses yeux, divisée en atomes confus.

— Mon Dieu! monsieur de Bussy! s'écria Diane en descendant précipitamment les quelques marches de l'escalier qui la séparaient du vieillard, qu'a donc mon père?

Et la jeune femme, épouvantée de cette pâleur subite et de l'effet étrange produit par une entrevue qu'elle devait croire annoncée, interrogeait plus encore des yeux que de la voix.

— M. le baron de Méridor vous croyait morte, et il vous pleurait, madame, ainsi qu'un père comme lui doit pleurer une fille comme vous.

— Comment! s'écria Diane, et personne ne l'avait détrompé?

— Personne.

— Oh! non, non, personne! s'écria le vieillard, sortant de son anéantissement passager, personne! pas même M. de Bussy!

— Ingrat! dit le gentilhomme avec le ton d'un doux reproche.

— Oh! oui, répondit le vieillard, oui, vous avez raison, car voilà un instant qui me paye de toutes mes douleurs. O ma Diane, ma Diane chérie! continua-t-il en ramenant d'une main la tête de sa fille contre ses lèvres et en tendant l'autre à Bussy.

Puis, tout à coup, redressant la tête comme si un souvenir douloureux ou une crainte nouvelle se fût glissée jusqu'à son cœur malgré l'armure de joie, si l'on peut s'exprimer ainsi, qui venait de l'envelopper:

— Mais que me disiez-vous donc, seigneur de Bussy, que j'allais voir madame de Monsoreau? où est-elle?

— Hélas! mon père, murmura Diane.

Bussy rassembla toutes ses forces.

— Vous l'avez devant vous, dit-il, et le comte de Monsoreau est votre gendre.

— Eh quoi! balbutia le vieillard, M. de Monsoreau, mon gendre! et tout ce monde, toi, Diane, lui-même, tout le monde me l'a laissé ignorer?

— Je tremblais de vous écrire, mon père, de peur que la lettre ne tombât aux mains du prince. D'ailleurs, je croyais que vous saviez tout.

— Mais dans quel but? demanda le vieillard, pourquoi tous ces étranges mystères?

— Oh! oui, mon père, songez-y, s'écria Diane, pourquoi M. de Monsoreau vous a-t-il laissé croire que j'étais morte? pourquoi vous a-t-il laissé ignorer qu'il était mon mari?

Le baron, tremblant comme s'il eût craint de porter sa vue jusqu'au fond de ces ténèbres, interrogeait timidement du regard les yeux étincelants de sa fille et l'intelligente mélancolie de Bussy.

Pendant tout ce temps, on avait pas à pas gagné le salon.

— M. de Monsoreau, mon gendre! balbutiait toujours le baron de Méridor anéanti.

— Cela ne peut vous étonner, répondit Diane avec le ton d'un doux reproche; ne m'avez-vous pas ordonné de l'épouser, mon père?

— Oui, s'il te sauvait.

— Eh bien, il m'a sauvée, dit sourdement Diane en tombant sur un siége placé près de son prie-Dieu. Il m'a sauvée, pas du malheur, mais de la honte du moins.

— Alors, pourquoi m'a-t-il laissé croire à ta mort, moi qui pleurais si amèrement? répéta le vieillard. Pourquoi me laissait-il mourir de désespoir, quand un seul mot, un seul, pouvait me rendre la vie?

— Oh! il y a encore quelque piége là-dessus! s'écria Diane. Mon père, vous ne me quitterez plus; monsieur de Bussy, vous nous protégerez, n'est-ce pas?

— Hélas! madame, dit le jeune homme en s'inclinant, il ne m'appartient plus de pénétrer dans les secrets de votre famille. J'ai dû, voyant les étranges manœuvres de votre mari, vous trouver un défenseur que vous puissiez avouer. Ce défenseur, j'ai été le chercher à Méridor. Vous êtes auprès de votre père, je me retire.

— Il a raison, dit tristement le vieillard: M. de Monsoreau a craint la colère du duc d'Anjou, et M. de Bussy la craint à son tour.

Diane lança un de ses regards au jeune homme, et ce regard signifiait:

— Vous qu'on appelle le brave Bussy, avez-vous peur de M. le duc d'Anjou, comme pourrait en avoir peur M. de Monsoreau?

Bussy comprit le regard de Diane et sourit.

— Monsieur le baron, dit-il, pardonnez-moi, je vous prie, la demande singulière que je vais vous prier de faire, et vous, madame, au nom de l'intention que j'ai de vous rendre service, excusez-moi.

Tous deux attendaient en se regardant.

— Monsieur le baron, reprit Bussy, demandez, je vous prie, à madame de Monsoreau...

Et il appuya sur ces derniers mots, qui firent pâlir la jeune femme. Bussy vit la peine qu'il avait faite à Diane et reprit:

— Demandez à votre fille si elle est heureuse du mariage que vous avez commandé et auquel elle a consenti.

Diane joignit les mains et poussa un sanglot. Ce fut la seule réponse qu'elle put faire à Bussy. Il est vrai qu'aucune autre n'eût été aussi positive.

Les yeux du vieux baron se remplirent de larmes, car il commençait à voir que son amitié, peut-être trop précipitée, pour M. de Monsoreau allait se trouver être pour beaucoup dans le malheur de sa fille.

— Maintenant, dit Bussy, il est donc vrai, monsieur, que, sans y être forcé par aucune ruse ou par aucune violence, vous avez donné la main de votre fille à M. de Monsoreau?

— Oui, s'il la sauvait.

— Et il l'a sauvée effectivement. Alors je n'ai pas besoin de vous demander, monsieur, si votre intention est de laisser votre parole engagée?

— C'est une loi pour tous et surtout pour les gentilshommes, et vous devez savoir cela mieux que tout autre, monsieur, de tenir ce qu'on a promis. M. de Monsoreau a, de son propre aveu, sauvé la vie à ma fille, ma fille est donc bien à M. de Monsoreau.

— Ah! murmura la jeune femme, que ne suis-je morte?

— Madame, dit Bussy, vous voyez bien que j'avais raison de vous dire que je n'avais plus rien à faire ici. M. le baron vous donne à M. de Monsoreau, et vous lui avez promis vous-même, au cas où vous reverriez votre père sain et sauf, de vous donner à lui.

— Ah! ne me déchirez pas le cœur, monsieur de Bussy! s'écria madame de Monsoreau en s'approchant du jeune homme; mon père ne sait pas que j'ai peur de cet homme; mon père ne sait pas que je le hais; mon père s'obstine à voir en lui mon sauveur, et moi, moi, que mes instincts éclairent, je m'obstine à dire que cet homme est mon bourreau!

— Diane! Diane! s'écria le baron, il t'a sauvée!

— Oui, s'écria Bussy, entraîné hors des limites où sa prudence et sa délicatesse l'avaient retenu jusque-là, oui; mais, si le danger était moins grand que vous ne le croyiez, si le danger était factice, si, que sais-je? moi! Écoutez, baron, il y a là-dessous quelque mystère qu'il me reste à éclaircir et que j'éclaircirai. Mais ce que je vous proteste, moi, c'est que si j'eusse eu le bonheur de me trouver à la place de M. de Monsoreau, moi aussi j'eusse sauvé du déshonneur votre fille, innocente et belle, et, sur Dieu qui m'entend! je ne lui eusse pas fait payer ce service.

— Il l'aimait, dit M. de Méridor, qui sentait lui-même tout ce qu'avait d'odieux la conduite de M. de Monsoreau, et il faut bien pardonner à l'amour.

— Et moi, donc! s'écria Bussy, est-ce que...

Mais, effrayé de cet éclat qui allait malgré lui s'échapper de son cœur, Bussy s'arrêta, et ce fut l'éclair qui jaillit de ses yeux qui acheva la phrase interrompue sur ses lèvres.

Diane ne la comprit pas moins et mieux encore peut-être que si elle eût été complète.

— Eh bien, dit-elle en rougissant, vous m'avez comprise, n'est-ce pas? Eh bien, mon ami, mon frère, vous avez réclamé ces deux titres, et je vous les donne; eh bien, mon ami, eh bien, mon frère, pouvez-vous quelque chose pour moi?

— Mais le duc d'Anjou! le duc d'Anjou! murmura le vieillard, qui voyait toujours la foudre qui le menaçait gronder dans la colère de l'Altesse royale.

— Je ne suis pas de ceux qui craignent les colères des princes, seigneur Augustin, répondit le jeune homme; et je me trompe fort, ou nous n'avons point cette colère à redouter; si vous le voulez, monsieur de Méridor, je vous ferai, moi, tellement ami du prince, que c'est lui qui vous protégera contre M. de Monsoreau, de qui vous vient, croyez-moi, le véritable danger, danger inconnu, mais certain; invisible, mais peut-être inévitable.

— Mais, si le duc apprend que Diane est vivante, tout est perdu! dit le vieillard.

— Allons, dit Bussy, je vois bien que, quoi que j'aie pu vous dire, vous croyez M. de Monsoreau avant moi et plus que moi. N'en parlons plus, repoussez mon offre, monsieur le baron, repoussez le secours tout-puissant que j'appelais à votre aide; jetez-vous dans les bras de l'homme qui a si bien justifié votre confiance; je vous l'ai dit: j'ai accompli ma tâche, je n'ai plus rien à faire ici. Adieu, seigneur Augustin, adieu madame, vous ne me verrez plus, je me retire, adieu!

— Oh! s'écria Diane en saisissant la main du jeune homme, m'avez-vous vue faiblir un instant, moi? m'avez-vous vue revenir à lui? Non. Je vous le demande à genoux, ne m'abandonnez pas, monsieur de Bussy, ne m'abandonnez pas!

Bussy serra les belles mains suppliantes de Diane, et toute sa colère tomba comme tombe cette neige que fond à la crête des montagnes le chaud sourire du soleil de mai.

— Puisqu'il en est ainsi, dit Bussy, à la bonne heure, madame; oui, j'accepte la mission sainte que vous me confiez, et, avant trois jours, car il me faut le temps de rejoindre le prince, qui est, dit-on, en pèlerinage à Chartres avec le roi, avant trois jours vous verrez du nouveau, ou j'y perdrai mon nom de Bussy.

Et, s'approchant d'elle avec une ivresse qui embrasait à la fois son souffle et son regard:

— Nous sommes alliés contre le Monsoreau, lui dit-il tout bas; rappelez-vous que ce n'est pas lui qui vous a ramené votre père, et ne me soyez point perfide.

Et, serrant une dernière fois la main du baron, il s'élança hors de l'appartement.

FIN DE LA PREMIÈRE PARTIE.

TABLE DES MATIÈRES

DE LA PREMIÈRE PARTIE.

— ◦◦◉◦◦ —

www.ingramcontent.com/pod-product-compliance
Lightning Source LLC
Chambersburg PA
CBHW050006100426
42739CB00011B/2528